Macht und Medien

Gerhard Göhler/Cornelia Schmalz-Jacobsen/
Christian Walther (Hrsg.)

Macht und Medien

Über das Verhältnis von
Politik und Kommunikation

Mit Beiträgen von
Uwe Vorkötter
Tissy Bruns
Lorenz Maroldt
Jürgen Leinemann
Ulrike Herrmann
Peter Radunski
Jürgen Trittin
Prof. Josef Klein
Bartholomäus Grill
Jutta Roitsch
Cornelia Schmalz-Jacobsen
Christian Walther

PETER LANG
Frankfurt am Main · Berlin · Bern · Bruxelles · New York · Oxford · Wien

Bibliografische Information der Deutschen Nationalbibliothek
Die Deutsche Nationalbibliothek verzeichnet diese Publikation
in der Deutschen Nationalbibliografie; detaillierte bibliografische
Daten sind im Internet über <http://www.d-nb.de> abrufbar.

Umschlagabbildung:
OSI-Archiv.

Redaktion:
Annette Knaut und Katja Thiede

ISBN 978-3-631-56428-8
© Peter Lang GmbH
Internationaler Verlag der Wissenschaften
Frankfurt am Main 2007
Alle Rechte vorbehalten.

Das Werk einschließlich aller seiner Teile ist urheberrechtlich
geschützt. Jede Verwertung außerhalb der engen Grenzen des
Urheberrechtsgesetzes ist ohne Zustimmung des Verlages
unzulässig und strafbar. Das gilt insbesondere für
Vervielfältigungen, Übersetzungen, Mikroverfilmungen und die
Einspeicherung und Verarbeitung in elektronischen Systemen.

www.peterlang.de

Inhalt

Vorwort der Herausgeber 7

Cornelia Schmalz-Jacobsen 11
Liberale und Medien

Uwe Vorkötter 13
Die Macht der Medien in der Mediendemokratie

Tissy Bruns 29
Politikberichterstattung zwischen Plenum und Talkshow

Lorenz Maroldt 43
Das Lokale ist politisch

Jürgen Leinemann 53
Personalisierung in der Politikberichterstattung

Ulrike Herrmann 67
Wie alternativ ist die Alternativpresse, wenn es um die Frauenfrage geht?

Peter Radunski 75
Wahlen und Werbung – Was Wahlkampf bewirkt, und was nicht

Jürgen Trittin 89
Regierung – Macht – Medien. Möglichkeiten und Grenzen von Regierungskommunikation

Josef Klein 105
Grenzen der Reformkommunikation am Beispiel der Agenda 2010

Bartholomäus Grill 119
Auf verlorenem Posten? Als Korrespondent in Afrika

Jutta Roitsch 137
Beruf als Politik – Karl Hermann Flach zwischen FDP und FR

Christian Walther 151
*Nachwort: Politologie und Publizistik in Berlin -
einige (un-) akademische Bemerkungen zu einem akademischen Defizit*

Vorwort der Herausgeber

Für Macht ist die Politologie zuständig, für Medien die Publizistik? Ein Irrtum! Beide Bereiche durchdringen einander, und das Wort von der Mediendemokratie signalisiert einen früher ungekannten Grad der gegenseitigen Durchdringung. Politologie und Publizistik aber sind in der Universität oft säuberlich voneinander getrennt. Nicht einmal in Berlin, nicht einmal in der Hauptstadt, dem Begegnungspunkt von Mächten und Medien, werden Politik und Publizistik akademisch gemeinsam gedacht: Weder als Forschungsfeld noch als Berufsfeld künftiger Hochschulabsolventen.

Der OSI-Club, der Alumni- und Förderverein am Otto-Suhr-Institut der Freien Universität Berlin, hat deshalb den Bereich politische Kommunikation als Schwerpunkt seiner Förderaktivitäten bestimmt - neben dem nicht minder wichtigen Feld der Lehre zur Politik Afrikas. In beiden Bereichen versucht der Club, durch die Mobilisierung von Sachverstand und ehrenamtlichem Engagement das Lehrangebot am Otto-Suhr-Institut nachhaltig zu verbessern.

Die Reflexion medialer Praxis im Umfeld politischer Macht war Gegenstand einer vom OSI-Club organisierten Ringvorlesung in Kooperation mit der Friedrich-Naumann-Stiftung: "Macht und Medien - über das Verhältnis von Politik und Kommunikation". Welche Macht haben die Medien überhaupt, wie kann sich der Journalismus zwischen Plenum und Talkshow behaupten, was können Wahlkämpfe bewirken - und was eben doch nicht?

Dabei war es unser Ziel, ein möglichst weites Spektrum von Theorie und Praxis zu spiegeln - ganz unabhängig von der politischen Perspektive der Referenten. Das Themenspektrum war gespannt vom Lokaljournalismus bis zum Korrespondenten, der aus Afrika berichtet. Dem klassischen Politikjournalismus über Bundesregierung und Bundestag stand der Trend zur Personalisierung in der Berichterstattung gegenüber. Image und Realität einer - dem Selbstverständnis nach - alternativen Tageszeitung wurden (selbst-) kritisch beleuchtet. Möglichkeiten und Grenzen der "Reformkommunikation" wurden aus der Perspektive politischer Praxis ebenso betrachtet wie aus der Perspektive politisch-publizistischer Forschung. Und Wahlkampf - politische Kommunikation auf der Überholspur - wurde auf Risiken und Nebenwirkungen abgeklopft.

So war die Ringvorlesung "Macht und Medien - über das Verhältnis von Politik und Kommunikation" auch ein Angebot, Gräben zwischen den Fächern Publizistik und Politologie, die zu Beginn der FU unter einem Dach gelehrt und inzwischen nach langer Trennung wieder in einem Fachbereich zusammengeführt wurden, zu überbrücken.

Die Ringvorlesung erinnert auch daran, dass mit Friedrich Naumann, Theodor Heuss und Karl-Hermann Flach drei prominente Liberale im Spannungsverhältnis von Politik und Publizistik die Deutsche Hochschule für Politik, Vorgängerin des OSI, begründet, befördert und absolviert haben. Jutta Roitsch, langjährige Ressortleiterin bei der *Frankfurter Rundschau*, konnte aus persönlicher Erinnerung über Flach berichten und darüber, warum die jungen linken

FR-Redakteure alles versucht haben, um den liberalen Flach bei der *Rundschau* zu halten.

Die Beiträge in diesem Band basieren in der Regel auf den Vorträgen der Ringvorlesung - teils auf Manuskripten, teils auf Transskripten. Nur das Nachwort („Politologie und Publizistik in Berlin - einige (un-) akademische Bemerkungen zu einem akademischen Defizit") wurde exklusiv für dieses Buch geschrieben.

Die Herausgeber danken allen, die unter Einsatz von Zeit und Wissen sowie unter Verzicht auf Honorar die Ringvorlesung und dieses Buch möglich gemacht haben.

    Gerhard Göhler   Cornelia Schmalz-Jacobsen   Christian Walther

Prof. Dr. Gerhard Göhler wurde 1941 in Breslau (Schlesien) geboren. Nach dem Studium der Philosophie, Politik und Geschichte an der Universität Freiburg und der Freien Universität Berlin (FU) war er zunächst als wissenschaftlicher Assistent am Otto-Suhr-Institut (OSI) tätig. Nach seiner Promotion im Jahr 1971 arbeitete Göhler als Assistenzprofessor am Fachbereich Politische Wissenschaft der FU Berlin, seit 1978 ist er Professor für Politische Theorie und Ideengeschichte am OSI. Neben seiner Lehrtätigkeit fungierte Gerhard Göhler als Sprecher der Sektion Politische Philosophie und Theoriengeschichte in der Deutschen Vereinigung für Politische Wissenschaft, wo er von 1985 bis 1991 Vorstandsmitglied war. Zwischen 1989 und 1995 koordinierte Göhler das DFG-Schwerpunktprogramm „Theorie politischer Institutionen". Seit 2001 ist er Vorstandsmitglied des OSI-Clubs.

Cornelia Schmalz-Jacobsen wurde 1934 in Berlin geboren. Nach dem Sprachstudium in Berlin und Italien absolvierte sie zunächst ein Volontariat beim Sender Freies Berlin und legte so den Grundstein für ihre journalistische Laufbahn. Seit 1968 ist Schmalz-Jacobsen Mitglied der FDP, für die sie 1972 in den Stadtrat von München einzog. Ab 1985 gehörte sie als Senatorin für Jugend und Familie des Landes Berlin dem vom Regierenden Bürgermeister Eberhard Diepgen (CDU) geleiteten Senat an. Von 1988 bis 1991 war sie FDP-Generalsekretärin in Bonn, von 1995 bis 1998 stellvertretende Bundesvorsitzende der Partei. Cornelia Schmalz-Jacobsen war von 1990 bis 1998 Mitglied des Deutschen Bundestages. Unter Kanzler Helmut Kohl hatte sie das Amt der Ausländerbeauftragten der Bundesregierung inne. Sie ist Kuratoriumsmitglied der Friedrich-Naumann-Stiftung.

Christian Walther, *Jahrgang 1956, ist Diplom-Politologe und Vorsitzender des 2001 gegründeten OSI-Clubs, des Vereins der Freundinnen und Freunde des Otto-Suhr-Instituts. Er arbeitet seit 1982 als Journalist, vorwiegend für das Fernsehen, wo er derzeit als landespolitischer Reporter bei der RBB-Abendschau tätig ist. Walther ist Autor mehrerer TV-Features, darunter ein Portrait Sebastian Haffners („Mit scharfer Zunge") und eine Regionalgeschichte des Hörfunks („Radiogeschichten"), sowie zweier Dokumentationen zum Jüdischen Museum („Ach Du Libeskind" und „Nicht nur der Holocaust"). Nach freier Mitarbeit bei taz und zitty gehörte er in den 80er Jahren zur Verlagsleitung des Spandauer Volksblattes. Von 1992 bis 1996 war er Leiter der Presse- und Öffentlichkeitsarbeit der Freien Universität Berlin sowie Initiator von UniRadio Berlin-Brandenburg.*

Cornelia Schmalz-Jacobsen
Grußwort: Liberale und Medien

Es ist schon etwas Besonderes für uns, wenn die Naumann-Stiftung hier am Otto-Suhr-Institut als Kooperationspartner auftritt. In gewisser Weise schließen sich hier nämlich nach langer Zeit die Kreise.

Beide Institutionen haben einen gemeinsamen Ursprung, nämlich zunächst die Staatsbürgerschule, die dann zur Deutschen Hochschule für Politik wurde und Vorgänger vom OSI war. Der Ursprung ist eng verbunden mit dem Stiftungspatron Friedrich Naumann, dessen Konzeption von der Erziehung zur Politik hinter der Gründung der Staatsbürgerschule im Jahr 1918 stand. Der Liberale Friedrich Naumann verwirklichte seinen lang gehegten Wunsch dank der großzügigen Unterstützung eines Sponsors, des Industriellen Robert Bosch. Naumann konnte sich jedoch nicht mehr lange um sein geistiges Lieblingskind kümmern, denn er verstarb bereits 1919 im Alter von 59 Jahren. Ein anderer später berühmt gewordener Liberaler war ein enger Mitarbeiter Friedrich Naumanns, nämlich der spätere erste Bundespräsident der Bundesrepublik Deutschland Theodor Heuss. Er hat lange Jahre an der Deutschen Hochschule für Politik gelehrt. Es war auch Theodor Heuss, der im Jahr 1958 wiederum die Friedrich-Naumann-Stiftung aus der Taufe gehoben hat. Ein weiterer bekannter Liberaler ist mit dieser Hochschule eng verbunden: Der Journalist, Chefredakteur der *Frankfurter Rundschau* und spätere Generalsekretär der FDP Karl-Hermann Flach hat hier studiert und sein Diplom erworben. Es ist interessant nachzulesen, dass Journalisten und Verleger im organisierten Liberalismus immer eine große Rolle gespielt haben. Friedrich Naumann war nach der Aufgabe seines Pfarramtes sowohl als Publizist als auch als Verleger tätig. Um seine Zeitschrift *Die Hilfe*, für die Naumann bis zu seinem Lebensende fast wöchentlich schrieb, entwickelte sich etwas, was wir heute einen kleinen Medienkonzern nennen würden. Da wurden Bücher, Periodika und andere Druckschriften herausgegeben. Im Handbuch des Reichstags gab Friedrich Naumann als Berufsbezeichnung „Schriftsteller in Berlin" an. Theodor Heuss machte es dann noch ein bisschen präziser. Er schrieb nämlich „Berlin Lichterfelde". Gemeint war bei beiden der Schriftsteller für den Tag, also der Journalist und nicht der Literat. Das hat nichts mit Qualität zu tun und sicherlich auch nicht unbedingt mit dem Ansehen, denn das war für Journalisten immer sehr ambivalent.

Dass sich nun die folgende Ringvorlesung mit der Rolle der Medien in der deutschen Gegenwart beschäftigt, ist kein Zufall. Das Thema ist sehr wichtig und heute viel kontroverser als Naumann, Heuss oder auch Flach sich das je hätten vorstellen können. Die Meinungs- und die Pressefreiheit, der freie öffentliche Diskurs über gesellschaftliche und politische Entwicklungen scheint in einer

aufgeklärten Demokratie eine Selbstverständlichkeit. Aber ist der notwendige und oft geforderte Dialog mit den Bürgern wirklich möglich? Eine politische Idee, kaum dass sie geäußert wird, wird je nach Standpunkt verzerrt, kritisiert, in den Himmel gehoben oder zerredet. Wo bleibt da der Raum für Sachlichkeit und Nachdenken? Öffnet das nicht viel eher dem ängstlichen Populismus, dem Verlust von Rückgrat und Grundsatztreue Tür und Tor? Ich habe oft gedacht, wie verrückt die Verhältnisse sind. Der *SPIEGEL* zum Beispiel gibt am Freitag vor seinem Erscheinen eine Vorabmeldung raus, wenn ein Politiker oder eine andere Person der Öffentlichkeit eine Idee geäußert hat, über die das Magazin berichten wird. Bevor der *SPIEGEL* überhaupt da ist, gibt es eine Reaktion auf den Vorschlag der jeweiligen Person und kurz darauf bereits die Reaktion auf die Reaktion. Das alles ist nachzulesen und die erste Idee ist vielleicht schon halb zerredet und halb verschwunden. Wenn Politiker nun aus Angst vor dem, was über sie und ihre Vorstellungen in den Medien veröffentlicht wird und daraus resultierend aus Angst vor ihren Wählerinnen und Wählern lieber die Demoskopen zu Rate ziehen, was sie denn „wollen sollen" um erfolgreich zu sein, eher als dass sie ihren eigenen Überzeugungen trauen, dann meine ich, haben wir ein Problem. Und die aufgeregte augenblickliche Debatte um Integration, was immer man darunter versteht, scheint mir ein Beleg dafür.
Es besteht der Irrglaube, dass nur der ein fleißiger Politiker ist, der dauernd sein Gesicht in den Medien zeigt oder seine Stimme hören lässt. Oft ist es genau umgekehrt.

Uwe Vorkötter
Chefredakteur, *Berliner Zeitung* (bis Juni 2006)

Die Macht der Medien in der Mediendemokratie

Uwe Vorkötter wurde 1953 in Bochum geboren. Der studierte Volkswirt begann seine journalistische Laufbahn als Wirtschaftsredakteur der Stuttgarter Zeitung, für die er zwischen 1980 und 1984 als Korrespondent für EG, NATO und die Benelux-Staaten in Brüssel arbeitete. Ab 1985 war er Leiter der Wirtschaftsredaktion, später leitete er das Bonner Büro und übernahm schließlich die Position des Chefredakteurs, in der er bis 2001 tätig war. Von Januar 2002 bis Juni 2006 war er Chefredakteur der Berliner Zeitung.

Rationale Politik muss mediengerecht handeln. Die Medien haben Einfluss durch ihre Auswahlfunktion. Sie haben Einfluss auf politische Karrieren und darauf, wer überhaupt als Politiker zur Kenntnis genommen wird (...). Sie haben auch Einfluss auf das Vertrauen oder Misstrauen, das politischen Institutionen entgegengebracht wird.

Seit etwa 25 Jahren arbeite ich als Journalist und das Thema „Macht und Medien", vor allem das Verhältnis zwischen Medien und Politik, begleitet mich ungefähr so lange. Wir haben es mit einem Thema zu tun, das im Moment ganz besonders Hochkonjunktur hat. Ich will nicht verhehlen, dass einer meiner journalistischen Lehrer und früherer Chefredakteur, mir mal geraten hat, über dieses Thema am besten gar nichts zu sagen. Er meinte, mit der Macht der Medien sollen wir uns nicht beschäftigen. Das sei Aufgabe der Politologen. Das war Thomas Löffelholz, der spätere Chefredakteur und Herausgeber der *WELT*. Ich habe ihm daraufhin gesagt, dass man ab und zu aber auch zu solchen Themen etwas sagen muss. Daraufhin riet er mir: „Dazu sagen Sie am besten immer: Was hat denn so ein Chefredakteur schon für Macht. Die Macht des Chefredakteurs besteht doch im Wesentlichen darin, dass er von Zeit zu Zeit mal dafür sorgen kann, dass der eine oder andere besonders blödsinnige Artikel nicht in der Zeitung erscheint."

Das ist natürlich der Versuch dieses Thema auf charmante Weise zu umgehen. Ähnlich ist es in der Politik: Welcher Politiker redet schon gerne über seine Macht? Da heißt es dann: Macht haben wir überhaupt nicht, wenn überhaupt, dann ein bisschen Einfluss. Meistens ist es jedoch nur die Verantwortung - und das ist eher eine drückende Last und schon gar nichts, was Lust macht. Dieses Thema bewegt dennoch immer wieder die Gemüter. Es ist auch deshalb eines der großen Themen unserer Zeit, weil die Medien im Verdacht stehen, das, was man ihre Macht nennt, gerade erst schamlos ausgenutzt zu haben, nämlich im Wahlkampf des Jahres 2005. Seitdem gibt es wüste Vorwürfe, die Medien hätten die Wahl entschieden. Sie hätten Rot-Grün von der Macht verdrängt und ein Bild gezeichnet, in dem der damalige Bundeskanzler und seine Koalition überhaupt keine Chance mehr gehabt hätten, diese Wahl noch einmal zu gewinnen. Richtig daran ist, dass wir, jedenfalls viele von uns, uns im vergangenen Wahlkampf getäuscht haben. Es hat in fast allen Zeitungen Artikel gegeben, die das Wahlergebnis als bekannt vorausgesetzt haben. In der noblen *ZEIT*, die gewiss unverdächtig ist, Randale und Krawall zu machen, ist ein Leitartikel erschienen, in dem der Satz stand: „Angela Merkel wird Kanzlerin". Die war aber noch nicht gewählt. Dennoch war irgendwie klar, dass sie es werden würde. Der *SPIEGEL* hat eine Titelgeschichte über Angela Merkel als „Reformerin light" gemacht, in dem ihre künftigen Fehler seziert wurden. Viele Medien haben so den Eindruck erweckt, dass man gar nicht mehr zu wählen bräuchte und die Wahl von vornherein entschieden gewesen sei. Die Journalisten haben zudem unterstellt, dass das Land eine entschiedenere, eine radikalere Reformpolitik brauche, dass das Land diese Reformpolitik geradezu einfordere und die Menschen viel weiter und viel reformbereiter wären als die Politik. Wir hätten allerdings die Ergebnisse der Demoskopie zur Kenntnis nehmen können, nach denen ungefähr die Hälfte der Bevölkerung nicht dieser Meinung und durchaus skeptisch war. Wir haben auch nicht recht zugehört, als die Demoskopen nach dem berühmten TV-Duell zwischen Gerhard Schröder und Angela Merkel gesagt haben, dass die Menschen eigentlich der Auffassung seien, Schröder habe besser abgeschnitten. Da hat es ziemlich verquere Argumentationen in den Zeitungen gegeben, wie zum Beispiel, dass Merkel relativ gewonnen habe, weil sie weniger schlecht abgeschnitten habe als man erwartet hätte. Das entspricht ungefähr der Terminologie, mit der Börsenanalysten ihre Kurse erklären, wenn die Nachrichten zur Kursentwicklung eigentlich überhaupt nicht passen.

All das hat es im Wahlkampf gegeben. Manche meiner Kollegen waren hinterher der Meinung, die Demoskopie müsse Schuld gewesen sein. Die Demoskopen verweisen aber darauf, dass sie zu jedem Zeitpunkt genau gesagt haben, wie ihre Ergebnisse in Bezug auf Risikowahrscheinlichkeiten und Varianzen zu werten sind. Das haben sie in der Tat und erst recht den Medien gegenüber, denn diese sind neben den politischen Parteien normalerweise die Auftraggeber solcher Untersuchungen. Die Medien neigen aber dazu, demoskopische Ergebnisse relativ pointiert zu präsentieren und die Risiken, die damit verbunden sind, etwas beiseite zu schieben. Das müssen wir uns am Ende auch vorhalten lassen. Es ist nicht die Aufgabe unserer Leser, das zu erkennen, sondern wir müssen professionell mit solchen Daten umgehen und diese Vorbehalte machen.

Das ist aber erstmal genug der Selbstkritik. Die Frage, die sich daran anschließt, lautet: Haben die Medien ihre Macht missbraucht? Haben sie eine Regierung „weg geschrieben" und eine andere, die sie für besser hielten, „herbei geschrieben"? An dieser Stelle müssen wir uns fragen: Wer ist das eigentlich, „die Medien"? Gibt es so etwas? Gibt es „die Medien" als Einheit, als einen Block, der in irgendeiner Weise Stimmung macht, der Entscheidungen herbeiführen und beeinflussen kann?

Wir haben Zeitungen, die eher dem linken Spektrum zugeneigt sind und andere, die eher konservativ sind. Wir haben den *SPIEGEL*, die *BILD*-Zeitung, wir haben überregionale Medien, regionale Medien, Printmedien und elektronische Medien. Tun die sich alle zusammen und machen auf irgendeine Weise Stimmung? Die Institutionen um die Medien stehen in einem sehr schroffen und harten Wettbewerb miteinander. Daher wäre es verwunderlich, wenn man ganz einfach sagen könnte, es gäbe „die Medien". Ich kann mich nur an ein Beispiel aus der letzten Zeit erinnern, bei dem man sagen kann, da haben sich große, einflussreiche Medien über ganz verschiedene politische Ausrichtungen hinweg versucht zusammenzuschließen um ein Ziel zu erreichen. Das war allerdings ein relativ kleines Ziel. Es ging um die Rechtschreibreform. Da haben sich Springer, der *SPIEGEL,* die *Süddeutsche Zeitung* und die *FAZ* zusammengesetzt und beschlossen die Rechtschreibreform zu kippen. Sie wissen, was daraus geworden ist. Die *FAZ* schreibt nach wie vor mit „ß" aber der *SPIEGEL* und die *Süddeutsche Zeitung* haben das ganz schnell wieder rückgängig gemacht. Die Rechtschreibreform haben die Herrschaften nicht verhindert. Das spricht nicht gerade dafür, dass die Medien besonders mächtig sind, wenn sie sich über solche Grenzen hinweg zusammenschließen. Es spricht noch etwas gegen die Vermutung, es habe so etwas wie eine verabredete Aktion gegeben Rot-Grün abzuwählen. Wenn man vergleicht, welche Regierung in der Vergangenheit welche Sympathien unter Journalisten genossen hat, dann müssen wir wohl sagen, dass es mindestens seit Willy Brandt keine Regierung mehr gegeben hat, die so viel publizistische Sympathien bekommen hat wie Rot-Grün. Als Helmut Kohl am Ende seiner Regierungszeit war, gab es wirklich einen *mainstream*, dass es genug sei nach diesen 16 Jahren. Und die Protagonisten von Rot-Grün sind mit einer Generation von Journalisten aufgewachsen und politisch sozialisiert worden, die heute in den Medien an entscheidenden Stellen schreiben und kommentieren.

Es hat immer ein sehr enges Verhältnis zwischen der Rot-Grünen Regierung und vielen Journalisten gegeben. Das ist eine Entwicklung, die sich damals im politischen Bonn so ergeben hat und davon hat Rot-Grün über die Jahre hinweg profitiert. Wenn am Ende ein anderer Eindruck entstanden ist, dann hat das sicher an vielen Stellen mit enttäuschter Liebe zu tun. Nach der zweiten Amtsperiode von Rot-Grün waren sowohl bei den Wählern als auch bei vielen Journalisten manche Ansprüche nicht erfüllt. Da hat es eine ganze Reihe von Enttäuschungen gegeben. Hinzu kommt, dass gerade Anfang des neuen Jahrtausends eine jüngere Generation von Journalisten, die mit Rot-Grün weniger eng verbunden war als die vorherige Generation, in Schaltstellen gekommen ist. Die übliche Unterstützung von Rot-Grün in den so genannten „Hamburger Medien" - im *SPIEGEL*, *Stern* und in der *ZEIT* - ist nicht mehr so selbstverständlich gewesen. Das war aber kein Komplott gegen Rot-Grün, sondern eher ein Abschied von älteren Gewohnheiten.

Mein Fazit mit Blick auf diesen vergangenen Wahlkampf lautet deshalb: Ja, es hat eine große Fehleinschätzung in den Medien gegeben, was das absehbare Wahlergebnis anging. Im Grunde genommen haben die allermeisten von uns, mich eingeschlossen, ziemlich fest damit gerechnet, dass es eine schwarz-gelbe Mehrheit geben würde. Am Wahlabend waren wir alle überrascht wie gut die SPD abgeschnitten hat. Aber eine Fehleinschätzung ist keine Machtstrategie. Die Einschätzung war voreilig, und das ist dann schief gegangen, auf breiter Front.

Ich hatte über die Nähe von Journalisten zu Rot-Grün, die es in der Vergangenheit gegeben hat, gesprochen. Wenn es in einer jüngeren Generation von Journalisten mehr Distanz gibt, so habe ich damit überhaupt kein Problem. Der Journalist ist immer in dem Zwiespalt zwischen Distanz und Nähe zur Politik. Nähe garantiert Teilhabe an Informationen, an Insider-Kenntnissen, an Hintergrundinformationen. Distanz ist für die journalistische Unabhängigkeit unabdingbar und wichtig. Die größtmögliche Nähe haben Sie, wenn sie im so genannten *embedded journalism* tätig sind, sei es auf militärischem oder auf politischem Gebiet. Da sind Sie unmittelbar dabei. Aber sie verlieren natürlich jegliche Distanz zum Gegenstand ihrer Berichterstattung und zu den handelnden Personen. Mehr Distanz im Journalismus und weniger Nähe zur Macht tut dem Journalismus jedenfalls nicht weh.

Ich komme im nächsten Schritt zu der generelleren Frage: Haben die Medien Macht? In welcher Weise üben sie Macht aus? Wenn sie Macht haben, dann müssen wir auch darüber reden, welche Beschränkungen wir uns als Journalisten gefallen lassen müssen. Denn dass Macht Kontrolle erfordert, ist eine Selbstverständlichkeit. Es gibt im Grunde genommen zwei Zusammenhänge, aus denen man sich die Macht der Medien erschließen kann: Wir als Medien informieren Menschen. Wir zeichnen ein Bild von der Wirklichkeit, das zwangsläufig verzerrt ist. In den Medien spielt das Spektakuläre eine größere Rolle als das Normale, das Aufregende spielt eine größere Rolle als das Langweilige, die schlechte Nachricht spielt eine größere Rolle als die gute Nachricht, in der Politik wird der abweichenden Meinung ein höherer Stellenwert zuerkannt als die Position, die eine politische Partei oder Fraktion mit großer Mehrheit beschlossen hat.

Wenn Sie sich in Erinnerung rufen, welche Namen im Wahlkampf des vergangenen Jahres immer wieder aufgetaucht sind und mit welchen Politikern wir besonders gern gesprochen haben, dann sind das nicht die, die brav in ihrem Büro gesessen, die Parteilinie vertreten und fleißig Arbeit geleistet haben. Sondern dann sind das die gewesen, die gegen die Linie ihrer Partei aufgemuckt haben. Ein Christian Ströbele und ein Ottmar Schreiner sind für uns dankbare Gesprächspartner gewesen, weil die Schlagzeilen garantieren. Und es ist eben interessanter, wenn ein Sozialdemokrat gegen die sozialdemokratische Partei Stellung nimmt als wenn er gegen den politischen Gegner Stellung bezieht. Diese Mechanismen können wir beschreiben, wir können sie zur Kenntnis nehmen und analysieren, aber wir können sie nicht ändern. Und es wäre nicht richtig zu sagen, wir machen die Zeitung deshalb falsch, weil das so ist. Stellen Sie sich vor, wir würden weniger über das Spektakuläre berichten und mehr über das Normale, wir würden über das Langweilige berichten und nicht über das Aufregende, wir würden jeden Tag verzweifelt die guten Nachrichten in diesem Meer aus schlechten Nachrichten suchen - würden Sie diese Zeitung kaufen? Würden Sie dieses Radio hören? Würden Sie sich diesen Fernsehsender anschauen? Ich fürchte, Sie würden abschalten. Es hat mal eine Zeit gegeben, in der Greenpeace-Bewegung, da war es relativ modern, dass man auf Schornsteine geklettert ist und dort Plakate gegen die Elektrizitätswirtschaft aufgehängt hat. Einige Leser waren der Meinung wir würden diese Aktionen befördern, indem wir jeden Tag die Bilder mit den plakatierten Schornsteinen veröffentlichen. Als Journalist fragt man sich da: Was sollen wir machen? Sollen wir über die Schornsteine berichten, an denen keine Plakate aufgehängt werden? Man kommt relativ leicht in ausweglose Situationen, wenn man sich als Journalist vornimmt die Wirklichkeit 1:1 abzubilden. Das ist nicht unsere Aufgabe. Unsere Aufgabe ist es das Interessante rauszufischen und nicht das Langweilige.

Die Politik ist - wenn auch in Grenzen - auf uns angewiesen. Sie ist auf Selbstdarstellung in der Öffentlichkeit angewiesen, wobei unsere Öffentlichkeit eine Medienöffentlichkeit ist. Ohne Medien findet Politik letztlich nicht statt. Natürlich gibt es den direkten Kontakt des Politikers mit seinem Wähler auf der lokalen Ebene: In seinem Ortsverein, auf dem Schützenfest und bei Straßenveranstaltungen. Wenn Politiker jedoch die Zahl der potentiellen Wähler addieren, die sie im direkten Kontakt erreichen können und das vergleichen mit einem einzigen Auftritt bei Sabine Christiansen, dann wissen sie, wo sie den Sonntag Abend verbringen, vorausgesetzt, sie werden eingeladen. Der direkte Kontakt kann dagegen nur begrenzte Wirkung haben, vor allem in der Bundespolitik. Politik muss auf die Medien als Vermittlungsinstanz zählen. Sie muss sich mit den Medien insofern auch einlassen. Demokratische Herrschaft setzt eine Öffentlichkeit voraus und das ist im Zweifel eine medienerzeugte Öffentlichkeit. Wir als Medien sind also Mittler zwischen Politik und Wähler. Politische Inhalte, die nicht über die Medien transportiert werden, werden im Zweifel gar nicht transportiert oder nur so, dass sie sehr wenige Leute erreichen. Das ist das so genannte *Agen-*

da-Setting oder die *Gatekeeper-Funktion* des Journalismus. Journalisten entscheiden, was gedruckt und was gesendet wird und was nicht. Damit setzen wir uns zwangsläufig der Kritik aus. Das ist auch richtig so, dass wir uns rechtfertigen müssen, dass wir erklären müssen, nach welchen Kriterien wir die Informationen auswählen, die transportiert werden und wonach wir entscheiden, welche Informationen nicht veröffentlicht werden. Ein großer Teil der täglichen Arbeit eines Journalisten besteht darin zu entscheiden, was nicht veröffentlicht wird. Auch da gibt es regelmäßig Angriffe, vor allem von Politikern. Stellen Sie sich vor, der Abgeordnete X oder die Abgeordnete Y hat einen eineinhalbstündigen Vortrag vor der Industrie- und Handelskammer gehalten und in der Zeitung stehen am nächsten Tag zwei Sätze darüber. Die Behauptung oder der scheinbare Vorwurf, die Journalisten hätten da irgendwas aus dem Zusammenhang gerissen, kann überhaupt kein Vorwurf sein, denn journalistische Arbeit funktioniert nur so. Man kann Politikern aber immerhin antworten, das es doch eine hohe professionelle Leistung ist, wenn wir aus einem relativ langweiligen Manuskript von 90 Minuten die zwei Rosinen rauspicken und transportieren, mit denen ein Politiker bei seinen Wählern Punkte machen kann. Das ist eine Aufgabe, von der wir den Eindruck haben, man sollte uns ab und zu mal dafür danken und uns keine Vorwürfe machen. Denn ob die Wirkung tatsächlich besser wäre, wenn wir dieses Manuskript im Original veröffentlichen würden, wage ich zu bezweifeln.

Aus diesen beiden Punkten - die Medien informieren Menschen und die Politik ist auf die Vermittlungsfunktion der Medien angewiesen - ergibt sich eine sehr klare und plausibel gestützte These: Rationale Politik muss mediengerecht handeln. Die Medien haben Einfluss durch ihre Auswahlfunktion. Sie haben Einfluss auf politische Karrieren und darauf, wer überhaupt als Politiker zur Kenntnis genommen wird. Sie beeinflussen die Reputation von Politikern durch ihre Berichterstattung. Sie haben auch Einfluss auf das Vertrauen oder Misstrauen, das politischen Institutionen entgegengebracht wird.
Wir kennen den Spruch, dass die eigentlichen Debatten bei Sabine Christiansen und nicht im Parlament geführt werden. Es ist außerdem zu beobachten, dass politische Parteien ihre Parteitage nicht mehr veranstalten wie früher, sondern als Showveranstaltung für die Medien inszenieren, weil sie wissen, dass diese Show über die Medien transportiert wird. Anhand dieser Arbeitsweisen stellen wir fest, dass sich die Politik auf die Mittlerrolle der Medien einstellt und dass sich die Medien auf die Politik einstellen. Allerdings gibt es auch ein paar Fragen, die man auf diese Weise nicht erklären kann. Zum Beispiel die Frage, warum Peter Harry Carstensen Ministerpräsident ist. Das können Sie nicht durch mediengerechtes Verhalten erklären. Sie können das nicht damit erklären, dass die Medien den Mann bekannt gemacht haben. Der hat bei uns keine besondere Reputation und ist als Interview-Partner nicht begehrt. Carstensen steht hier als ein Name für einige andere. Auch ein Wolfgang Böhmer wäre von den Medien sicher nicht als der Lieblings-Ministerpräsident gewählt worden. Sie können

auch die Frage stellen, warum Helmut Kohl 16 Jahre Bundeskanzler gewesen ist. Bei Helmut Kohl kann man wirklich nicht sagen, dass er mit dem Rückenwind der Medien Politik machen konnte. Über Kohl hat der *SPIEGEL* in den 70er Jahren Artikel geschrieben, da hätten andere, sensiblere Menschen, die das über sich gelesen hätten, sich aus der Politik verabschiedet. Helmut Kohl hat das jedoch mit einigem Erfolg durch gestanden. In der Frühphase seiner politischen Karriere hat er sich eigentlich ständig gegen die Medien durchgesetzt und durchsetzen müssen.

Das, was ich gerade geschildert habe, sind gewissermaßen die offiziellen Beziehungen zwischen Politik und Medien. Die Politik versucht die Medien zu instrumentalisieren, indem sie sich so inszeniert, wie sie glaubt, dass die Medien das gern weitertransportieren würden. Es gibt aber darüber hinaus auch eine informelle Einflussnahme der Politik auf die Medien, nämlich das, was man in mehr oder weniger vertraulichen Runden miteinander vereinbart und bespricht. Das ist allerdings eine Angelegenheit, die seit dem Regierungsumzug eindeutig an Bedeutung verloren hat. Das hängt nicht mit Berlin oder Bonn zusammen, sondern mit der Zahl derer, die in den Medien aktiv sind. Bonn war in dieser Hinsicht beschaulicher. Ich selbst habe ein paar Jahre in Bonn gearbeitet. Da gab es zum Beispiel eine Hintergrundrunde, die hieß „Der Ruderclub", weil die immer im Haus des Ruderclubs getagt hat. Fast jeden Montag kam Eduard Ackermann, damals der engste Berater von Helmut Kohl, zum Mittagessen und hat erklärt, wie Helmut Kohl gerade die Welt sieht. Das war für Journalisten eine ausgesprochen nützliche Angelegenheit um zu erfahren, was der Kanzler über aktuelle Fragen denkt. Auch auf anderer Ebene gab es eine ganze Reihe von Hintergrundkreisen, die sehr berühmt waren, zum Beispiel die „Gelbe Karte" oder ähnliche, die eher sozialliberal organisiert waren. Irgendwann kamen Frauen- und Männerrunden dazu, Linke und Rechte. In diesen Runden hat in Bonn sehr viel Politik statt gefunden. Dort ist sehr viel in die Medien transportiert worden.

In Berlin haben diese Hintergrundkreise an Bedeutung verloren, unter anderem weil sich die Arbeitsweisen zwischen Medien und Politik geändert haben. In der Vergangenheit gab es mehr Vertraulichkeit zwischen Politik und Journalisten. Wir haben heute einerseits ein größeres Maß an Distanz, aber andererseits auch ein größeres Maß an Misstrauen. Der vertrauliche Austausch zwischen Journalisten und Politikern ist zugunsten der öffentlichen unmittelbaren Darstellung zurück gedrängt worden. Wir sind es gewohnt, exklusive Nachrichten nicht nur einfach in einem Magazin oder in einer Zeitung zu drucken, sondern vorab bereits die Kollegen zu informieren und über Nachrichtenagenturen die Nachricht auf den Markt zu bringen. Das ist auch eine Frage der Konkurrenzbeziehungen in den Medien. Das führt dann dazu, dass Sie schon eine ganze Reihe von Reaktionen auf dem Markt haben, bevor Sie überhaupt die Originalmeldung veröffentlicht haben. Wenn die Originalnachricht dann da ist, hat man manchmal den

Eindruck, das Thema ist nicht nur beredet, sondern auch zerredet worden. Das geht mitunter sehr schnell.

Wenn wir über die Macht der Medien reden, darf man nicht nur publizistische Macht in Betracht ziehen, sondern man muss auch über wirtschaftliche Macht reden. Die Wirtschaft organisiert Medien als Erwerbsquelle. Den öffentlich-rechtlichen Rundfunk lasse ich außen vor, das ist ein anderes Thema. Es gibt in den Medien eine Tendenz zur Konzentration, weil auch in der Medienwirtschaft Größenvorteile eine Rolle spielen. Nun könnte man sagen, wirtschaftliche Effizienzkriterien müssen nicht zwangsläufig mit den publizistischen Kriterien in Konflikt stehen. Wirtschaftsmacht im Mediensektor muss ja nicht automatisch Meinungsmacht und publizistische Macht bedeuten. Nehmen Sie ein Unternehmen wie den Bauer-Konzern, der ein großer *player* auf dem Medienmarkt ist. Der hat mit publizistischer Meinungsmacht überhaupt nichts zu tun. Der beschäftigt sich mit anderen Themen und kein Verlag oder Verleger will da politisch mitmischen. Andererseits birgt wirtschaftliche Machtkonzentration im Mediensektor ein Potenzial, das prinzipiell Begehrlichkeiten wecken kann. Warum soll es nicht theoretisch auch einen Berlusconi in Deutschland geben, der ja gezeigt hat, wie man wirtschaftliche Macht und publizistische Macht in einer Hand vereinen kann und welche Risiken das mit sich bringt. Nun relativiert der Wettbewerb, in dem wir uns befinden, nicht nur die wirtschaftliche, sondern auch die publizistische Macht. Es gibt ein ausgefeiltes Kartellrecht, welches sowohl von Seiten der Zeitungsverlage als auch von anderen Medienanbietern heftig kritisiert wird, weil es so restriktiv ist und weil es wirtschaftlich motivierte Zusammenschlüsse und damit auch publizistische Zusammenschlüsse verhindert.

Die *Berliner Zeitung*, für die ich arbeite, ist selbst einmal in so einem Fusionsprozess gewesen, zusammen mit dem *Tagesspiegel* in Berlin, weil Holtzbrinck beide Zeitungen kaufen wollte. Das Kartellamt hat auch diese Fusion, die eine vergleichsweise kleine gewesen wäre, verhindert, weil für Presseunternehmen andere Kriterien gelten als für jedes andere Unternehmen. Die Umsatzgrenzen, die man aus dem Kartellrecht kennt, gelten für Presseunternehmen nicht. Es gelten viel niedrigere Aufgreifschwellen und eine teilweise schwer nachvollziehbare Rechtsprechung des Kartellamtes. Auf einer größeren Ebene haben wir einen solchen Fall gerade bei *Springer* mit *Pro7* und *SAT1* gehabt. Man kann nun lange darüber reden, ob man *Springer* das gönnen würde oder nicht oder ob man das für wirtschaftlich sinnvoll halten würde. Aber die Untersagung dieser Fusion mit der Begründung, dass *Springer* sonst die Möglichkeit gehabt hätte, eine so genannte *cross-mediale* Promotion zu machen, das heißt eine Serie von *SAT1* in der *BILD*-Zeitung anders zu behandeln als eine Serie von *RTL*, halte ich für kritikwürdig. Das ist zwar alles theoretisch möglich, aber wenn man in die Praxis guckt, doch relativ weit hergeholt.

Es gibt also eine kartellrechtliche Kontrolle, die sich eindeutig gegen wirtschaftliche Machtzusammenballungen im Mediensektor richtet. Diese Kontrolle - das haben wir nun an kleineren und größeren Fällen in der Vergangenheit gesehen - funktioniert sehr gut. Das Kartellamt ist da sehr effektiv, zum Leidwesen der Unternehmen, die davon betroffen sind. Aber man muss immerhin konstatieren, dass die Tatsache, dass wirtschaftliche Machtzusammenballungen auf diese Weise verhindert werden, gewissermaßen als Komplementärentwicklung auch verhindert, dass es publizistische Machtzusammenballungen gibt. Als Journalist bin ich prinzipiell für ein sehr restriktives Kartellrecht, bei allen Unstimmigkeiten, die der status quo mit sich bringt. Ich glaube, dass es sinnvoll ist, dass ein eher aus der Wirtschaft stammendes Instrument dazu führt, dass publizistische Machtzusammenballungen begrenzt werden.

Sie sehen, ich versuche Ihnen ein differenziertes Urteil zu liefern. Ich versuche nicht in Abrede zu stellen, dass Medien natürlich Macht und Einfluss ausüben, weil sie eben diese Mittlerfunktion zwischen Politik und Wählern haben. Aber ich möchte auch darauf hinweisen, dass die Macht der Medien nicht irgendeine willkürliche und unbeschränkte Macht ist. Sie ergibt sich zunächst einmal aus einem Recht, nämlich aus dem Freiheitsrecht des Artikels 5 Grundgesetz, dem Grundrecht der Meinungsfreiheit. Der Rechtsprechung des Bundesverfassungsgerichts zu Folge ist diese Pressefreiheit nicht einfach ein Unterfall der allgemeinen Meinungsfreiheit, sondern sie ist sehr wohl ein eigenständiges Recht, das sich ausdrücklich auf die Vermittlungstätigkeit der Medien bezieht. Pressefreiheit, um es einfach auszudrücken, wird gewährleistet nicht im Interesse von Journalisten, sondern im Interesse von Lesern, von Hörern und von Zuschauern. Pressefreiheit, so hat es das Bundesverfassungsgericht immer wieder festgestellt, ist eine dienende Freiheit. Sie ist konstituierend für unser Rechtssystem. Wo aber sind die Grenzen dieser Medienfreiheit und damit der Medienmacht?

Es gibt eine lange Liste von gesetzlichen Regelungen, die die Tätigkeit von Medien einschränken. Es gibt ein Instrumentarium und es gibt Rechtsanwälte, die dieses Instrumentarium perfekt beherrschen. Die Stichworte sind Gegendarstellung, Unterlassungserklärung, Richtigstellung, Widerruf und Schadensersatz. Das sind Themen, mit denen wir es beinah täglich zu tun haben. Journalisten müssen inzwischen sehr genau wissen, was sie dürfen und was sie nicht dürfen. Nehmen Sie ein einfaches Beispiel: Das Recht am eigenen Bild. Ein Individualrecht, das in der Regel durch die Rechtsprechung so hoch gehalten wird, dass wir als Journalisten uns sehr genau fragen müssen, wen wir eigentlich abbilden in der Zeitung. Es gab das berühmte *Caroline-Urteil*. Caroline von Monaco hat gegen *Yellow-Press-Medien* immer wieder erfolgreich geklagt bis hin zum Europäischen Gerichtshof. Dieser hat ein Urteil gesprochen, bei dem viele von Ihnen möglicherweise auf den ersten Blick sagen, das ist doch richtig so. Die Grundidee lautet nämlich, dass auch Prominente ein Recht auf Schutz ihrer Persönlichkeit haben. Das heißt, die Medien dürfen Prominente nicht einfach abbilden, wann es ihnen passt, sondern nur dann, wenn die ihre öffentlichen Aufgaben oder Funktionen wahrnehmen. Sie dürfen sie aber nicht abbilden, wenn sie sich in einer erkennbar privaten Situation bewegen. Das klingt plausibel, ist aus meiner Sicht aber letztlich nicht plausibel und schränkt die Freiheit der Medien über Gebühr ein. Denn wenn wir diesen Grundsatz befolgen, kommen wir dahin, dass Persönlichkeiten des öffentlichen Lebens sich in der Zeitung nur noch so abgebildet sehen, wie sie es gerne hätten. Sie könnten so im Grunde genommen ein inszeniertes Bild von sich selbst durchaus bei uns durchsetzen. Wir wären dem ausgeliefert. Im Übrigen gibt es auch ganz pragmatische Gedanken: Wenn Brad Pitt *Unter den Linden* entlangläuft, dann verstehe ich nicht, warum man den nicht fotografieren sollte. Das ist ja noch kein Foto, wie es die *SUN* gerade von Angela Merkel veröffentlicht hat und wie es anschließend in der *BILD*-Zeitung - wenn auch verfremdet - weiter getragen worden ist.

Selbstverständlich haben die Medien Grenzen zu berücksichtigen. Nur die Frage, wo diese Grenzen gezogen werden, die muss immer wieder neu entschieden werden. Wir haben eine langjährige Rechtsprechung des Bundesverfassungsgerichts, die ausgesprochen medienfreundlich ist. Das Bundesverfassungsgericht hat im Zweifel immer wieder für die Pressefreiheit entschieden, auch gegen individuelle Rechte, die ihr gelegentlich entgegenstehen. Wir haben jetzt einen Dissens zum Urteil des Europäischen Gerichtshofes, weil dieser die individuellen Rechte gegenüber den Medien signifikant stärker bewertet als dieses bisher beim Bundesverfassungsgericht der Fall war. Im Übrigen hat das Bundesverfassungsgericht in mehreren Stellungnahmen festgestellt, dass es gar nicht so sehr darauf ankommt, ob sich das Ganze in der politischen oder der unterhaltenden Sphäre abspielt. Das Bundesverfassungsgericht hat vielmehr gesagt, dass auch im Unterhaltungssektor Einstellungen geprägt und Lebensbilder transportiert werden. Diese Art der Berichterstattung hat möglicherweise auf die Willensbildung von Menschen genauso viel, wenn nicht gar mehr Einfluss als etwa klassische politische Berichterstattung.

Der Umgang mit dem Recht am eigenen Bild führt auch zu Fehlentwicklungen, was die Darstellung der Wirklichkeit angeht. Wir debattieren darüber, dass wir eine Gesellschaft ohne Kinder werden, aber die Kinder, die wir haben, die bilden wir schon gar nicht mehr ab. Ohne die individuelle Einverständniserklärung der Eltern dürfen Sie nämlich als Journalist gar keine Kinder mehr abbilden. Sie kennen diese Bilder, auf denen die Gesichter der Kinder grundsätzlich gepixelt sind, damit man sie nicht erkennt. Das ist eine abstruse Nebenwirkung der juristischen Einflussnahme auf die Medien.

Es gibt eine andere Fallkategorie juristischer Auseinandersetzungen, bei denen es angeblich auch darum geht, die Macht der Medien zu begrenzen. In Wahrheit geht es jedoch nur darum, die Einflussmöglichkeiten und die Arbeit der Medien dann zu verhindern, wenn sie einem - gemeint ist dann meist die Politik - nicht in den Kram passt. Das sind Fälle, in denen gegen Medien und Journalisten wegen angeblicher Beihilfe zum Geheimnisverrat ermittelt wird. Das geht typischerweise so: Ein Medium deckt einen Fall auf - eine Affäre, einen Skandal, eine Unregelmäßigkeit in einer Behörde, in einer Partei, in einer Organisation - und nimmt insofern eine öffentliche Funktion wahr. Das Aufdecken geschieht aber dadurch, dass ein nicht für die Öffentlichkeit bestimmtes Papier an die Öffentlichkeit gelangt. Dahinter steckt dann - so es sich im öffentlichen Dienst abspielt - der Tatbestand des Geheimnisverrats, der sich gegen einen Beamten, einen Angestellten oder sonst jemanden richtet. Der Journalist, der dieses Papier genommen und darüber berichtet hat, hat sich angeblich der Beihilfe zum Geheimnisverrat schuldig gemacht. Seit etwa fünf Jahren hat es eine ganze Reihe solcher Fälle gegeben, die meist mit staatsanwaltschaftlichen Durchsuchungen in den Redaktionsräumen, zum Teil auch in den Privaträumen von Journalisten verbunden waren. Noch kein einziges dieser Verfahren ist zu einer Anklage gekommen. Und wenn sich am Ende regelmäßig zeigt, dass Journalisten ihre öffentliche Aufgabe wahrgenommen haben, dann fragt man sich natürlich, warum es die Vielzahl dieser Verfahren gibt, wenn nicht, um diese Art der Berichterstattung zu erschweren und nach Möglichkeit unmöglich zu machen. Es gibt einen ganz offenen Dissens zwischen weiten Teilen der Politik und den Medien. Wir haben diesen Dissens in der vergangenen Regierung mit Otto Schily gehabt, der auf eine bemerkenswerte Art und Weise schlicht und einfach gesagt hat, Journalisten hätten sich an Gesetze zu halten und dürften daher auch kein vertrauliches Papier aus dem Bundesinnenministerium veröffentlichen. Das ist durch die Rechtsprechung vielfach widerlegt worden, aber Schily hat das dennoch so vertreten. Und auch bei Wolfgang Schäuble ist nicht wirklich erkennbar, dass er da eine andere Position wahrnehmen würde. Die Politik verfolgt an dieser Stelle ein Eigeninteresse, die Medien in die Schranken zu weisen und ihnen einen Maulkorb umzuhängen, wenn es ihnen gelingt.

Mit solchen Fragen müssen wir uns auseinandersetzen und wir müssen uns darüber im Klaren sein, dass die Diskussion zwischen Medien und Politik auf diesem Feld keine unbefangene ist, denn die Politik macht die Gesetze für die Medien. Wir sind diesen Gesetzen unterworfen. Ich bin weit davon entfernt, dies zu einem großen Thema „Gefährdung der Pressefreiheit" zu machen. Wir sind hier weder in Weißrussland noch in China, das weiß ich sehr wohl, aber die Gefährdung der Pressefreiheit fängt im Kleinen an und da ist es auch unsere Aufgabe als Journalisten, relativ frühzeitig darauf hinzuweisen.
Gesetze beschränken die Macht der Medien. Darüber hinaus gibt es Selbstkontrollverfahren. Der Presserat beispielsweise gibt jedem betroffenen Bürger, ganz egal ob Bundeskanzler oder Pförtner im Bundeskanzleramt, die Möglichkeit, sich gegen die Berichterstattung in den Medien zu verwehren. Der Pressekodex des Deutschen Presserats beinhaltet 16 Ziffern, von der wahrheitsgemäßen Berichterstattung bis zur Art der journalistischen Recherche, von journalistischem Anstand bis zur Vermeidung von Diskriminierung. Das sind Richtlinien, die in

vielen Fällen in den vergangenen Jahrzehnten auch operationabel gemacht worden sind. Fast alle Medien haben sich verpflichtet, öffentliche Rügen, die es bei tatsächlichen oder vermeintlich schweren Verstößen gegen diese Richtlinien gibt, auch zu veröffentlichen. Die allermeisten, die sich verpflichtet haben, halten sich auch daran.

Es gibt übrigens über den Pressekodex des Deutschen Presserats im Moment eine sehr intensive Diskussion, weil es so etwas wie eine Konkurrenzveranstaltung gibt. Dabei handelt es sich um eine journalistische Organisation von Kollegen, die in erster Linie investigativ arbeiten. Das ist das „Netzwerk Recherche". Diese Organisation hat gewissermaßen einen eigenen, so genannten „Medienkodex" vorgeschlagen, der ein bisschen einfacher ist als der Pressekodex des Presserats. In zehn Grundsätzen legt der Medienkodex fest, was Journalisten tun oder nicht tun. Der erste Punkt heißt schlicht und einfach: „Journalisten berichten unabhängig, sorgfältig, umfassend und wahrhaftig. Sie achten die Menschenwürde und die Persönlichkeitsrechte."

Wenn sich alle daran halten, dann haben Sie gegen den Sittenverfall in den Medien schon einiges getan. Aber auch da stellt sich wie bei allen globalen Regelungen die Frage, wie operationabel das ist, inwieweit man sich darauf berufen kann und welche Sanktionsmechanismen damit verbunden sind.

Zum Abschluss möchte ich noch den einen oder anderen aktuellen Fall erwähnen, um zu zeigen, dass sich Fragen der Medienmacht und des Medienrechts nicht im luftleeren Raum bewegen, sondern beinahe täglich mit konkreten Fällen unterfüttert werden. Ich hatte diesen Fall der Abbildung von Angela Merkels Hinterteil in einer englischen Boulevardzeitung schon erwähnt. Es sollte eigentlich eine Selbstverständlichkeit sein, dass man so etwas nicht macht. Es gibt überhaupt keine Veranlassung dafür, solch ein Foto zu veröffentlichen, außer man ist die *SUN* und will gegen alles Deutsche zu Felde ziehen. Diese Kategorie von Fotos werden Sie nicht mal in deutschen Boulevardzeitungen finden. Die Grenzen der Geschmacklosigkeit werden da noch an anderer Stelle als bei den britischen Kollegen gezogen. Jetzt muss man sich natürlich fragen, was unter „Grenze der Geschmacklosigkeit" zu verstehen ist. Ist es die Aufgabe von Regeln, irgendwelche Geschmacksgrenzen festzulegen oder geht es nicht vielmehr darum, tatsächlich Persönlichkeitsrechte aufrecht zu erhalten? In diesem Fall geht das eine mit dem anderen einher.

Nehmen Sie einen anderen Fall: Den großen Karikaturenstreit, den wir vor ein paar Monaten ausgetragen haben. Worum geht es da in Wahrheit? Man kann lange darüber reden, ob der Abdruck dieser Karikaturen blasphemisch ist. Man kann lange darüber streiten, ob man diese Karikaturen drucken sollte, weil sie Menschen verletzen und gegen Geschmacksregeln verstoßen. Die meisten Medien in Deutschland nehmen für sich in Anspruch, dass sie religiöse Gefühle sowohl ihrer Leser als auch ihrer Nichtleser achten. Aber ist das eine Geschmacksfrage oder eine Frage der Zulässigkeit? Darf man böse Karikaturen gegen die Politik veröffentlichen? Darf man böse Karikaturen gegen Finanzinvestoren veröffentlichen? Darf man aber böse Karikaturen gegen den Islam nicht veröffentlichen? Und wenn nicht gegen den Islam, dann vielleicht doch gegenüber der katholischen Kirche? Oder ist der Papst auch tabu dabei? Da kommen wir sehr schnell an Grenzen. Ich verwehre mich dagegen, dass uns solche Verbote auferlegt werden. Ich kann sagen, ich muss sie nicht drucken, ich hätte sie auch nicht gedruckt, aber ich muss sie abdrucken dürfen. Das ist einfach eine Frage des Grundsatzes. Wenn Sie ernsthaft sagen, solche Karikaturen dürfen Medien nicht veröffentlichen, weil sie da nur ihre Macht über andere ausnutzen - was ist dann mit dieser kleinen Serie „Pope Town", die bei *MTV* laufen soll? Wir haben erfahren, dass es eine Serie gibt, die den Papst auf irgendeine Weise lächerlich macht. Das erste, was wir gehört haben, war, dass Edmund Stoiber verlangt hat, dass diese Sendung auf keinen Fall ausgestrahlt werden dürfe. Auf die Frage, ob Herr Stoiber die Sendung schon gesehen habe, antwortete sein Sprecher, er habe sie nicht gesehen, aber sich sehr genau berichten lassen, was da gezeigt werde. Wenn wir also anfangen über solche Fälle zu verhandeln, in denen Sendungen verboten werden sollen, die noch niemand gesehen hat, dann kommen wir in eine Situation, die für uns Journalisten überhaupt nicht vertretbar ist. Einer unserer Autoren hat sich dann vorab diese Sendung angeguckt und meinte, es wäre begrenzt lustig aber auch von einer Harmlosigkeit, dass es die Debatte nicht lohnt. Aber wenn Sie das beurteilen wollen, dann müssen Sie zunächst mal darüber berichten können. Dann müssen Sie das sehen können, und zwar nicht nur Journalisten, sondern eben auch Zuschauer.

Das sind alles Fälle, bei denen es vordergründig darum geht, die Macht der Medien zu beschränken. Die Begründung ist eigentlich immer wieder dieselbe: Wir haben es mit einem Interessenkonflikt zwischen unterschiedlichen Rechten zu tun. Pressefreiheit auf der einen Seite und die Persönlichkeitsrechte auf der anderen Seite. Und die nicht zu widerlegende Behauptung ist, es gibt in den Medien Persönlichkeitsrechtsverletzungen, sei es gegenüber Prominenten, gegenüber Politikern aber auch gegenüber ganz einfachen Menschen.
Ja, es gibt das, ich kann das überhaupt nicht leugnen. Die Frage ist, ob es richtig ist, die Grenzen dessen, was die Medien dürfen mit dieser Begründung immer enger zu ziehen oder ob nicht ein Land dieses große Maß an Pressefreiheit braucht, auch mit dem Risiko verbunden, dass der eine oder die andere diese Freiheiten zumindest teilweise ausnutzt. Da müssten wir dann noch mal über Sanktionsmechanismen reden, aber ich glaube nicht über eine Verschiebung der Grenzen, und erst recht nicht über eine Verschiebung der Grenzen zwischen Medien und Politik. Das müssen diese beiden Institutionen schon miteinander ausmachen.

Diskussion

Können Sie noch einmal etwas detaillierter auf die veränderten Arbeitsweisen zwischen Berlin und Bonn eingehen und vielleicht auch Erklärungen abgeben, warum sich die Arbeitsweisen verändert haben?

Ich glaube, der wesentliche Grund ist die schiere Masse an Medien und an Journalisten, die hier in Berlin arbeiten. Es ist mehr als eine Verdopplung oder Verdreifachung, weil nicht nur die Journalisten aus Bonn umgezogen sind, sondern weil im Grunde genommen auch die Vielfalt der kleineren Medienorganisationen, die hier in Berlin präsent ist, in keinem Verhältnis zu dem steht, wie wir in Bonn gearbeitet haben. Eine typische Berliner Verhaltensweise im Journalismus - und ich sage das nicht mit Blick auf die jungen Journalisten, die da arbeiten, sondern eher mit Blick auf die Sender, die sie losschicken - ist es, einem Politiker ein Mikrofon unter die Nase zu halten und sinngemäß zu sagen: „Sagen Sie mal irgendwas. Ich brauch' nen O-Ton". Die inhaltliche Kompetenz von Journalisten im Umgang mit der Politik ist durch die Inflationierung der Zahl an Journalisten schwächer geworden. Da müssen wir uns wirklich sehr selbstkritisch an die eigene Nase fassen. Das ist eine Frage der Ausbildung in den Medien. Für mich ist das eine wirklich eigenartige Beobachtung: Wir haben journalistischen Nachwuchs, der hoch- und höchstqualifiziert ist. Volontäre bei Zeitungen müssen heute schon so viel können und so viel Talent und Engagement unter Beweis gestellt haben, bis sie überhaupt zu uns als Auszubildende in die Redaktion kommen. Bei den Kriterien, die wir heute anlegen, denke ich gelegentlich, ich wäre ja nie Journalist geworden unter diesen Voraussetzungen. Wir haben also einerseits hoch qualifizierten Nachwuchs in den Institutionen oder auch an den Universitäten und Journalistenschulen und wir haben andererseits sehr viele junge Journalisten, die überhaupt nie eine Ausbildung genossen haben. Diese Vorwürfe muss man an Medienunternehmen machen, vor allem an die privaten Radiosender. Das ist ein Bereich, in dem Ausbildung offenkundig ein Fremdwort ist.

Der Verleger bestimmt ja die redaktionelle Linie. Beim Springer-Verlag gibt es diese fünf Essentials, die auch schriftlich niedergelegt sind. Gibt es so etwas bei der Berliner Zeitung auch?

Nein, das gibt es bei der *Berliner Zeitung* nicht. Es gibt das alte und neue *Gruner-&-Jahr*-Chefredakteurs-Prinzip, welches in Verträgen hinterlegt ist und wo die Rechte des Chefredakteurs über die publizistische Linie zu bestimmen, niedergelegt sind. Es gibt gerade eine Diskussion in der Redaktion darüber, ob die *Berliner Zeitung* so etwas wie ein Redaktionsstatut braucht. Da wird im Moment offiziell drüber verhandelt. Ich will auch gar nicht ausschließen, dass es zu so einem Statut kommt. Gerade im angelsächsischen Raum haben sich in den letzten Jahren viele Zeitungen solche Grundlinien, die zum Teil als Kodex formuliert worden sind, gegeben, sei es zur Selbstvergewisserung oder als eigenes Grundsatzprogramm. Ich halte so etwas für nicht dumm. Es ist am Ende nicht mal der Text entscheidend, der dann auf dem Tisch liegt, sondern der Gedankenprozess, der dahin führt und der interne Debatten und Selbstvergewisserung in Gang setzen kann.

Journalisten stehen bekanntermaßen immer mehr vor dem Problem, aufgrund des Zeitdrucks und des Konkurrenzdrucks mit anderen Medien auf Presseveröffentlichungen von Institutionen oder von Politikern zurückgreifen zu müssen und gar nicht mehr originär recherchieren zu können. Dabei besteht die Gefahr, dass eine kritische Berichterstattung zunehmend auf der Strecke bleibt. Und wenn man als Journalist im Pressetross einer berühmten Persönlichkeit unterwegs ist, steht man ja auch unter dem Druck, "angenehme Wahrheiten" in Bezug auf die Person zu publizieren, weil es sonst vorkommen kann, dass man bei der nächsten Reise nicht mehr im Tross dabei sein kann. Dazu würde mich Ihre Meinung interessieren.

Das Grundproblem, wie viel unserer Inhalte ist eigentlich originäre journalistische Recherche, wie viel wird von außen zugeliefert und kann man Redaktionen fremd bestimmen, beschäftigt uns schon sehr lange. Es gibt darüber natürlich auch statistische Erhebungen, was woher kommt und welche Quellen den Informationen zu Grunde liegen. Daran lässt sich sehen, dass es keine eindeutige Entwicklung gibt, dass das mehr wird, jedenfalls nicht, wenn Sie Durchschnittszahlen nehmen. In der politischen Berichterstattung inszenieren Parteien und Fraktionen natürlich ihre Informationen und ihre Veranstaltungen, wie ich bereits in meinem Vortrag erwähnt habe. Und die Medien gehen durchaus darauf ein. In der Wirtschaftsberichterstattung liegt das schon viel näher. Man ist oft auf Informationen aus Unternehmen angewiesen. Diese Unternehmen haben ein eigenes Interesse daran Informationen zu präsentieren und tun das bisweilen sehr professionell. Dieses Phänomen gibt es selbstverständlich. Die Frage ist, ob Journalisten die Möglichkeit haben, durch eigene Kenntnis kritisch nachzufragen, einzuordnen und sich ein eigenes Urteil zu erlauben. Man muss auch da wiederum differenzieren. In einer Zeitung wie der *Berliner Zeitung* oder dem *Tagesspiegel* ist das eigentlich eine Selbstverständlichkeit, dass sie so ausgerüstet ist, dass sie sich diese Kompetenz auch in der Redaktion leistet. Es gibt Lokalredaktionen in der Republik, bei denen das längst nicht mehr der Fall ist und die dann sehr bereitwillig auf solche vorgefertigten Informationen zurückgreifen. Die Wirtschaftsberichterstattung ist da einer der kompliziertesten Fälle. In der Politik hat man es eher leicht. Da bekommt man beinahe immer beliebig viele Informationsquellen. Alle Parteien und Fraktionen haben ein Interesse daran sich zu äußern und ihre Position rüber zu bringen. Es gibt für alles Mechanismen. Das ist eine Frage der Ausstattung und der Ressourcen, die man zur Verfügung hat.

Tissy Bruns
Leitende Redakteurin im Parlamentsbüro, *Der Tagesspiegel*

Politikberichterstattung zwischen Plenum und Talkshow

Tissy Bruns wurde 1951 geboren. Sie arbeitete für die taz in Bonn, anschließend für Stern, Wochenpost und Tagesspiegel. Von 2002-2003 war sie Büroleiterin des Hauptstadtbüros der WELT. Seit April 2003 ist sie Leitende Redakteurin des Berliner Parlamentsbüros des Tagesspiegel.
Tissy Bruns ist seit 1995 im Vorstand der Bundespressekonferenz und war dort von 1999 bis 2003 als erste Frau Vorsitzende. In dieser Funktion beschäftigt sie sich intensiv mit dem veränderten Verhältnis von Politik und Medien, der Bedeutung von politischer Inszenierung und politischer PR.

Die Macht der Politik die Medien zu beeinflussen oder Themen zu unterdrücken, ist so gering wie nie, jedenfalls in unserem Land. Die Hoheit über die Themenagenda ist eindeutig an die Medien übergegangen.

Mein Thema *Politikberichterstattung zwischen Plenum und Talkshow* spielt an auf das berühmte Bild, das Wolfgang Thierse einmal anklagend gebraucht hat und andere inzwischen gängig verwenden: Die Talkshow „Christiansen" sei für die Öffentlichkeit inzwischen wichtiger geworden als das Plenum des Deutschen Bundestages. Ich teile diese These in keiner Weise. Ich finde sie beleidigend für die Institutionen unseres Landes, insbesondere für die Volksvertretung Bundestag. Wenn man sie hinterfragt, dann ist man ganz schnell bei der Feststellung, dass dies ein typischer Fall aus der Rubrik ist „Aber der Kaiser ist doch nackt". Bei „Christiansen" ist noch nie über eine Rentenreform entschieden worden. Es sind dort noch nicht einmal Entscheidungen verhindert worden. Selten werden dort neue Gedanken implementiert. Deswegen stellt sich aber umso mehr die Frage: Warum erregt „Christiansen" denn so ein Aufsehen? Denn das tut die Sendung natürlich. Der Kaiser ist schon mit schillernden Farben bedeckt. Der Frage, warum an solchen Sendungen so ein immenses Interesse besteht, möchte ich im Folgenden nachgehen.

Der Umzug von Bonn nach Berlin war ein richtiger Schock für Medien und Politiker. Das lag nicht an Berlin. Es lag daran, dass wir im schönen und gemütlichen Bonn über die Jahre nicht mitbekommen hatten, wie sich die Welt verändert hatte. In Bonn wusste jeder, wo sein Platz ist. Helmut Kohl regierte 16 Jahre lang in einer festen Koalition. Zwischendurch ist die Mauer gefallen, aber in Bonn blieb die Welt gleich. Mit dem Umzug von Bonn nach Berlin konnte man an den Veränderungen nicht mehr vorbeisehen. Und wie immer war es auch in diesem Fall: Zuerst fällt auf, was alles nicht mehr funktioniert. Aber neue Ordnungen und Strukturen waren noch nicht da.

Gleich zu Beginn wurde uns Journalisten ein wenig schmeichelhafter Spiegel vorgehalten. Herlinde Koelbl hat einen Film gemacht mit dem Titel „Die Meute". Er zeigte, wie wir in Berlin auftraten. In großen Mengen, manchmal wie eine Krake, die statt Armen Mikrofone und Kameras hat, sich wie ein Riesenwesen plötzlich bewegt, wenn irgendwo eine Tür auf- oder zugeht und auch genauso plötzlich stehen bleibt. Das war dann der übliche falsche Alarm, der dem eigentlichen Auftritt des Spitzenpolitikers gesetzmäßig vorangeht. Vor Schröder beispielsweise kam immer erst eine Mitarbeiterin, so dass „die Meute" wie erstarrt stand, weiter wartete und sich dann, wenn der wirkliche Schröder kam, erneut in Bewegung setzte. Das Unbehagen über diesen Film war bei uns sehr groß. Wer lässt sich schon gern „Meute" nennen?

Wir haben ein romantisches Verhältnis zu unserem Beruf. Wir sind die Helden, die *Watergate* aufdeckten, die Aufklärer, die nach der Wahrheit suchen und ihr dienen. Die dem Volk sagen, mit welchen Schlichen und Tricks die Politik arbeitet. Wenn wir Journalisten ehrlich sind, müssen wir einräumen, dass die Bürger dieses Bild nicht unbedingt teilen. Ich neige dazu, in besonders trivialisierten Formen der Darstellung von Berufsgruppen immer ein Körnchen Wahrheit zu sehen. Wenn man sich Daily-Soaps oder sonstige Serien im Fernsehen ansieht, in denen Journalisten auftreten, dann sind das leider keine Helden, die die Wahrheit ans Licht bringen. Dafür sind in erster Regel Kriminalkommissare, Pathologen oder auch Wissenschaftler zuständig. Die Journalisten, die dort auftreten, sind eher etwas unerfreuliche Menschen vom Typ des Schleimers, der zur Vordertür zweimal rausgeworfen wird und zur Hintertür dreimal wieder hineingeht - eigentlich nur darauf aus, im Interesse seiner eigenen Karriere sensationelle Enthüllung über das Privatleben eines bedeutenden Politikers oder Wirtschaftskapitäns zu machen.

Das ist natürlich auch nicht die Wahrheit über uns. Aber das Körnchen Wahrheit darin, das muss Journalisten interessieren. Denn wir sind vom Grundgesetz privilegiert und haben einen gesellschaftlichen Auftrag. Schön war es nicht, wie Gerhard Schröder sich mit den Worten verabschiedete: „Glaubt denen nicht!" Mit „denen" waren die Medien gemeint, die fast unisono ein schwarz-gelbes Wahlergebnis antizipiert hatten. Es kam dann bekanntlich anders, genau so wie es 2002 anders gekommen war. Journalisten folgen Reflexen, wenn ein Politiker sie kritisiert: Dann haben sie es richtig gemacht, nach dem umgekehrten Motto „Wenn dein Feind dich lobt, dann hast du etwas falsch gemacht". Entsprechend wurde auf Schröders Medienschelte reagiert. Doch das Körnchen Wahrheit, das in der Schelte von Herrn Schröder dringesteckt hat, sollten wir ernst nehmen.

Im letzten Wahlkampf hat es für mich eine Schlüsselszene gegeben. Das war das Fernsehduell Merkel versus Schröder. Da gibt es zwei Wahrnehmungsebenen: Die eine ist die von 20 Millionen Zuschauern, die zu Hause vor dem Fernseher zuschauen und sich ihr Urteil bilden. Dann gibt es die andere, eine Art Käseglocke, in diesem Fall draußen in Berlin-Adlershof. Dort sitzen die beiden Kombattanten, Kanzler und Herausforderin, mit den Moderatoren vor den Kameras. Dazu mehrere 100 Menschen in einem davon getrennten Raum. Das ist die Entourage der Duellanten, Sprecher, Mitarbeiter, Schauspieler, Künstler und andere, vor allem Journalisten, die sich von dort aus eine Meinung über dieses Duell bilden. Das ist dort offenbar ein ganz anderer Vorgang als der, der bei den 20 Millionen Fernsehzuschauern stattfindet. So hat es danach ein merkwürdiges Paradox gegeben. Wer hat gewonnen, Merkel oder Schröder? Das ist nicht objektiv zu beurteilen. Fest stand aber, dass viele Journalisten als Sachverständige mehrere Tage lang über Fernsehen und die großen Massen- und Boulevardmedien, vor allem über die *BILD*, Angela Merkel zur Siegerin ausgerufen haben - die Mehrheit der 20 Millionen Zuschauer sah Schröder vorn.

Das Fernsehduell ist Wahlkampf, veranstaltet für Millionen Bürger. Wie kommen Journalisten eigentlich dazu, zu urteilen, wer das Duell für sich entschieden hat? Sind sie in diesem Fall wirklich „Experten" oder behaupten sie diese Rolle nur? Auf mehreren Wahlkampfkundgebungen konnte ich sehen, wie Schröder daraus Punkte für sich machen konnte: „Lasst Euch bloß nicht von solchen Leuten bevormunden." Schröder kann das: Phänomene ausreizen, bei denen die Leute ein ungutes Gefühl haben, ohne es genau benennen zu können. In diesem Fall: Journalisten neigen dazu, nicht mehr über das zu berichten, was gewesen ist und das dann zu interpretieren. Wir versuchen zunehmend, etwas vorwegzunehmen und uns für klüger als die Wählerinnen und Wähler zu halten. Und damit sind wir an einen Punkt gekommen, der für die politische Berichterstattung problematisch ist. Nach dem Fernsehduell wurden Journalisten in der Rolle der „Experten" zu Akteuren in der Politik. Sie waren nicht mehr nur Personen, die ihren grundgesetzlichen Auftrag erfüllen, nämlich über die Politik zu berichten, aufzuklären, sie zu interpretieren und das Licht der Öffentlichkeit auf alles zu richten, was in der Politik geschieht. Das ist nicht sehr schmeichelhaft für meine eigene Gruppe, die Journalisten.

Es gibt die viel diskutierte Politikverdrossenheit, eine Glaubwürdigkeitskrise der Politik und der Politiker. Meine These ist, dass die Politikverdrossenheit mit einer Glaubwürdigkeitskrise der Medien und der Journalisten einhergeht. Politiker und Journalisten, die sich als zwei verschiedene, sich gegenüberstehende Gruppen verstehen, sitzen in den Augen der Bürger in einem Boot. Sie werden als eine politisch-publizistische Kaste angesehen: Beide Gruppen führen ein ähnliches, „abgehobenes" Leben, denken ähnlich und haben ähnliche Urteilsmechanismen. Das ist für eine Demokratie nicht erfreulich, weil die Medien die kontrollierende Öffentlichkeit über die Politik sein sollen.

Diese Wahrnehmung ist nicht zu beweisen, sie stützt sich aber auf Befunde. Beispielsweise stehen in den Rankings der letzten Jahre, bei denen gefragt wurde, welche Berufsgruppen die höchste Anerkennung haben, ganz oben Ärzte, Polizisten und die Bundeswehr. Das sind glaubwürdige Berufsgruppen, die große Anerkennung genießen. Journalisten rangieren inzwischen unten, da, wo auch Politiker stehen, manchmal kurz dahinter, manchmal kurz davor, als seien wir eine Gruppe.

Nun zu den Politikern. Sie stehen seit langem im Verdacht, dass ihre öffentlichen Eitelkeiten ihre sachlichen Leistungen übertreffen, dass sie viele Probleme nicht mehr lösen. Dieser Befund vieler Bürger ist nicht von der Hand zu weisen. Personalisierung ist eines der großen Phänomene der Mediendemokratie. Ein ambivalentes Phänomen, das zumal unter Journalisten überwiegend kulturpessimistisch gesehen wird. Deshalb möchte ich zunächst feststellen: Personalisierung ist keine eitle Erfindung von Politikern, die weniger Moral oder Verstand haben als ihre Vorgänger. Sie ist das Phänomen einer Zeit, in der die Lager zerfallen, Folge einer gesellschaftlichen Entwicklung. In den 1950er, 60er, fast noch in den 70er Jahren wusste der norddeutsche Arbeiter: Er wählt rot, denn das war sein Herkommen, seine Tradition und sein Elternhaus, während der südwestdeutsche katholische Selbständige oder Handwerker wusste: Er wählt Union. Wenn man Konrad Adenauer oder Schumacher über Außenpolitik, Ehe, Familie oder Rentenreform sprechen hörte, wusste man bei jedem Thema, das ist der Mann von der Union und das ist der Mann von der SPD. Diese klare Lagerordnung hat sich erst in der Gesellschaft, dann in der Parteienlandschaft aufgelöst.

Alle politischen Strömungen und insbesondere die beiden großen Lager, die sich nicht zufällig in trauter Eintracht in der großen Koalition gefunden haben, suchen gemeinsam und ziemlich verzweifelt nach pragmatischen Lösungen für die großen Probleme. Es sind schwierigere Probleme als in der alten Bundesrepublik: Heute geht es nicht mehr darum, mit einer Rentenreform Millionen Rentnern etwas Neues zu geben wie bei Adenauer 1956. Heute geht es darum, Millionen Menschen Einschränkungen zu vermitteln. Und kein Mensch weiß, wie Millionen Menschen reagieren, wenn beispielsweise *Hartz IV* neue Möglichkeiten schafft, über die Wohnung, Bedarfsgemeinschaft oder Nicht-Bedarfsgemeinschaft zu Geld zu kommen. Niemand konnte damit rechnen, dass sich in Städten wie Berlin so viele zusammenlebende nicht-eheliche Paare eigene Wohnungen suchen und damit die *Hartz IV*-Kassen in Milliardenhöhe belasten.

Wenn es aber so ist, dass die Lager sowohl in der Gesellschaft als auch in der Politik nicht mehr scharf zu unterscheiden sind, stellt sich für die Bürger die Frage, nach welchen Kriterien er eine Wahlentscheidung treffen soll, woran er seine Hoffnung hängt und welchen politischen Urteilen er vertraut. Deshalb gibt es den starken Trend zur Personalisierung: Die Bürger müssen sich an der Glaubwürdigkeit von Personen orientieren. Kaum jemand hier im Saal wird beurteilen können, ob die geplante Gesundheitsreform gut durchdacht, vernünftig und zukunftsweisend ist. Und das kann man niemandem vorwerfen. Wer studiert, arbeitet oder vielleicht noch ein Kind versorgt, kann sich nicht vertiefend mit der Gesundheitsreform beschäftigen. Sie ist zu kompliziert. Er wird also fragen müssen: Nehme ich das Angela Merkel ab, nehme ich das Ulla Schmidt ab, glaube ich Franz Müntefering? Die Personalisierung der Politik folgt einer inneren Notwendigkeit in der Entwicklung der Gesellschaft, insofern möchte ich für sie eine Lanze brechen. Man muss heute von den Politikern erwarten, dass sie zu den alten Tugenden - Augenmaß, Vernunft und Leidenschaft - eine vierte hinzufügen: Sie müssen sich in der modernen Medienwelt angemessen als Person darstellen können.

Wie bei jeder neuen Entwicklung gibt es auch bei dieser neue Versuchungen, und zwar auf beiden Seiten, bei den Politikern und bei uns Journalisten. Diese neue Versuchung der Politik ist die Jagd nach *attention*, nach Aufmerksamkeit. Früher hieß es: Die große Droge der Politik ist die Macht. Inzwischen neige ich dazu zu sagen: Die große Droge der Politik ist der Ruhm, die öffentliche Berühmtheit, die ständige Präsenz in der Öffentlichkeit, das ständige Beachtwerden in Zeitungen und vor allem im Fernsehen. Öffentliche Aufmerksamkeit ist eine unglaubliche diabolische Versuchung, die der Macht ähnlich ist.

Die neue Versuchung der Medien ist die zur strukturellen Doppelmoral. Wir sind es, die die Politiker dazu verleiten, sich bei jeder Gelegenheit vor die Kamera zu stellen, kurze Statements abzugeben, obwohl man eigentlich die Rentenreform erklärt wissen will. Wir wollen das große Sonntagsinterview haben, auch wenn der Politiker sagt: „Eigentlich möchte ich jetzt zurückhaltend sein." Wir wollen immer etwas von ihnen, wir sind allgegenwärtig. Denn die Medien haben einen Hunger, den sie früher nicht hatten. Und die Person, der lebende Mensch, ist natürlich im Zeitalter der Bildmedien viel gefälliger als die neuesten Details bei *Hartz IV* oder Gesundheit. Wir sind es, die einen immensen Hunger danach haben. Gleichzeitig sind wir es aber auch, die in vielen kritischen Zeitungsartikeln gerade das verurteilen, was wir ständig provozieren. Dadurch stecken wir natürlich in einer riesigen Glaubwürdigkeitsfalle.

Eine mehr oder weniger unreflektierte Ambivalenz zeichnet die Medien auch in den entscheidenden Sachthemen aus. Bei den Reformprozessen herrscht ein Grundton: Die Wirtschaftskommentare sind neoliberal und verlangen entschiedenere Reformen. Auf den Reportagenseiten werden dagegen sehr viele Krokodilstränen vergossen. Als Nürnberg erstmals fünf Millionen Arbeitslose meldete, lautete der Aufschrei: Weimar! Obwohl jeder Journalist weiß, dass die heutige Situation vollkommen anders ist, gab es in der ganzen Medienlandschaft, mein eigenes Blatt eingeschlossen, bei der Fünf-Millionen-Zahl einen hysterischen

Aufschrei: Weimar und die Suggestion dessen, was nach Weimar kam. Hier kochen wir die Diskussion hoch, die im schrillsten Widerspruch steht zu dem, was auf den Wirtschaftsseiten geschrieben wird.

Das mediale Tempo ist neben der Personalisierung für die Wahrnehmung von Politik heute unglaublich wichtig geworden. Es steht in einem eklatanten Widerspruch zur möglichen Geschwindigkeit der Politik. Man kann eine Rentenreform heute nicht anders machen, als sie Adenauer in den 1950er Jahren gemacht hat. Man muss die eigene Fraktion gewinnen, man muss mit den Sachverständigen arbeiten, die Verbände gewinnen oder niederkämpfen, mit der Opposition ins Einvernehmen kommen und den Bundesrat ins Boot holen. Das muss man heute alles genauso machen: langsames Bohren dicker Bretter.

Noch zu Willy Brandts Zeiten gab es lediglich drei Fernsehprogramme mit drei Nachrichtensendungen, die erste um 17 Uhr, die folgenden um 19 Uhr und 20 Uhr, wobei die 17 Uhr-Nachrichten nur die Kinder sahen. Heute dagegen produzieren die öffentlich-rechtlichen und privaten Fernsehsender stündlich neue Nachrichten, die immer neu gefüttert werden müssen - angefangen mit den Morgenmagazinen. Nehmen Sie das Beispiel der Zeitungen: Noch in den 90er-Jahren haben wir so produziert, dass wir Parlamentskorrespondenten bis fünf Uhr nachmittags recherchiert haben. Um halb sechs Uhr ist die Klappe gefallen, dann hatte man noch Abendtermine, aber die Zeitung für den nächsten Tag war fertig. Heute überarbeiten wir nach halb sechs Uhr die Zeitung und aktualisieren sie. Ein Koalitionsausschuss, der heute um 19 Uhr tagt und um 22 Uhr fertig ist, der wäre noch vor zehn Jahren erst am nächsten Tag recherchiert, am übernächsten Tag wäre darüber ausführlich berichtet worden. Heute kommt er am gleichen Abend noch ganz schnell in die Zeitung. Es sind natürlich zwei sehr unterschiedliche Berichte: Wenn rasch am Abend noch eine schnelle Meldung in die Zeitung kommt oder wenn man am nächsten Tag Stunden recherchieren und mit vielen anderen Leuten sprechen kann.

Nun ist der *Tagesspiegel* wie viele andere Zeitungen so tugendhaft, trotzdem an nächsten Tag noch diese acht Stunden zu recherchieren. Aber ich will nicht verhehlen, dass es durchaus vorkommt, dass dann neue Ereignisse diesen ausführlichen und gründlich recherchierten Bericht aus dem Blatt fallen lassen. Das Tempo geht latent zu Lasten einer gediegenen Berichterstattung. Wir finden in allen Medien dieses Phänomen. Die langsameren Medien eifern den schnellen nach. Die Wochenzeitungen wollen auf dem Nachrichtenstand der Tageszeitungen sein. Die Tageszeitungen wollen auf dem Stand der 20 Uhr *Tagesschau* sein. Die *Tagesschau* will auf dem Stand von *SPIEGEL ONLINE* sein. Das ist ein Wettlauf, den die langsameren Medien in Wahrheit nie gewinnen können. Das ist nämlich praktisch und technisch unmöglich.

Ich halte diese Trends optimistisch für Übergangsphänomene einer klassischen Krisen- und Umbruchsituation. Wie immer in der Geschichte der Menschheit werden mit dem Auftauchen neuer Medien die vorherigen Medien ihre Funktion nicht verlieren, sondern nur verändern. So wie das Buch nicht überflüssig wurde durch das Fernsehen, so wenig werden Zeitungen und Zeitschriften überflüssig werden, auch wenn Sie in fünf oder zehn Jahren alle morgens Ihre Zeitung vom Laptop ausdrucken, die am Abend wieder gelöscht ist. Zeitungen wird es weiterhin geben, weil die Menschen ein Bedürfnis danach haben.

Ich möchte jetzt auf die allgemeine Frage der Ringvorlesung *Medien und Macht* zurückkommen. Was ist die Macht der Medien? Wir wissen alle, dass Medien viel Macht haben. Allerdings fällt mir die Antwort auf die Frage, worin diese eigentlich besteht, ziemlich schwer. Fest steht, dass die Medien eine überragende Bedeutung als Austragungsort oder als Bühne für die Darstellung der Politik haben. Ihre Rolle als Meinungsbildner ist allerdings sehr flüchtig geworden. Und das liegt an uns selbst.

Ich habe schon das Beispiel des neoliberalen Grundtons gebracht, den es in der medialen Öffentlichkeit gibt. Wir haben festgestellt, dass trotz dieses Grundtons die Wahlergebnisse anders ausfallen. Viele Menschen wollen offenbar kenntlich machen: Reformen? Gut und schön, wir sehen es ein. Aber bitte nicht in diesem Tempo und bitte mit Augenmaß. Es gibt mehrere solcher Punkte, an denen der *mainstream* der Medien offenbar an den Menschen vorbei agiert. Ein bedenkliches Beispiel ist die Multi-Kulti-Diskussion. Der Grundton in den Medien ist im Großen und Ganzen immer noch *political correct*. So darf vieles nicht ausgesprochen werden, was zum Beispiel mein Sohn in der Schule erlebt. Da tun wir so, als wäre es nicht da. Unter der Hand gibt es aber, hauptsächlich unter der männlichen Jugend jeglicher Herkunft, in unserem Land wirkliche kulturelle Kämpfe um das, was hier gilt und was nicht: Wie man sich anspricht oder wie man mit den Müttern und Schwestern der Klassenkameraden umgeht. Das sind hochempfindliche, brisante Probleme, bei denen die Medien wenig zu sagen haben oder gar nichts bewegen.

Noch in den 70er Jahren sah die Nation zusammen die *Tagesschau* und zusammen das Fußballendspiel, zusammen den neuen *Durbridge*-Krimi. Morgens konnten die Lehrer mit ihren Schülern besprechen, was bei *Durbridge* war, was bei der Fußball-WM und worum es im Politikmagazin ging. Lehrer, die heute über den Umgang mit Medien reden, sagen häufig: „Wir haben keinen gemeinsamen Gesprächsgegenstand mehr. In meiner Klasse sehen die türkischen Mädchen aus der dritten Generation türkisches Fernsehen. Die Jungs gucken die Gerichtsshows, die Mädchen sehen Daily Soaps oder Telenovelas."

Umso mehr kommt es darauf an, dass es neben diesem großen Rauschen und dieser großen Diversifikation Medien gibt, die eine Grundargumentation und eine gewisse Kontinuität in die öffentliche Diskussion bringen. Die Zeitungen müssen es sein, die den zersplitterten öffentlichen Diskurs zusammenhalten. Nie haben 80 Millionen Deutsche Zeitung gelesen. Es war schon immer so, dass die Mehrheit der Nation vor *Durbridge* saß und eine Minderheit die *FAZ* abonniert hat. Aber jetzt ist zum ersten Mal fraglich, was bisher immer wieder funktioniert hat: Ob die heute 18- oder 25-jährigen wie vor 20 Jahren als 30-jährige zu Zeitungsabonnenten werden, wenn sie eine eigene Wohnung, ihren ersten Job und Kinder haben. Es ist offen, ob die nächste Generation noch in die Lesekultur der gebildeten Schichten und Eliten dieses Landes hineinwächst.

Wenn Sie, die heute 25-Jährigen, Medienleute werden oder sonstige öffentliche Berufe ergreifen, dann fällt in Ihre Verantwortung, ob das Lesen, das Wort, das Argument in der Demokratie den Rang behält, den es haben muss. Das Fernsehen ist allgegenwärtig und es ist nicht zwingend der Untergang des Abendlandes. Aber die Demokratie ist eine Wortveranstaltung. Sie hat sich herausgebildet in Abgrenzung von der bildhaft inszenierten Macht der Sonnenkönige. Sie hat auf Programme gesetzt, auf Argumente, Debatten, Streit, das Wort, das Lesen. In einer Kultur, in der das Lesen verlernt wird, zerfällt auch die Demokratie irgendwann.

Ich bin davon fest überzeugt, dass es dazu nicht kommen wird. Ob ich mit meinen eigenen Kollegen diskutiere oder mit Lehrern oder Studenten, bei allen lässt sich ein Unbehagen an der medialen Entwicklung feststellen. Ein solches Unbehagen ist der beste Ausgangspunkt, um etwas zum Besseren zu verändern. Die Zufriedenheit ist der schlechteste Motor, den es überhaupt im Leben gibt.

Diskussion

Sie sagten, man könne bestimmte Dinge nicht sagen, obwohl sie der Wahrheit entsprechen. Bislang hatte ich den Eindruck, dass in Deutschland im Gegensatz zu Amerika noch Tacheles geredet wird. Ist das jetzt vorbei?

Ich hoffe, dass der Höhepunkt der *political correctness* überschritten ist. Manche Probleme werden so dringend, dass es nicht mehr anders geht. Das Problem des Zusammenlebens der unterschiedlichen Kulturen ist nur das eklatanteste, es ist aber nicht das einzige Beispiel. Nehmen Sie die Zahl der fünf Millionen Arbeitslosen. Wir haben fünf Millionen Arbeitslose, aber wir haben extrem verschiedene Gruppen von Arbeitslosen. So lange wir die nicht differenzieren und nicht drüber reden, werden wir weiter Krokodilstränen vergießen, aber nicht vom Fleck kommen. Es gibt eine absolute Notwendigkeit bei der Gruppe der etwa 600.000 unter 26-Jährigen, die ohne Beschäftigung, Arbeit oder Ausbildung da stehen, sehr entschieden etwas zu machen. Da beeindruckt mich auch kein Neoliberaler, der sagt, „Zuviel Staat". Wer 25-Jährige in *Hartz IV* oder Sozialhilfe herein wachsen lässt, der muss sich nachher nicht wundern. Es gibt unter den fünf Millionen Arbeitslosen auch solche, die sich auf Kosten anderer durchschleichen. Da bin ich wieder sehr auf Seite vieler Neoliberaler, die sagen, dass man das ansprechen muss, dass ein Teil der Arbeitslosigkeit der Tatsache geschuldet ist, dass die Antriebe in der Gesellschaft fehlen.

Im Gegensatz zu Großbritannien, wo es richtige Redeschlachten im Parlament gibt, sind Parlamentsdebatten im Deutschen Bundestag meistens langweilig. Ich habe den Eindruck, dass Journalisten auch deswegen nicht mehr hingehen.

Letzteres stimmt, Journalisten gehen kaum mehr ins Plenum. Als ich noch Vorsitzende der Bundespressekonferenz war, hatten wir mit dem Bundestagspräsidenten Wolfgang Thierse einen Streit. Thierse wollte den Platz auf den Tribünen für Journalisten zu Gunsten der Besuchergruppen verkleinern. Da haben wir natürlich interveniert. Thierses Mitarbeiter haben mir dann eine Bilanz über den zurückliegenden Monat präsentiert, wie oft diese Plätze von Journalisten beansprucht worden sind. Das war peinlich. Die interessante Frage ist natürlich: Woran liegt das? Es gibt fast keine Kultur der Debattenberichterstattung in den Zeitungen mehr. Ich finde das sehr traurig, denn Parlamentsdebatten sind manchmal, gerade bei Nebenfragen, schöne Leuchtfeuer. Aber es gibt tatsächlich kaum noch einen Platz, wo sich das in der Öffentlichkeit abbildet. Ich glaube, hier sind die Politiker die erste Quelle des Übels, da im Plenum statt ernsthafter politischer Auseinandersetzungen dauernd ein fader, willkürlich inszenierter Scheinstreit herrscht. In gewisser Weise: Debatte im Stil der Talkshow.

Das letzte halbe Jahr war auch deshalb politisch unterhaltsam, weil ich immer wieder erlebt habe, wie jemand von der CDU sagte: „Der X von der SPD, das hätte ich nicht gedacht, der hat ja echt was im Kopf und hat auch viel Erfahrung und kennt sich bis ins Letzte aus." Umgekehrt hört man das Gleiche von Sozialdemokraten über Unionsleute. Offenbar haben die Abgeordneten ihre gegenseitigen Anschuldigungen geglaubt. Da wir Journalisten immer mit allen Parteien reden, wissen wir, dass jeder Politiker in Hintergrundgesprächen einmal sagt: „Na gut, das musste man als Opposition jetzt so vorbringen, aber wenn wir ehrlich sind, weiß ich auch, dass etwas Vernünftiges an dem ist, was die Regierung macht." Zu der *Agenda*-Rede von Schröder, die die damalige Opposition wie üblich am Vorabend bekommen hat, habe ich neulich zu meiner Überraschung von einem Unions-Mann gehört: „Wir hatten vorher schon überlegt, wie wir darauf reagieren. Wir sagen: Zu kurz gesprungen, zu wenig Energie dahinter, es muss schneller gehen. Dann kriegen wir diese Rede und wir waren wirklich überrascht, dass der Schröder sich das traut. Das hätten wir nie gedacht." Ich habe dann geantwortet: „Sie haben aber trotzdem gesagt: Zu kurz gesprungen, nicht schnell genug und nicht genug Energie dahinter." Und so war es. Viele Jahre haben die Volksparteien eine Art von inszeniertem Streit geboten, der eigentlich nur verdecken sollte, dass beide die Probleme nicht richtig energisch anpacken. Die Politiker tragen viel Verantwortung dafür, dass die Plenardebatten so abgeschliffen wirken. Man merkt die Absicht und wendet sich als Journalist und Bürger ab, wenn man merkt: Lauter Ton, lauter Streit, scharfer Angriff – nur um zu Lasten der anderen Partei Punkte zu machen. Deswegen ist auch die große Koalition so beliebt. Alle sind froh, dass sie diesen Scheinstreit hinter sich lassen können.

Wenn es im Parlament um wirklich interessante Fragen ging, saßen auch immer viele Leute vor dem Fernseher und haben die Reden verfolgt. Das waren meistens Debatten, die sich nicht um Konflikte zwischen Opposition und Regierung drehten, sondern um Lebenshaltungen, Wertegefüge, persönliche Leidenschaften und Überzeugungen wie bei der Gen-Debatte oder beim Paragraphen 218. Meine Nebenhoffnung bei der großen Koalition ist: Ende der Talkshow und Wiedergewinnung des politischen Diskurses. Vielleicht gelingt es uns, in den nächsten Jahren wirklich zu diskutieren, ob wir beispielsweise die Sozialsysteme über Steuern finanzieren oder weiter über die Arbeitsverhältnisse. Ich hoffe, dass Politiker hinter diesen vielen schwierigen und komplexen, schwer zu erklärenden Einzelheiten endlich wieder deutlich machen, um was es geht, so dass die Bürger die Entscheidungen wieder nachvollziehen können.

Eine wichtige Aufgabe kommt dabei den Medien zu. In unserem Büro wiederholt sich zurzeit oft folgende Szene: Entweder stehe ich im Türrahmen bei einem Kollegen oder eine Kollegin steht bei mir und klagt: „Zeitung machen unter großer Koalition, das ist ja furchtbar." Wir haben uns sieben Jahre daran gewöhnt, dass Zeitung machen in der Bundespolitik darin besteht: Jage fünf Dissidenten und du hast die Machtfrage. Also: Finde fünf Leute bei Rot-Grün, die dagegen sind und schon steht der Kanzler wieder an der Wand. Wenn wir diesem Muster weiter folgen wollten, dann hieße die Aufgabe: Gehe hin und fange 100 Dissidenten. Das ist natürlich aussichtslos. Da müssen wir uns was Neues einfallen lassen. Das tut dem Land gut, wenn auch Journalisten sich etwas Neues einfallen lassen.

Warum ist es wichtig, dass Journalisten auf der Besuchertribüne die Plenardebatten verfolgen? Schließlich kann man die Debatten auch bei Phönix ansehen.

Debatten auf der Tribüne zu verfolgen ist immer noch Ehrensache. Alle Journalisten, die aus einer Debatte Nachrichten machen müssen, können das Geschehen auf *Phönix* verfolgen. Aber die Kollegen, die Features oder Debattentexte schreiben, können das nur, wenn sie im Parlament dabei sind. Wenn Merkel zur Bundeskanzlerin gewählt wird, dann werden natürlich alle Kollegen, die über diesen Tag schreiben, im Bundestag sein. Das kann man nicht von *Phönix* aus schreiben. Es fehlen beim Fernsehen drei Dimensionen: das Räumliche, die Hintergrundgeräusche und die Bewegung, die es zwischen den Blöcken gibt. Das kann man den Lesern nur vermitteln, wenn man wirklich da ist. Ich finde auch, dass man Wahlkampfkundgebungen nicht vom Fernseher aus beschreiben kann. Ich weiß, das wird gemacht, aber ich finde es nicht richtig, weil man die Menge, die vor der Bühne steht, im Fernsehen nie richtig sieht und hört. Da muss man schon dabei sein.

Wie stark ist die Macht der Politik in Deutschland die Medien zu beeinflussen? Wie erleben Sie das: Denken Sie manchmal, das würde ich gerne sagen, aber dann bekomme ich Ärger oder wieweit schätzen Sie, sind sie selber davon infiziert, in einem political-correctness-Stil zu schreiben? Wie kommen Sie zu ihrer Einschätzung, dass das Unbehagen, das Sie feststellen, sich in etwas Positives wandeln wird?

Die Macht der Politik, die Medien zu beeinflussen oder Themen zu unterdrücken, ist so gering wie nie, jedenfalls in unserem Land. Die Hoheit über die Themenagenda ist eindeutig an die Medien übergegangen. Das sagen auch Politiker. Es gibt aber ein anderes Phänomen, über das wir uns mehr Gedanken machen sollten. Wie kommt es, dass im letzten halben Jahr Frau Merkel ein ausschließlich positives Medienecho findet? Ich habe auch ein überwiegend positives Stück über sie geschrieben. Ich gehöre in diesem Fall also auch zur Meute. Es kommt immer wieder zu diesen Wellenbewegen: Wir schreiben Politiker erst hoch, um dann wieder ganz negativ schreiben zu können. Ich bin mir ganz sicher, dass wir am Anfang einer „Anti-Merkel-Phase" stehen. Die Bundeskanzlerin Frau Merkel muss sich verdammt anstrengen mit der Gesundheitsreform, um nicht in eine vernichtende Kritik zu geraten. Ich glaube, es wird sogar dann eine vernichtende Kritik geben, wenn das Ergebnis ganz gut ist. Ich kann ihnen das Phänomen nicht wirklich erklären. Ich habe nur oft genug erlebt, dass es das gibt. Es muss etwas mit der Selbstbezogenheit zu tun haben, in der Politik und Medien leben.

Ein anderes Beispiel ist die Rente-mit-67-Diskussion, die Vizekanzler Müntefering kurz vor den drei Landtagswahlen ausgelöst hat. Das war sensationell: Ein sozialdemokratischer Arbeitsminister vollzieht endlich, was Kohl sich 16 Jahre und dann Schröder sieben Jahre nicht getraut haben. Worüber aber haben die Medien hauptsächlich diskutiert? Wollte Müntefering Platzeck ärgern? Hat Platzeck Müntefering genug zurückgeärgert? Das waren die Themen, die uns in den Medien mehr beschäftigt haben als die Frage, was dieser Durchbruch bedeutet.

Ich habe oft das Gefühl, dass ich gewissermaßen stumpfe Finger habe, dass wir den Menschen das Wichtigste nicht vermitteln: Was ist das für eine Zeit, in der wir leben? Sie ist so erschütternd, revolutionär, was die technischen Entwicklungen oder die Globalisierung angeht. Sie ist epochal vergleichbar mit dem Aufkommen des frühen Kapitalismus. Wenn man sich erinnert, wie dramatisch sich die Gesellschaften damals verändert haben: Institutionen wurden weggespült, neue Strömungen wie die Arbeiterbewegung entstanden. Die Nationalstaaten festigten sich. Aus den Schrecken des Anfangs, der Millionen Kinder in Bergwerken umgebracht, Frauen krumm gearbeitet hat, führte die Entwicklung in die Wohlstands- und Freiheitsentwicklung der zweiten Hälfte des 20. Jahrhunderts, die vielen Menschen sehr viel gegeben hat. Zuvor war das 20. Jahrhundert auch das Beispiel für schreckliche Verbrechen und fürchterliche Irrtümer. Aber doch: Die Menschen haben Lehren gezogen und die Verhältnisse gestaltet. Aus der Wucht der neuen technologischen und sozialen Entwicklung ist etwas Produktives geworden. Meine optimistische Vorstellung ist, dass es doch möglich sein muss, aus dem ungeheuren technologischen Potential und Wissen unserer Zeit einen positiven Nutzen zu ziehen. Das ist doch die wichtigste Frage an die Politik. Natürlich ist die nationale Politik in vieler Weise beschränkt, vieles findet in Brüssel statt und noch viel mehr wird durch die Macht der globalen ökonomischen Entwicklung strukturiert. Merkel kann sagen: „Ich mache das so mit dem Arbeitsmarkt." Das Diktat unseres Arbeitsmarktes findet aber nicht in Berlin statt, es kommt aus Indien, China, Polen oder Irland. Das wissen wir auch alle.

Aber manchmal ist die Globalisierung auch nur eine Ausrede. Es gibt lösbare Probleme. Es gibt zum Beispiel keine Ausrede dafür, dass in diesem Sommer in Berlin 6.000 Kinder eingeschult werden, ohne richtig Deutsch zu können. Der Fortschritt besteht darin, dass mittlerweile amtlich festgestellt ist, dass sie nicht richtig Deutsch können.

Wie die Medien solche Diskussionen führen können, beschäftigt mich viel mehr als die Frage, ob mich jemand unterdrücken will. Meine persönliche Erfahrung ist, dass viel mehr Zivilcourage dazu gehört, dem eigenen Chefredakteur die Meinung zu sagen, als zu schreiben, Frau Merkel ist dumm. Das kostet gar nichts. Das kann jeder Journalist in diesem Lande schreiben. Wir können auch alles mögliche Provokante schreiben, das macht es nur noch interessanter: Viel Feind, viel Ehr. Ich müsste sehr nachdenken, wofür in diesem Land ein Journalist noch eine Beule riskiert. Ich glaube inzwischen auch nicht mehr, dass in anderen Industrienationen alles so viel anders oder besser ist. Es ist ein kulturelles Phänomen, dass nahezu alles erlaubt ist, aber wirklich wenig verantwortlich behandelt wird. Der Politiker wird schneller bestraft als jeder Journalist. Er wird das nächste Mal abgewählt, wenn er viel falsch macht. Journalisten riskieren nicht wirklich viel.

Jetzt zur Frage, warum ich letztlich optimistisch bin und das Unbehagen sich zum Positiven wenden könnte. Letztlich ist das eine Glaubenssache. Vor die Frage gestellt, ob wir alle selbstzufrieden weiter machen wie bisher, oder ob wir uns ein bisschen unbehaglich fühlen und dann kommt etwas dabei heraus, entscheide ich mich für das Unbehagen. Ich bin davon überzeugt, dass Ihre junge Generation genauso wenig wie die meine die Ansicht tolerieren wird, dass die Jugend von früher immer die bessere war. Sie werden schon beweisen, dass Sie es hinkriegen. Aber ich räume ein: Reine Glaubenssache.

Ich habe den Eindruck, Medien konzentrieren sich hauptsächlich auf Bühnen, wie Plenum und Talkshow. Sie sind unfähig, die sachlichen Prozesse im Hintergrund zu verfolgen. Ist das so, wenn ja warum und kann man das ändern?

Ich will die Zeitungen nicht schlechter machen als sie sind. Viele Zeitungen, auch Regionalzeitungen, haben sich jetzt sehr gute Seiten *Drei* zugelegt, bringen Analysen und Hintergrundberichte. Das ist etwas, was man im Fernsehen nicht sehen kann. Es hilft nichts: In einer Demokratie müssen sich die aufgeklärten Leute mehr Gedanken über die europäische Verfassung machen und sich mit den neuen Strukturen in der Weltpolitik oder mit außenpolitischen Fragen befassen. Es ist gut, dass in Zeitungen wie der *FAZ* oder der *ZEIT* immer noch viele Seiten zu solchen Fragen erscheinen. Und wenn es 100 Leute lesen in diesem Land, dann hat das Land etwas davon, das ist meine feste Überzeugung. Es muss nicht jeder lesen, aber so etwas gehört zu einer Zeitung.

Die Hinweise darauf, dass wir die Bühne den politischen Prozessen vorziehen oder dass wir keine Debattentexte aus dem Parlament haben, dafür aber Talkshowtexte, das beleuchtet traurige Defizite. Sie haben damit zu tun, dass die Medien einer Chimäre hinterher jagen, nämlich den exklusiven Nachrichten, die Themen steil hochsteigen und ebenso schnell wieder verschwinden lassen. Das hat dazu geführt, dass es eine Ermüdung an der Politik auch bei vielen Leuten gibt, die sich eigentlich für Politik interessieren. Dafür sind in erster Linie die Medien, weniger die Politiker verantwortlich. Ich kann auch keine Besserung versprechen, sondern Ihnen nur versichern, dass es viele Journalisten gibt, die darüber sehr viel nachdenken.

Um noch mal auf das Unbehagen zurück zu kommen: Ich habe noch nie so viele junge Kollegen getroffen, die unsere Art der Berufsausübung sehr kritisch sehen. Gerade von den Jüngeren wird ja oft verlangt, dass sie fast wie die Fließbandarbeiter Info-Häppchen in die Sender oder in ihre Zeitungen befördern. Natürlich tritt jeder, der Journalist werden will, mit einem Ehrgeiz an. Er will komplizierte Prozesse verstehen und dazu beitragen, dass auch andere sie verstehen. Das ist ein sehr gesunder Ehrgeiz. Wenn alle mit der Entwicklung zufrieden wären, würde dieser Beruf unweigerlich herunter kommen.

Gibt es überhaupt noch Pluralität? Sind die Zeitungen nicht viel „mainstreamiger" als vor zehn oder 20 Jahren. Man hat den Eindruck, die Zeitungen argumentieren heute viel dichter als früher.

Das ist auch so. So wie in der Politik die Lager zusammengebrochen sind, ist auch die mediale Lagerordnung verschwunden. Zum „Medienkanzler" Schröder gehört auch das Phänomen, dass Schröder, der sich angeblich so gut mit Journalisten versteht, der erste Kanzler ist, der keine polarisierte Medienwelt hatte. Selbst Kohl hatte neben den vielen Kontras dennoch eine Pro-Strömung auf seiner Seite. Bei Schröder war binnen kurzer Zeit der Zustand hergestellt, dass alle gegen ihn waren. Aber natürlich gibt es immer noch eine gewisse Pluralität.

Lorenz Maroldt
Chefredakteur, *Der Tagesspiegel*

Das Lokale ist politisch

Lorenz Maroldt wurde 1962 in Köln geboren. Er studierte Politikwissenschaft am Otto-Suhr-Institut der FU Berlin. Er arbeitete als freier Autor für das Fernsehen und verschiedene Magazine, war 1991-1994 bei der Neuen Zeit, zunächst in der Landespolitik, später als Korrespondent für die Bundespolitik in Bonn. Seit 1994 ist er Journalist beim Tagesspiegel. Dort war er zunächst zuständig für die Seite 3. Er war Ressortleiter Berlin und stellvertretender Chefredakteur. Seit dem 15. August 2004 ist Lorenz Maroldt Chefredakteur des Tagesspiegels.

Ich glaube, dass eine Wechselwirkung besteht, dass das Politische durchaus lokal sein kann und das Lokale politisch ist. Da wir über Macht und Medien reden: Es liegt auch in der Macht der Medien das deutlich zu machen. Medien haben auch manchmal die Macht zu verändern, auch wenn die Folgen von Medienberichterstattung oft überschätzt werden.

Es seien mir zwei Bemerkungen zum Otto-Suhr-Institut gestattet. Es ist Jahre her, dass ich zum letzten Mal hier war. Als ich hier mit dem Studium fertig war, da war das eine ziemlich andere Veranstaltung als es jetzt ist. Ich habe auf dem Weg hierher überlegt, was ich alles gemacht habe in den Jahren. Man könnte es auch nennen: Anleitung für eine kriminelle Karriere. Mit ist eingefallen, ich habe bei Johannes Agnioli „Tyrannenmord" gelernt. Andere Vorlesungen hatten den nicht genannten, aber doch deutlich erkennbaren Zwischentitel „Wie plündere ich Berlins pralle Kassen", alles Dinge, die nicht mehr en vogue sind. Die Kassen sind heute auch ziemlich leer. Ich habe allerdings hier auch jemanden aus der Praxis kennen gelernt, bei dem ich recherchieren gelernt habe. Deshalb finde ich auch diese Veranstaltungsreihe so gut. So bin ich auch gerne gekommen, obwohl mich das Thema zuerst etwas beunruhigt hat. Ich bin mir auch heute noch nicht ganz sicher, ob wir wirklich über das Gleiche sprechen, wenn wir sagen „Das Lokale ist politisch". Ich habe Christian Walther gefragt: „Was meinst du denn damit?" Die Antwort war: „Das weißt du doch selbst am besten." Dann habe ich nachgedacht. Christian Walther hat wahrscheinlich bei lokaler Berichterstattung an mich gedacht, da ich eine Zeit Landespolitik gemacht habe. Ich habe fünf Jahre das Berlinressort beim *Tagesspiegel* geleitet. Inzwi-

schen habe ich etwas den unmittelbaren Kontakt zum Lokalen verloren, was allerdings auch manchmal ganz hilfreich für den Blick von außen sein kann.
Zur These „Das Lokale ist politisch": Ich finde, das ist eine extrem gewagte These, die ungefähr genau so viel Plausibilität hat wie die These „ Das Lokale ist langweilig" oder auch „Das Politische ist lokal" bzw. „Das Politische im Lokalen ist langweilig". Diese ist eigentlich die plausibelste von allen. Wenn man sich die Zeitung von heute mal so anguckt, dann findet man ein bisschen etwas über Lokalpolitik und auch ein bisschen etwas, wo man denken könnte, da kann man eine Querverbindung zur Politik herstellen. Aber die Frage, ist das wirklich politisch oder kann das wirklich politisch sein, die ist wirklich interessant. Je länger man darüber nachdenkt, desto interessanter wird sie auch für Zeitungsmacher, die jahrelang Zeitung machen und über solche Sachen schon lange nicht mehr nachdenken, weil das Meiste automatisiert geht.

Aber lassen Sie uns kurz die anderen Thesen, die ich hier genannt habe, durchdeklinieren. Erstens „Das Lokale ist langweilig": Wenn ich in meinem Bekanntenkreis frage, auch Leser des *Tagesspiegel*, was sie denn so lesen, bekomme ich zu hören, dass die einen Sport lesen, die anderen Politik und dann gibt es welche, die lesen Wirtschaft. Beim Lokalen gibt es, glaube ich, eine große Dunkelziffer, weil viele Leute nicht zugeben wollen, dass sie auch gerne Lokales lesen. Es gibt aber auch viele, die es nicht tun, weil es sie nicht interessiert. Ja, könnte man sagen, das Lokale ist langweilig. Der Hauptvorwurf gegen die Lokalberichterstattung ist, dass alles provinziell ist. Wenn man sich die Zeitungen ansieht, findet man viele Belege für Provinzielles. Wir finden auch in Berliner Zeitungen Bärenfotos, Berichte über Straßenfeste und Kleinsportvereine. Wir finden Mitteilungen über Umleitungen an Kreuzungen, an denen wir in unserem ganzen Leben noch nie waren und auch nie hinfahren wollen. Wir lesen Besprechungen über Restaurants, wo wir genau wissen, da kriegt uns keiner rein, auch wenn wir Geld dafür kriegen würden. Es gibt auch Besprechungen von Konzerten, die man in seinem ganzen Leben nicht hören will. Man fragt sich natürlich, was das soll, weil das alles langweilt.
Auf der anderen Seite gilt das auch umgedreht. Berlin ist natürlich nicht provinziell und es gibt viel Service, der einen unmittelbar betrifft. Wenn der Stau über eine Kreuzung, über die wir jeden Tag müssen, beschrieben wird, dann betrifft es uns unmittelbar und dann ist es auf einmal nicht langweilig, sondern plötzlich interessant. Und wir ärgern uns abends, wenn wir beim nachträglichen Lesen die Mitteilung sehen: „Achtung, hier heute nicht entlangfahren, rasende Skater unterwegs". Oder ich suche gerade ein Restaurant und bin dankbar für den Tipp, weil eines um die Ecke beschrieben wird. Dann gibt es Berichte über Dinge, die mich betreffen, weil ich sie richtig gut finde. Wenn ich zum Beispiel im *Tagesspiegel* einen begeisterten Bericht über das Konzert der Babyshambles letzten Donnerstag lese, bei dem ich selber war und bei dem ich abends um neun bis um viertel nach eins mit der bangen Frage gewartet habe, ob Pete Doherty noch kommt oder ob er irgendwo hängen geblieben ist. Er kommt und am nächsten

Tag finde ich das im *Tagesspiegel*, da lese ich jede Zeile und freue mich drüber. Dann berührt es mich unmittelbar und plötzlich ist es alles andere als langweilig. Lokales kann also langweilig sein, muss es aber nicht.
Wir haben jedes Jahr Umfragen, wie alle anderen Zeitungen auch. Es gibt verschiedene Methoden, Meinungsumfragen oder andere neuere Methoden, mit denen das Leserverhalten durch ein so genanntes Readerscanmodell getestet wird. Da hat man ausgewählte Leser, die einen elektronischen Stift haben, mit dem sie an den Stellen, wo sie zu lesen beginnen darüber fahren und da, wo sie aufhören. Das geht dann an ein Rechenzentrum, wo es, wie bei der Fernsehquote, ausgewertet wird. Ergebnis ist dann zum Beispiel: 8,3 Prozent haben sich für den Beitrag XY interessiert, 0,5 Prozent lesen regelmäßig die Kolumnen von einem ganz eingebildeten Kolumnisten und 50 Prozent aller Leser haben den Beitrag gelesen, der in der Konferenz als der schlechteste gebrandmarkt wurde und der von einem Mitarbeiter stammt, den man eigentlich loswerden möchte. Hinter all dem steht dann immer, dass man in der Zeitung und insbesondere im Lokalteil ein großes Spektrum an Wünschen bedienen muss. Man kann nicht mit jedem Beitrag jeden interessieren. Es ist eher normal, dass der durchschnittliche Leser zu einem Großteil der Beiträge sagt: „Das interessiert mich nicht." Das heißt aber nicht, dass dieser Lokalteil dann schlecht ist, weil man die Sachen, die einen nicht interessieren, auch darin findet.

These zwei „Das Politische ist lokal": Das kommt einem dann schon eher bekannt vor. Hier gibt es eine Menge Ableitungen und genug Beispiele: Die Gesundheitsreform, die der Bundestag beschließt, die treffe ich unmittelbar dann wieder, wenn ich zu meinem Ohren- oder Augenarzt um die Ecke gehe. Dann ist das Politische plötzlich ganz lokal geworden. Da sind auch die Leute, die das unmittelbar betrifft, diejenigen, die mit ihren Problemen im Lokalteil der Zeitung wieder vorkommen wollen. Dass die Ladenöffnungszeiten vom Bund auf die Länder übergegangen sind, ist hochpolitisch und unmittelbar lokal. Wenn mein Supermarkt um die Ecke künftig rund um die Uhr geöffnet haben kann, dann ist das ein lokales Thema und ist eine unmittelbare Folge des großen Politischen. Wenn Steinbrück kürzt, was auch immer, quietschen über kurz oder lang in Berlin die Türen noch ein bisschen mehr. Und wenn Müntefering eine neue Idee hat, werden wir das auch daran merken, dass über kurz oder lang an den Kreuzungen noch mehr Leute meine Autoscheibe putzen wollen, um den Euro schneller als in einer Stunde zu verdienen. Das Bundespolitische findet fast immer eine Entsprechung im Lokalen. Wenn in Brüssel, um noch die nächste Ebene anzusprechen, beschlossen wird, dass nicht mehr geraucht wird, dann werden auch in Zehlendorf die Zigarettenautomaten abgehängt. Auch das ist eine unmittelbare Auswirkung von großer Politik. Auch ein Missverständnis ist, dass vieles, was als groß und überregional daherkommt, wie das *Wall Street Journal* oder die *Washington Post*, die der *Berliner Zeitung* als Vorbild galt, im Lokalen verhaftet ist. Als der Chefredakteur Böhme davon träumte, dass die *Berliner Zeitung* die *Washington Post* Deutschlands werden sollte, wusste Böhme nicht, dass 95 Prozent der Auflage der berühmten *Washington Post* im Gerichtsbezirk Washingtons verkauft wird und die restlichen fünf Prozent der Auflage sich auf der ganzen Welt verteilen. Die große *Washington Post* ist also im Grunde genommen eine Lokalzeitung. Das *Wallstreet Journal*, das nun wirklich in aller Welt gelesen wird, hat als Motto „All business is local". Das bedeutet, die große Weltwirtschaft findet immer ihre Entsprechung im ganz Kleinen.

Man könnte aber auch sagen, das Politische ist so lokal nicht, wenn man sich andere Beispiele vor Augen führt. Zum Beispiel interessiert mich, was im Atomwaffensperrvertrag steht nur dann lokal, wenn derjenige, der Membranen in den Irak schmuggelt, mein Nachbar war. Dann ist das auch ein lokales Thema, denn den kenne ich vielleicht sogar. Ansonsten hat das mit dem Lokalen gar nichts zu tun, es sei denn die erste Bombe, die vom Iran losgeschossen wird, fällt nun zufällig in Steglitz herunter; aber dann ist das auch kein Thema mehr für den Lokalteil, den es dann nicht mehr gibt. Wenn die UN ein Hilfsprogramm für hungernde Staaten in Afrika aufsetzt, ist auch das eigentlich kein Lokalthema. Es könnte allerdings eines werden, wenn einer, der das dort koordiniert, aus Berlin kommt. Über den könnte man eventuell ein Portrait schreiben. So gesehen funktioniert diese Absolutisierung „Das Politische ist lokal" oder „Das Lokale ist politisch" so nicht, aber man kann sich dem annähern.

Die dritte These leitet eigentlich zu der Ursprungsthese „Das Politische im Lokalen ist langweilig". Das ist eine These, die man überall hört und die wir auch in der Redaktion immer wieder bestätigt sehen und die wir uns auch immer wieder fröhlich gegenseitig vortragen, wenn der Rathausreporter ankommt und sagt: „Ich hab was ganz Dolles, ich habe mit Pflüger gesprochen. Ich brauche unbedingt 120 Zeilen, da Pflüger jetzt Berlin regieren will." Der verantwortliche Redakteur sagt dann: „Pflüger? Wir haben noch in einer Ecke 30 Zeilen, mehr ist dafür nicht drin." Denn so etwas ist in aller Regel langweilig, das ist eine oft belegte These. Wenn wir sagen, das Politische im Lokalen ist langweilig, dann liegt das natürlich auch an den Personen. Wenn man sie sich in Berlin anschaut, dann kann man, glaube ich, ohne Überheblichkeit sagen, Lokalpolitiker sind oft langweilig. Nicht nur in Berlin, sondern anderswo auch. Landespolitiker ebenfalls. Die großen, bedeutenden Landespolitiker sind sehr selten und sie sind zu Recht selten bedeutend. In Berlin ist die Reihe von denen, mit denen man einmal mehr als zehn Minuten über Politik reden möchte, begrenzt. Wer die Erfahrungen machen möchte, der wird nach zehn Minuten feststellen, dass sie sich alle wiederholen. Man muss aber auch sagen, dass die Möglichkeiten der Berliner Politik begrenzt sind und dadurch das Lokalpolitische eher langweilig wird. Oft reicht es nicht einmal mehr dazu, dass man sich richtig ärgert. Wenn man sich die 80er Jahre vor Augen führt, da gab es ganz klassische Rechts-links-Konflikte, im Großen wie im Kleinen, die sich natürlich auch in der Landespolitik widergespiegelt haben. Hausbesetzergeschichten und anderes. Es ging immer knallhart zu und es gab auch immer eine ganz knallharte Alternative. Das ist heute nicht mehr so. Wenn man sich heute anguckt, mit welchen wirklich großen und wichtigen Themen die Opposition, die FDP, CDU oder auch die GRÜNEN Wahlkampf machen könnten, dann fällt mir ganz wenig dazu ein. Durch die desolate Haushaltslage sind die ganz großen Konfliktlinien eingeebnet worden, so dass alle, die regieren, zu einer mehr oder weniger gleichen Politik gezwungen werden. Wenn man mit dem FDP-Fraktionsvorsitzenden Lindner spricht, der als Spitzenkandidat in die Wahl zieht und ihn fragt, mit welchem Thema er die Leute aufrütteln wird, dann fällt ihm Bürokratieabbau ein. Jeder kennt irgendetwas, was ihn an der Bürokratie ärgert. Ich glaube, Bürokratieabbau ist seit 1949 ein Thema bei Bundestags- und Landtagswahlen. Es ist also nicht wirklich ein Thema, an dem sich eine Debatte entzünden könnte. Jeder ist für Bürokratieabbau, auch die Regierung. Die wird wahrscheinlich sogar darlegen können, welche Gesetze sie vereinfacht hat und wie viele und die Opposition wird versuchen aufzurechnen, wo Neue hinzugekommen sind. Das ist aber kein Wahlkampfthema, über das sich wirklich zu schreiben lohnt.

Beinahe hätten wir so etwas mit dem Thema „Religionsunterricht in den Schulen" gehabt. Das kam für die Opposition zu früh. Das Schuljahr fängt zwar vor der Wahl an, aber ich glaube nicht, dass es wirklich bis zur Wahl zu diesem großen Thema reicht, zumal sich die Opposition auch noch uneins ist. Die FDP findet nämlich ganz prima, was Rot-Rot damit macht und die GRÜNEN eigentlich auch. So wird auch dieses Thema mangels wirklicher Alternativen an Leuten und Ideen kein wirkliches Wahlkampfthema werden können. Dazu kommt der eingeschränkte Handlungsspielraum, einerseits finanziell, andererseits dadurch, dass ein Teil der Kompetenz in den Bezirken liegt. Und in den Bezirken läuft vieles intransparent, auch wegen fortschreitender Langeweile des Niveaus der Politik. Je tiefer man geht, wird die Politik auch von den Medien weniger beachtet oder ist von der großen Politik abhängig. Unterm Strich lässt sich sagen, Landespolitik ist auch deswegen so langweilig oder scheint es zumindest zu sein, weil in Berlin pragmatisch und nicht ideologisch regiert wird. Wenn Lucy Redler von der WASG tatsächlich gegen Rot-Rot in den Wahlkampf zieht, wird sie wahrscheinlich der PDS eine neoliberale Politik vorwerfen. Das heißt also, die linke Politikerin Lucy Redler wirft der PDS, die nach allgemeinem Verständnis als links gilt, vor, sie mache FDP-Klientelpolitik. Das zeigt schon, wie hilflos man als Politiker ist, heute irgendwo einen Punkt zu setzen, der noch auffällt. So wohlwollend man auch die Landespolitik zur Kenntnis nehmen mag, so desaströs ist sie letztlich, was die Schärfe der politischen Auseinandersetzung angeht und damit auch, was das Interesse des Publikums betrifft. Ich glaube nicht an eine große Wahlbeteiligung in Berlin und ich glaube auch nicht, dass das an einem allgemeinen Trend liegt, dem sich Berlin anschließt. Ich denke, dass nicht Landespolitik immer unbedeutender wird, sondern dass sie immer langweiliger präsentiert wird.

Trotzdem möchte ich der These widersprechen, dass das Politische im Lokalen langweilig ist. Ich glaube, das liegt daran, dass wir unter „politisch" etwas verstehen, was zu eng ist. Viel mehr Dinge sind politisch, auch wenn das für uns nicht auf den ersten Blick erkennbar ist und auch nicht von Zeitungen dargestellt wird. Denn es gibt das Phänomen, dass unsere Leser immer sagen: „Wir wollen mehr Politik, gerade auch im Lokalteil." Wenn wir dann die Verfahren anwenden, wo wir genauer sehen können, was die Leute lesen, dann werden die Texte, die wir als landespolitische Texte verstehen, am wenigsten gelesen werden, also zum Beispiel, was Wowereit sagt oder ein Interview mit dem Bildungssenator. Berichte aus dem Abgeordnetenhaus, also landespolitische Texte im eigentlichen Sinne, werden noch weniger gelesen als Lokalsport und das ist das, was ganz schlecht gelesen wird. Wir haben also einen zu engen Begriff vom Politischen und von dem Politischen im Lokalen ganz besonders. Ich glaube, dass eine Wechselwirkung besteht, dass das Politische durchaus lokal sein kann und das Lokale politisch ist. Fast alles, was im Lokalen passiert, könnte man auf eine politische Ebene heben, wenn man wollte. Da wir über Macht und Medien reden: Es liegt, glaube ich, auch in der Macht der Medien das deutlich zu machen. Medien haben auch manchmal die Macht zu verändern, auch wenn die Folgen von Medienberichterstattung oft überschätzt werden. Ein schönes Beispiel ist immer die *BILD*-Zeitung. Jeder, der einmal von der *BILD*-Zeitung durch den Kakao gezogen wird, denkt, dass die Welt untergeht. Über zehn Millionen lesen die *BILD*. Der Umkehrschluss ist, dass sie von 75 Millionen nicht zur Kenntnis genommen wird. Das ist eigentlich eine sehr beruhigende Erfahrung.

Manchmal hat die Macht der Medien aber doch fatale Folgen. Eine Geschichte, die nicht unbedingt lokal ist, aber doch durchaus lokal motiviert, da sie nämlich durch Neid motiviert war, was oft ein lokales, weil nachbarschaftliches Phänomen ist. Jemand hat etwas, was ich nicht habe. Und in einer globalisierten Welt ist plötzlich der Nachbar der, der ich auch sein könnte. Als damals „Florida-Rolf" durch den Kakao gezogen wurde, der auf Sozialkosten seine Wohnung in Florida bezogen hat, erregten sich alle Medien mit wenigen Ausnahmen unheimlich, dass tatsächlich ein Sozialhilfeempfänger das süße Leben in Florida auf unsere Kosten genießt. Daraufhin hat sich die Bundesregierung genötigt gesehen, das Gesetz in diesem Punkt zu verändern. Die Folge war, dass „Florida-Rolf" zurückkehren musste und dass die Sozialhilfekosten für diesen Bereich deutlich gestiegen sind. Denn im Grunde war die alte Regelung für alle Beteiligten eine recht angenehme Geschichte. Es war pragmatisch, unkompliziert und eigentlich der Aufregung nicht wert. Das Ende vom Lied war, dass die Bundesregierung ein kompliziertes neues Gesetz beschlossen hat, das allen teurer kam, als es vorher gekostet hat. Soviel zu der Macht der Medien, wenn sie unangenehm wird.

Ich möchte ein paar Beispiele dafür nennen, die die These „Das Lokale ist politisch" stützen könnten. Wir haben gerade in Berlin einen relativ bürokratischen Vorgang, nämlich die Abschiebung eines großen Teils der Familie Aydin. Die Familie ist vor vielen Jahren nach Berlin gekommen, Ein Teil der Familie ist perfekt integriert, nach allen Kriterien, die wir haben. Ein Sohn hat sich mal einen Eintrag ins Strafregister erlaubt und die Familie hat über ihre Herkunft nicht ganz die Wahrheit gesagt. Das ist alles und lässt sich in einer Stadt wie Berlin mit elf Kindern nicht völlig ausschließen. Dieser Fall bekam eine höchst politische Komponente als entschieden wurde, einen Teil der Familie abzuschieben und damit auseinander zu reißen. Diese politische Komponente ergibt sich nicht alleine daraus, dass der Fall ein Fall für den Petitionsausschuss im Abgeordnetenhaus wurde. Auch nicht alleine dadurch, dass es ein Fall ist, bei dem sich der Innensenator Körting von seiner härteren Seite zeigen konnte, durfte oder musste. Sie ergibt sich dadurch, dass es auch ein Fall ist, der einen grundsätzlich dazu bringt, bestimmte Dinge, die in unserem Ausländerrecht geregelt sind, neu zu überlegen. Vielleicht kommt man am Ende auch zu dem Schluss, es ist gut so wie es ist. Aber ein Fall wie dieser zwingt einen geradezu dazu, ihn nicht nur als Einzelfall zu betrachten, sondern als exemplarisch für andere Fälle.

Ein anderer Fall, der ganz aktuell ist, ist der Fall der Rütli-Schule. Man möchte fast meinen, dabei handele es sich um eine ganz banale Lokalgeschichte. Eine Neuköllner-Schule sagt: „Wir können nicht mehr." Ich komme so gut wie nie nach Neukölln. Ich fahre manchmal durch. Die wenigen Kneipen, die ich in den 80er Jahren dort besucht habe, gibt es nicht mehr oder ich gehe nicht mehr gerne hin. Die These, mit der Studenten in den 80er Jahren durchs OSI gezogen sind, dass Neukölln der neue Trendbezirk wird, hat sich nicht ganz bewahrheitet. Dieser Fall einer Neuköllner Schule, mit der wir eigentlich relativ wenig zu tun haben, wird zu einem Fall für die *Tagesthemen* und zwar als erste Nachricht. Der Fall ist ein Musterbeispiel für die Bestätigung der These „Das Lokale ist politisch". Es ist deswegen politisch, weil so ein Fall symptomatisch für ein Problem sein könnte, das nicht nur da ist, sondern auf das man darüber aufmerksam wurde.

Ein anderes Beispiel ist der Streit um die Moschee in Pankow. Im Zusammenhang mit den Protesten der Bürger gegen diese Moschee hat der eine Parteifreund in der CDU einen anderen als Stasi-Mann geoutet. Das war der, der für die Moschee war. Im Gegenzug haben die anderen, einen, der gegen die Moschee war, geoutet, dass er hat bei der NPD-Demo mitmarschiert ist. Das ist eigentlich ein ganz tolles Thema, weil auch dieses Thema uns wirklich zwingt, über unser Verhältnis zu Kirche und Religion nachzudenken. Was hat da die Politik zu suchen? Die Bezirkspolitik hat da sehr viel zu suchen, andere Politik wohlmöglich gar nichts.

Integration ist ein weiteres Thema für die These „Das Lokale ist politisch". Integration diskutieren wir in erster Linie über Kriminalität. Wir diskutieren es an einzelnen Fällen von Kriminalität in Berlin. Das jüngste Beispiel, das auch wieder in Zusammenhang mit Integration thematisiert wurde, war der Fall einer Vergewaltigung eines 16-jährigen Mädchens durch vier Schüler. Der jüngste war 13. Die Vergewaltigung wurde zwei Stunden auf Handy aufgenommen und fröhlich als Erfolgstrophäe weiterverbreitet. Zwei der Täter kommen aus Russland und zwei aus der Türkei. Das Ganze wird jetzt unter dem Thema der Integration diskutiert. Man kann es auch als normalen Straffall ansehen. In dem Zusammenhang gab es diese Woche die Veröffentlichung einer Studie, der zu Folge im Jahr 2026 circa die Hälfte aller in Deutschland Lebenden einen Migrationshintergrund haben wird. Das zwingt uns ebenfalls politisch nachzudenken, was das für Konsequenzen hat und zwar nicht, um das zu verhindern, sondern, um zu überlegen, wie wir damit umgehen und was das auch im Zusammenhang mit dem kleinen Kriminalfall bedeutet, bei dem wir auch in Berlin zunehmend rufen: „Das ist ein Ausländerproblem." Ob es eines ist oder nicht, das ist die große Aufgabe für die Politik, das zu diskutieren.

Die „Tempodrom-Affäre" ist auch ein schönes Beispiel für einen lokalen Skandal, der politische Sprengkraft bekam. Diese Affäre begann auch als ganz kleine Geschichte einer kleinen Veruntreuung, eben einer typischen Berliner Geschichte, wo ein öffentliches Bauvorhaben aus dem Ruder läuft. Das Ende vom Lied war der Rücktritt eines Senators und ein Untersuchungsausschuss im Abgeordnetenhaus.

Noch ein gutes Beispiel ist die Bankenaffäre. Es steht immer noch nicht genau fest, was uns die Bankenaffäre kostet. Rot-Rot hätte es ohne die Bankenaffäre in Berlin nicht gegeben. Rot-Rot hat wiederum massive Auswirkungen auf die Bundes-SPD gehabt.

Unser Karikaturist Klaus Stuckmann wohnt in Neukölln, trinkt ständig überall mit jedem Bier, ist quasi ein guter Bekannter, eigentlich ein lokaler Typ und mittlerweile ein Berliner Original. Klaus Stuckmann hat eine Karikatur gezeichnet, die im *Tagesspiegel* war, mit der er eigentlich karikieren wollte, dass die Deutschen bei den Sicherheitsbeschränkungen im Zusammenhang mit der WM durchdrehen. Er hat das alles überspitzt - Bundeswehreinsatz im Inneren, Bundeswehreinsatz im Stadion - und wollte mit der Karikatur ausdrücken, dass diese Maßnahmen gerade so sind, als ob die Iraner mit dem Sprengstoffgürtel aufs Spielfeld marschieren wollen. So hat er die Iraner mit dem Sprengstoffgürtel gezeigt. Die Reaktionen auf die Karikatur waren dramatisch schnell. Es gab Morddrohungen gegen Stuckmann, weil die Karikatur im Iran nicht so gut ankam, obwohl er nicht die Iraner auf die spitze Feder nehmen wollte, sondern den Innenminister Wolfgang Schäuble. Es kam sogar zu Demonstrationen vor der deutschen Botschaft in Teheran. Und das alles ging von einem lokalen Menschen aus, der in einer Lokalzeitung eine Karikatur veröffentlicht. Auch so kann das Lokale politisch werden.

„Tarifgemeinschaft der Länder" hört sich so trocken an, wie es ist, hat aber unmittelbare Folgen für denjenigen, der Mitte der 90er Jahre in Berlin in einer Behörde gesessen hat. So kam es, dass, wenn man selbst aus dem Westen kam und der auf der anderen Seite des Schreibtisches aus dem Osten, der andere deutlich weniger verdiente als man selbst. Dass im Osten die Beamten im öffentlichen Dienst weniger verdienten als im Westen war überall bekannt. Das Problem hatten andere Länder auch, aber nicht auf diese Weise. Unter Eberhard Diepgen hat der damalige Senat durchgesetzt, dass diese unterschiedliche Bezahlung für Berlin aufgehoben wird. Das war eine der teuren Großtaten Diepgens, die zum Rauswurf Berlins aus der Tarifgemeinschaft der Länder führte. Es war aber eine Entscheidung, die politisch sehr vernünftig war. Und es war eigentlich ein lokalpolitisches Thema, das auch den Bundestag beschäftigt hat.

Jetzt sind wir fast schon durch, außer, dass ich nochmals die Hauptthese einschränken möchte, weil Berlin auf Grund seiner Bedeutung doch ein bisschen anders ist. Vieles, was hier passiert, hat einen ganz besonderen Resonanzboden, weil trotz allem Föderalismus viele auf Berlin sehen. Berlin hat im positiven und negativen Sinn Vorbildcharakter. Hier ist es eher möglich als beispielsweise in Darmstadt, Schweinfurt oder Bad Langensalza, bestimmte Themen zu politisieren. Und wenn man sie politisiert, besteht auch die Chance, dass sie aufgegriffen werden. Die Themen hier sind oft exemplarisch, die Berichterstattung über Lokales und Lokalpolitik ist in Berlin wegen der scharfen Konkurrenzsituation im Vergleich zu anderen Städten deutlich besser. Das sage ich auch mit Blick auf die anderen Kollegen der anderen Zeitungen in Berlin.

Deswegen zum Schluss: Ich unterstreiche die These trotz vieler Fragezeichen im Prinzip doch und danke noch mal der Einladung vor der Diskussion, die hoffentlich gleich folgt. Denn es ist immer wieder gut, wenn man in der Praxis gezwungen ist, sich mit Theorie auseinanderzusetzen, auch wenn man meint, dass man die schon lange wieder los ist.

Diskussion

Ich möchte eine These in den Raum stellen, die die Überschrift etwas zuspitzt, nämlich die These, dass, wenn wir hier etwas über Beirut oder Afrika in der Zeitung lesen, dann ist das im Grunde genommen so, als würden wir ins Kino gehen. Wir haben darauf keinen Einfluss. Ganz anders ist es, wenn wir den Lokalteil lesen, dann lesen wir über Dinge, die wir unmittelbar beeinflussen können. Deshalb denke ich, dass der Prozess der Kommunikation, der im Lokalteil stattfindet, sehr viel stärker zum politischen Prozess gehört als all das, was wir über den Rest der Welt in einer gut recherchierten Zeitung erfahren.

Das ist ein wichtiger Punkt. Das Politische, verstanden als das, an dem wir partizipieren können, ist in der Tat im Lokalen gegeben, da können wir uns einmischen. Wenn Bürgerkrieg im Libanon ist, dann hören die nicht auf zu schießen, weil in 25 deutschen Zeitungen oder international steht: „Hört auf!" Lokal wird es allerdings dann, wenn Bürgerkrieg im Libanon ist und wir die Frage diskutieren, ob wir Flüchtlinge abschieben und wann.

An Schlägereien oder Überfällen sind oft Migranten beteiligt. Wie geht der Tagesspiegel damit um? Ich könnte mir vorstellen, dass hier eine Vorverurteilung stattfinden könnte. Ist das ein Punkt, wo auch das Lokale Politik macht?

Die Gefahr ist sehr groß und es war auch bis Ende der 90er Jahre durchaus üblich bewusst zu verschweigen, welcher Nationalität die Täter sind. Auch der Presserat hat damals bewusst interveniert. Wenn man über eine Messerstecherei in Wedding oder Neukölln geschrieben hat und man geschrieben hat, dass eine arabische auf eine türkische Gang losgegangen ist, dann kam der Presserat und hat gesagt, niemand darf wegen seiner Herkunft oder Religion verurteilt werden. Wir hatten diese Diskussion auf eine kuriose Weise auch einmal, als wir die Schlagzeile hatten: „Bundeswehrsoldat schießt seine Freundin tot". Da hat der damalige Chefredakteur gesagt, dass dies eine ungeheure Diskriminierung des Berufsstandes sei, dem er sich verbunden fühlt. Aber die Frage ist doch, wer von uns hat denn alles so eine Knarre im Schrank. Die Nennung des Berufs ist also in diesem Fall nicht unplausibel, weil sie uns zu der Frage führt, wie kommt das eigentlich, dass da jemand schießt. So etwas ist in der Tat aber lange unter dem Begriff der „political correctness" diskutiert bzw. verschwiegen worden. Man hat gesagt, man will nicht stigmatisieren oder Stimmungen aufgreifen, die latent vorhanden sind oder diese gar erzeugen. Auch das hat es ja durchaus vor Wahlkämpfen gegeben. Wer sich erinnern kann, als 1989 die Republikaner mit acht oder neun Prozent ins Abgeordnetenhaus einzogen, da war der Wahlspot der Republikaner, dass in Berlin alles ganz schrecklich ist und Berlin zu viele Ausländer hat, denen das Messer locker sitzt. Da war eine richtige Hetzstimmung vorhanden. Erhebliche Teile der Berliner fanden das richtig. Ich glaube schon, dass ein Zusammenhang besteht zwischen dem Wahlerfolg der Republikaner und ihren Parolen, weil sie damals ein Phänomen aufgegriffen haben, was durchaus vorhanden war, aber nicht beim Namen genannt wurde. So war es damals absolut verpönt, die bei der Polizei durchaus vorhandene Statistik über Täter mit Migrationshintergrund zu nennen. Seit einigen Jahren hat sich das geändert.

Jürgen Leinemann
Autor, *DER SPIEGEL*

Personalisierung in der Politikberichterstattung

Jürgen Leinemann wurde 1937 in Burgdorf (Niedersachsen) geboren. Er hat Geschichte, Germanistik und Philosophie in Marburg und Göttingen studiert. Nach seinem Studium war er zunächst als freier Mitarbeiter beim Burgdorfer Kreisblatt und bei der Deutschen Presseagentur in Berlin tätig. Von 1968 bis 1971 berichtete er für die dpa aus Washington. Seit 1971 ist Leinemann für den SPIEGEL tätig und war u.a. Reporter und Büroleiter in Washington und Bonn. Von 1998 bis 2001 leitete er das Berliner SPIEGEL-Büro und das Ressort „Deutsche Politik". Seit 2002 ist er SPIEGEL-Autor. Leinemann wurde 1983 mit dem Egon-Erwin-Kisch-Preis ausgezeichnet. 2001 erhielt er den Siebenpfeiffer-Preis.

In der Mediengesellschaft hat der Begriff „Authentizität" in den letzten Jahren eine hitzige, wenn auch verwirrende Konjunktur erfahren, wobei gern so getan wird, als sei Authentizität ein Gegenpol zur Darstellung. In Wahrheit ist Authentizität von Politikern ohne Darstellung schwer denkbar. Wenn das Leben eines Menschen und seine persönliche Erfahrung zum Kriterium seiner Wahrhaftigkeit gemacht werden, dann muss er seine Persönlichkeit auch ausdrücken können.

Ich möchte mit einer idyllischen Szene beginnen, die zwar schon etwas älter ist, mir aber noch immer sehr signifikant erscheint. Es handelt sich um eine Momentaufnahme aus dem Bundestagswahljahr 1994 mit Rudolf Scharping auf dem Bodensee-Linienschiff „Austria":
Lässig lehnte der SPD- Kanzlerkandidat da in Hemdsärmeln an der Reling und blinzelte in die Sonne. Der Wind zauste ihn in den Haaren, der Schlips flatterte ihm über die Schulter. Unten zogen Segelschiffe vorbei, aus der Ferne grüßten die Alpen. Postkartensommer. Nein, sagte der Kandidat aufgeräumt ins Funktelefon, während er lächelnd Ruderern zuwinkte, Urlaub könne man das nicht nennen, was er hier betreibe. Gerade habe er mit dem Schweizer Bundespräsidenten und dem österreichischen Bundeskanzler in Bregenz konferiert. Gleich werde er die Dornier-Werke in Friedrichshafen besuchen. Auch wenn es so aussehen mochte, Rudolf Scharping telefonierte keineswegs mit seiner Frau Jutta daheim, sondern er gab einem ihm unbekannten Moderator eines Lokalsenders ein Interview. Dabei wurde er von einem TV-Team gefilmt, was wiederum Fo-

tografen festhielten, worüber sich der mitreisende Wort-Reporter Notizen machte.

„Journalisten sollen die Wirklichkeit abbilden", hat zu seiner Amtszeit Bundespräsident Johannes Rau gefordert und dagegen ist im Prinzip nichts zu sagen, außer, dass Wirklichkeitsabbildungen oft sehr irreführend sein können, weil sich nicht immer ganz einfach herausfinden lässt, was eigentlich die Wirklichkeit ist. Was war nun wirklich an dieser Szene? Was gar *die* Wirklichkeit? Nur daran, dass Scharping an jenem Sommertag auf der „Aurora" telefonierte, würde ich jeden Zweifel ausschließen, das hatte ich - mit Zeugen - selbst gesehen. Dass dieses Telefonat ein Interview war, musste ich glauben, weil der Kandidat es mir erzählte. Ich habe jedoch nicht mitgehört. Aus der Ferne wirkte das Gespräch eher wie ein Telefonflirt. Aber wäre mir Rudolf Scharping als Person anders erschienen, wenn ich gewusst hätte, dass er mit seiner Frau telefoniert? Oder mit dem amerikanischen Präsidenten? Und hätte er sich beim Telefonieren anders verhalten, wenn ihm entgangen wäre, dass das Fernsehen ihn filmte? Hätte er den Ruderern zugewinkt, wäre er nicht im Wahlkampf gewesen?

Ich wusste, als ich Rudolf Scharping an jenem Tag im Wahlkampf beobachtete, weit mehr als ich sah, aber sah ich auch, was ich wusste? In den Umfragen war der Sozialdemokrat abgesackt, seine Parteifreunde machten sich über ihn lustig und meine Kollegen begannen ihn kritischer zu beurteilen. War das nicht wirklicher als der inszenierte Frohsinn auf dem Bodensee? Gab es Gesten, Zitate, Tonfärbungen, bewusste oder unbewusste Gefühlsäußerungen, die auf diese Situation reagierten? Ich war dabei, mir ein eigenes Bild von diesem Kandidaten zu machen, eines, das nicht identisch war mit dem, das seine Berater malten und nicht mit dem, was seine Kritiker seit Jahren verbreiteten. Dafür bediente ich mich natürlich auch der Fernsehbilder, deutete sie, empfand manche als irreführend, andere als aufschlussreich. Ich musste mit Fakten rechnen, an denen nicht zu rütteln war. Und ich hatte mich auf Sehroutinen von Fernsehzuschauern einzustellen, die nur Scharping-Bilder für gelungen hielten, in denen sie entdeckten, was ihnen ohnehin schon bekannt war.

All diese Eindrücke, dazu meine eigenen Empfindungen, hatte ich in einen Zusammenhang zu bringen, um ein faires und halbwegs realitätsnahes Porträt zeichnen zu können, das Scharping gerecht werden würde und dem Leser bei seiner politischen Entscheidung für oder gegen diesen Kandidaten helfen könnte. Welche Details passten zu welchen Eindrücken? Was entstand woraus? Was führte wohin? Die Fähigkeit, „das Grundmuster einer menschlichen Situation aufnehmen zu können, die Art und Weise, wie bestimmte Dinge zusammenhängen", kennzeichnet laut Isaia Berlin den „Wirklichkeitssinn" von Journalisten wie Politikern.

Das Fernsehen hat dafür gesorgt, dass solche ohnehin schon vielschichtigen Grundmuster noch viel komplexer geworden sind. Auf den ersten Blick scheinen wir besser Bescheid zu wissen als früher. Denn mit Hilfe einer klischeehaften Bilderzeichensprache haben die elektronischen Medien der Welt einen Augenschein von Verlässlichkeit verpasst. Der Kamera-Schwenk über den Kabinettstisch bedeutet Regieren, die anrollenden Staatskarossen mit Polizeieskorte signalisieren Staatsbesuch, der Händedruck des Bundespräsidenten mit einer exotischen Dame heißt Neujahrsempfang. Diese Rituale kennt jeder aus der *Tagesschau*. Nur, dass die Bilder eben in Wahrheit nicht zeigen, was sie behaupten - regiert wird im Kabinett erst, wenn die Kameraleute und Fotografen den Raum verlassen haben; der Staatsbesuch besteht aus vielerlei Ritualen und Gesprächen hinter verschlossenen Türen, der diplomatische Austausch beim Neujahrsempfang meidet die Mikrofone.

Umgekehrt kommen die klassischen Abläufe des politischen Geschäfts, die bis zu sechzehnstündigen Arbeitstage mit unzähligen Sitzungen, Telefonaten, Gremienberatungen und Aktenlektüre im Fernsehen so gut wie nicht vor. Selbst die prominentesten Politiker verbringen nur den allergeringsten Teil ihrer Zeit vor Mikrofonen und Kameras, in Pressekonferenzen oder Talkshows. Noch immer gehört es zu ihrem Handwerk, Pläne zu entwickeln, für Mehrheiten zu sorgen, Entscheidungen zu treffen und die dafür nötige Macht zu organisieren. Und noch immer entscheiden taktisches Geschick, Einfühlungsvermögen, politische Kompetenz, fachliches *Know-how* sowie Überzeugungs- und Durchhaltekraft über den Erfolg. Jeder Abgeordnete des Deutschen Bundestages hat 2003 im Zusammenhang mit der aktuellen Gesetzgebung 40.000 Seiten Papier zugesandt bekommen, hat SPD-Fraktionschef Müntefering nachgerechnet. Kohls langjähriger Berater Peter Radunski ist sicher: „Keiner kommt ganz nach oben, nur weil er in den Medien eine gute Figur macht".

Wo lässt mich diese Situation als journalistischer Beobachter? Immer haben mich in der Politik die handelnden und leidenden Menschen interessiert. Ich war neugierig auf ihre Irrtümer, ihre Vernunft und ihr Bewähren, auf ihr Scheitern und ihre Schuld, auf das ganze unübersichtliche Drama des Lebens. Und es war nicht zuletzt das Abgründige, Uneindeutige, ja Zwielichtige, das mich an der Politik früh gereizt hat.

Die Umstände meiner Kindheit und Jugend in den Bombenkellern des Zweiten Weltkrieges und im Wiederaufbaufieber der frühen Adenauerjahre haben es mit sich gebracht, dass mein generelles Interesse an Menschen schon früh eine politische und historische Einfärbung kriegte. Denn die Älteren um mich herum, die Verwandten, Nachbarn, Lehrer und Professoren, die mich auf den Ernstfall des Erwachsenendaseins vorzubereiten vorgaben, schienen fast alle über zwei verschiedene Biografien zu verfügen. Es irritierte mich, dass, wenn sie von sich redeten, eine unüberbrückbare Kluft ihre persönliche Alltagswelt von jener großen Geschichte zu trennen schien, die offenbar ganz ohne eigenes Zutun in ihr privates Geschick hineingehagelt hatte. Von ihren Großtaten als treu sorgende Familienmenschen, fleißige Kleingärtner, listige Überlebenskünstler und pflichtbewusste Berufstätige wussten sie lebensprall und saftig zu erzählen - von Geburten, Hochzeiten, Krankheiten und Beförderungen. Da waren sie Helden,

Schlitzohren, Tölpel und Pechvögel, aber, ob glücklich oder unglücklich, immer mittendrin im richtigen Leben. Das zweite Schicksal blieb dagegen seltsam vage, farblos und abgetrennt vom eigenen Selbstverständnis. Es war den verhärmten Neudemokraten irgendwie zugestoßen, als exklusive Veranstaltung von "denen da oben" über sie hereingebrochen. Die hatten sie nach Verdun in den ersten Weltkrieg geschickt oder nach Stalingrad in den zweiten. Die machten Inflation, Arbeitslosigkeit, Krieg, Hungerjahre und Wirtschaftswunder. „Die da oben" - das waren der Kaiser und die Parteien, die „Siegermächte", „Berlin", Hitler und die Nazis, die Amis, der Tommy, der Russe, schließlich Adenauer und „die in Bonn".

Vor allem deshalb, denke ich heute, habe ich Geschichte studiert und bin Journalist geworden, um herauszufinden, wie diese beiden Leben zusammenpassen. Die Abspaltungen waren mir unheimlich. Das Private und das Politische zu integrieren, erschien mir unumgänglich. In meinem eigenen Leben wollte ich diese Kluft nicht zulassen und ich wollte andere Menschen beobachten, wie sie sich gegen das Auseinanderfallen wehren oder wie sie es benutzten. Und wo wäre das besser zu studieren gewesen als in der Politik?

Allerdings hatte ich ein arg naives Verständnis von Journalismus. Ich sah mich als eine Art objektiven Beobachter, der auf der Tribüne des Weltgeschehens sitzt und Protokoll führt - ganz distanziert und unter Ausschaltung meiner subjektiven Empfindungen und Urteile. Schließlich arbeitete ich bei einer Nachrichtenagentur. Aber in Washington 1968 brannten noch die Ghettos nach der Ermordung von Martin Luther King, Rassenunruhen brodelten überall im Land. Dann folgte der Mord an Robert Kennedy. Schließlich kam der Vietnamkrieg. Das alles berührte mich persönlich, in diesen Fragen konnte ich mich um sachliche Korrektheit bemühen, neutral oder objektiv war ich nicht. Und so erlebte ich, dass mir dasselbe zu widerfahren drohte, was ich bei den anderen so schrecklich fand - die Gefahr des Auseinanderklaffens von persönlichem Erleben und historischem Geschehen. Ich geriet in eine schwere journalistische und persönliche Krise.

Nach meinem Zusammenbruch, den ich nur verkraften konnte, indem ich eine Menge über mich selbst lernte, konzentrierte ich mich noch stärker als zuvor darauf, die handelnden Figuren in der Politik zu beschreiben. Nicht etwa, weil ich - wie die Geschichtsschreiber des 19. Jahrhunderts - noch immer glaubte, Politiker und Staatsmänner seien die großen Macher, die alle Fäden in der Hand hielten und die Geschichte lenkten. Sondern weil sich in ihnen Geschichte bricht und spiegelt. Nicht weil sie so bedeutsame Menschen wären, verdienen sie besondere Aufmerksamkeit - obwohl auch das in seltenen Fällen vorkommt - sondern, weil sie öffentliche Ämter haben und öffentliche Funktionen ausüben. Weil sie mitentscheiden, wie wir leben.

Als ich Ende der siebziger Jahre mit meinen Personenporträts anfing, hätten sich solche Begründungen, wenn ich sie denn gegeben hätte, ziemlich altmodisch angehört. Damals kamen Menschen als Machtfaktoren in theoretischen Abhand-

lungen über Politik kaum noch vor. Biografische Darstellungsformen galten als überholt. Strukturen und Systeme, Bürokratien, Märkte und Kulturen schienen Geschichte zu machen, wenn die sich nicht ohnehin dem Ende zuneigte, später abgelöst von einer die Zeit einebnenden virtuellen Globalität. Irgendwie gingen meine Geschichten unter „Buntes" durch - ein noch nicht richtig eingeordneter Nebeneffekt des Fernsehens, das den Menschen wieder ins Blickfeld rückte. Die Glotze brauchte „Action" und prompt reduzierten sich hoch komplizierte politische Zusammenhänge auf archaische Kämpfe zwischen Helden und Schurken, Rettern und Opfern, Machern und Moralisten. Je differenzierter und unüberschaubarer Politik wurde, desto mehr wuchs das Bedürfnis der Parteien und der Wähler, mit Hilfe des Fernsehens einzelne Personen als Symbole für Kompetenz, Integrität und Durchsetzungskraft eines politischen Konzeptes herauszustellen und zu akzeptieren. Nach amerikanischem Vorbild, das ich ja sieben Jahre lang vor Ort hatte studieren dürfen, wurden auch in der Bundesrepublik die Wahlkämpfe zunehmend Duelle zwischen den Spitzenkandidaten der Parteien.
Uns schreibenden Journalisten blieb die Aufgabe, zu den Bildern spannende Geschichten zu erzählen. Hinter den Gesichtern in der *Tagesschau* sollten Lebensmodelle erkennbar werden, die zur Identifikation einluden. Denn es sind ja nicht in erster Linie die Aussagen eines Politikers, die ihn für die Zuschauer am Fernseher attraktiv oder abstoßend machen. Nur zu sieben Prozent, haben Kommunikationswissenschaftler ermittelt, reagieren Menschen auf Aussagen und Inhalte. Tonfall und Stimme beeinflussen das Urteil zu 38 Prozent. Die restlichen 55 Prozent werden durch Körperhaltung, Gesten, Gang und Mimik geprägt. Glaubwürdigkeit von Politik hängt also zunehmend davon ab, ob die Politiker ihre Inhalte durch Auftreten zu legitimieren vermögen. Sie bieten der Öffentlichkeit ein Bild von sich an - ist es durch ihr Leben gedeckt?
Das interessierte mich, nachdem ich an Richard Nixon wie am eigenen Leibe erlebt hatte, dass es offenbar nicht ausreichte, die nötigen Begabungen für bestimmte Positionen zu besitzen - man musste ihnen auch charakterlich und menschlich gewachsen sein. Gab es so etwas Altväterliches wie sittliche Integrität überhaupt noch? Was waren das für Menschen, die Politik zum Beruf machten? Was trieb sie an? Von welchen hohen Träumen und tiefen Ängsten, Ehrgeizen und Trieben, Hemmnissen und Prägungen wurden sie bestimmt?
Willy Brandt, der während seiner jungen Jahre in Oslo lange Gespräche mit dem politisch engagierten Psychoanalytiker Wilhelm Reich geführt hatte, wunderte sich später immer, dass die seelischen Probleme und die neurotischen Störungen von Politikern in der öffentlichen Diskussion in Deutschland so wenig erörtert würden. „Es wird viel zu wenig gefragt, wie es zu bestimmten Fehlentscheidungen oder zu bestimmtem Fehlverhalten kommt. Man nimmt sie einfach so hin, als Faktum", sagte Brandt 1989 in einem Interview. Er fände das nicht in Ordnung. Immer werde fälschlicherweise so getan, als ergebe sich alles aus politischen Erwägungen, aus parteipolitischen Interessen oder aus sachlichen Notwendigkeiten. Brandt sagte: „Dass die Beweggründe eines Politikers sich häufig

aus dessen Struktur mehr ergeben als aus den eingespielten politischen Regeln, das, finde ich, wird viel zu wenig beachtet."
Muss man, um das erkennen zu können und beurteilen zu dürfen, ausgebildeter Psychoanalytiker sein? Im Studium der Psychologie bin ich über die Köhlerschen Affenversuche nicht hinausgekommen, der Statistikkurs vergraulte mich. Auf der Psycho-Couch eines Analytikers habe ich nie gelegen. Mit verschiedenen Methoden der humanistischen Psychologie und langjährigen Sitzungen in Selbsterfahrungsgruppen glaube ich mir aber soviel Menschenkenntnis angelernt und anerlitten zu haben, wie meine Großmütter in der Alltagspraxis ihrer Großfamilien. So gerüstet habe ich mich teilnehmend dem politischen Personal in Bonn genähert. Wie sehr dabei mein Blick auf die Befragten durch die eigene Befindlichkeit bestimmt war, ist mir im Nachhinein noch deutlicher geworden als damals.

Nicht, dass ich die Personen, über die ich schrieb, nicht als Individuen ernst genommen hätte. Auch habe ich ihre sozialen Rollen, ihre Herkunft und ihre Lebensgeschichte sorgsam zu recherchieren versucht. Doch die jeweilige Sehweise auf den anderen - ob meine Aufmerksamkeit sich nun auf Fassaden, Identitäten oder Inszenierungen konzentrierte - die hatte mit meiner persönlichen Biografie zu tun, mit dem jeweiligen Stand meiner Selbsterkundung. Wichtig blieb mir jedoch immer, dass Berufspolitiker nicht nur Handeln und Verantwortung darstellen, sondern dass sie als gewählte Vertreter des Volkes auch wirklich entscheiden und für ihr Handeln verantwortlich sind.

„Politik", hat der Schriftsteller John Le Carre einmal dem politischen Theoretiker Erhard Eppler gesagt, besteht zu 90 Prozent aus Menschen und nur zu zehn Prozent aus Ideen. Eppler, der damals - vor vierzig Jahren - noch entschieden anderer Meinung war, sagt heute: „Ich habe umlernen müssen." Heute ist seine Einschätzung: „70 Prozent Menschen, 30 Prozent Ideen." Ich liege irgendwo dazwischen. Auch Richard von Weizsäcker, Ex-Bundespräsident und erfahrener Parteipraktiker, sagt: „Entscheidend kommt es am Ende wieder auf die Person in der Politik an. Sie kann Fehlentwicklungen korrigieren. Zweifellos kann sie aber auch Gefahren heraufbeschwören."
Weizsäcker hat unlängst in einem öffentlichen Vortrag versucht, aktuelle Antworten auf Fragen zu finden, die 1919 der deutsche Gesellschaftswissenschaftler Max Weber zum ersten Mal öffentlich formulierte: Was ist ein Politiker? Was treibt ihn? Was betreibt er? Einen Beruf?
Max Weber selbst, der Jurist, Historiker und Soziologe war, war im Revolutionswinter 1919 gerade mit seinem Versuch gescheitert, ein Mandat der Deutschen Demokratischen Partei für die Nationalversammlung der Weimarer Republik zu erhalten. Aber aus Sorge um das Gelingen der jungen Demokratie in Deutschland ließ er nicht nach in seinem Bemühen, die bürgerliche deutsche Abneigung allem Politischen gegenüber zu bekämpfen. Seine Rede zum Thema „Politik als Beruf" machte ihn weltberühmt. Bis heute kommt niemand, der sich ernsthaft mit dem Politikbetrieb und den politischen Profis befasst, an seinen

Maßstäben vorbei. Offenbar hatte Weber vor allem den Idealtypus des „homo politicus" im Sinn, weniger den gemeinen Berufspolitiker. Und doch trifft die Grundbeschreibung auch den - bis heute: „Kampf um die eigene Macht und die aus dieser Macht folgende Eigenverantwortung für seine Sache ist das Lebenselement des Politikers."
Webers Forderungen an einen Menschen, der gerüstet sein will, „um seine Hand in die Speichen der Geschichte legen zu dürfen", heißen: „Leidenschaft, Verantwortungsgefühl und Augenmaß." Ferner verlangt er „Geduld für starkes, langsames Bohren von harten Brettern." Und schließlich postuliert er: „Politik wird mit dem Kopf gemacht, nicht mit anderen Teilen des Körpers oder der Seele." Diese Qualifikationen gehören seither zum Pflichtrepertoire der Selbstbeschreibung politischer Profis.
Ist es aber das, was wir von Politikern bei ihren öffentlichen Darbietungen auf den elektronischen Bühnen erleben? Leidenschaft, Verantwortungsgefühl und Augenmaß? Starkes langsames Bohren von harten Brettern? Politik, die mit dem Kopf gemacht wird?
Es gehört zu den Eigentümlichkeiten der „Telekratie", dass die visuellen Eindrücke - Bilder, Ereignisse, Bewegungen - wie Spiegelungen der unmittelbaren Realität wirken. Fernsehbilder, ganz gleich ob sie inszeniert sind oder Realität dokumentieren, wirken wie wirklichste Wirklichkeit.
Politische Ereignisse und ihre Akteure dringen über den Bildschirm in unsere Wohnzimmer ein und lassen uns das Geschehen miterleben. „Guten Tag, Herr Schröder", sagte vor Jahren ein junger Mann, der sich zu dem damaligen niedersächsischen Oppositionsführer in einem Gartenlokal an den Tisch setzte, „wir kennen uns ja vom Fernsehen." Er meinte das nicht als Witz. „Viele glauben ja immer, weil ich so oft in ihren Wohnzimmern bin, müsste ich sie auch kennen", hat Schröder erfahren.
Gerhard Schröder, der sich einen geradezu legendären Ruf als Medienstar der Politik erarbeitet hat, ist sich seiner Wirkung immer voll bewusst gewesen. Wer ihn im Wahlkampf beobachtete, erlebte ein Model bei der Arbeit. Immer war er in Bewegung. Wenn er zu den Wählern sprach, tänzelte er hinter dem Podium auf der Stelle, als biete er sich mit permanenten Körperdrehungen einem unbekannten Gegner dar, den Kameras. Er hatte nur ein begrenztes Repertoire, einfache Gesten, simple Mimik. „Doch wenn er lacht", staunte ein Fotograf, „dann strahlt er wirklich. Das springt über." In Ruhepausen konnte er grau und konturenlos zerfließen. Doch wenn die Kameras klickten, verwandelte sich sein Gesicht in eine blühende Landschaft. Als hätte in seinem Kopf jemand einen Schalter umgelegt, strafften sich seine markigen Züge. Die Stimme vibrierte, eisblau blitzten die Augen.

Politik als Show-Geschäft? Als hätte irgendjemand daran Zweifel. Schröder ist ein Schauspieler? Gewiss doch. Nur wäre es schiere Einfalt zu glauben, seine Auftritte seien nur eine poppige Lüge, die das politische „Nichts" verdecken müsste. Unverkennbar war vielmehr, dass die emotionale Energie des Kandida-

ten, die er lieber Ausstrahlung nennen wollte als Charisma, nicht nur im Fernsehen, sondern auch im Alltag wirksam war. Wo immer er sich öffentlich zeigte, fassten Menschen ihn an, trugen ihm ihre ganz privaten Lebens- und Glückserwartungen vor.
Auch heute noch ist Schröder sicher, dass er bei ihnen durchfiele, wäre er nicht auch wirklich der Kumpel oder der Landesvater, den er mimt, der nette Mann von nebenan oder der entschlossene Macher. „Die Leute nehmen genau wahr, ob jemand das selbst ist oder ob er sozusagen der Schauspieler seiner selbst ist." Wie einst Helmut Schmidt hatte und hat auch Gerhard Schröder nicht die geringsten Skrupel, seine Politik zu inszenieren. Wenn der Theater-Begriff der Inszenierung auf der politischen Bühne bedeutet, dass die Darstellung von bestimmten Sachverhalten auf Wirkung berechnet und symbolisch verdichtet ist, was sollte daran falsch sein? „Die Politik braucht Darstellung", sagt er, „man kann Politik nicht nur begreifen als Durchsetzung von Inhalten. Man muss sie auch begreifen als Vermittlung dessen, was man meint."
Ob andere das Show nennen, war Schröder immer egal, solange er sein Handeln selbst für authentisch hielt: „Die Darstellung muss was mit der Person zu tun haben, die das macht." In der Mediengesellschaft hat der Begriff „Authentizität" in den letzten Jahren eine hitzige, wenn auch verwirrende Konjunktur erfahren, wobei gern so getan wird, als sei Authentizität ein Gegenpol zur Darstellung. In Wahrheit ist Authentizität von Politikern ohne Darstellung schwer denkbar. Wenn das Leben eines Menschen und seine persönliche Erfahrung zum Kriterium seiner Wahrhaftigkeit gemacht werden, dann muss er seine Persönlichkeit auch ausdrücken können.
Wo hört die primäre Lebenswirklichkeit auf? Wo fängt die suggestive Bilderwelt an? Vielleicht gehört es zur Voraussetzung der Stars, die sich in diesem flüchtigen Ambiente zwischen Sein und Schein behaupten wollen, dass sie über einen festen Wesenskern, über das so genannte Eigentliche hinter dem, was alle sehen, gar nicht verfügen.
Wenn Gerhard Schröder als Politiker vor die Fernsehkamera trat, verkörperte er tatsächlich Politik und spielte nicht nur eine Rolle - ein Begriff, den die „Mediokratie" soziologisch wie theatralisch längst hinter sich gelassen hat. Die Grenzen zwischen Person und Inhalt, Abbild und Lebenswirklichkeit lösen sich auf. Der „wahre" Schröder blieb trotz permanenter Präsenz immer ein Geheimnis, die vage Möglichkeit einer zusätzlichen Dimension von Tiefe und Anderssein war nie ganz auszuschließen, so wenig wie Ausrutscher ins Vulgäre oder Sentimentale. Das lässt ihn bis heute ebenso unberechenbar wie unverwechselbar erscheinen.

Eine übliche Erscheinung ist der zunehmende Verfall von Identität geworden, Personen, die einfach keine Mitte mehr haben. Diese Entwicklung bestimmt unser politisches Bild wie auch das Lebensbild, welches durch das Fernsehen transportiert wird immer mehr. Und wenn diese einzelnen Bilder einfach nicht mehr zusammenpassen in dieser „Patchwork-Identität", dann wird es schwierig, dann geht es um die Glaubwürdigkeit. Und einer, der am meisten Schwierigkeiten damit hat, ist Guido Westerwelle, der immer wieder in lauter Einzelbilder von sich zerfällt und das nicht so zusammenfügt bekommt, dass die Leute ihm das abkaufen. Längst ist Westerwelle keine Ausnahme mehr, allenfalls eine Extremvariante der Talkshow-Stars, die Sonntag für Sonntag dieselben verbalen Versatzstücke zu den unterschiedlichsten Themen bei Sabine Christiansen abliefern. Für den Dortmunder Politik-Wissenschaftler Thomas Meyer ist damit eine neue politische Grundkonstellation gegeben, die er „Mediokratie" nennt. Wenn Politiker-Talkrunden zum „menschelnden Geschwätz" werden und dramatische Bilder in Nachrichtensendungen sich selbst zum Inhalt machen, dann sieht er die Gefahr einer „Kolonisierung der Politik durch das Mediensystem" heraufziehen. Die ist immer dann gegeben, „wenn die dem Mediensystem eigentümlichen Regeln auf das politische System übergreifen und dessen eigentümliche Regeln dominieren oder gar außer Kraft setzen." Der Durchschnittszuschauer wähnt sich unterrichtet, während er in Wahrheit auf unterhaltsame Weise nichts erfährt.

Muss das so sein? Sind wir diesem Trend wehrlos ausgeliefert? Ich glaube das nicht. Weder fühle ich mich durch politische Inszenierungen zwangsläufig entmündigt, noch als Bürger missachtet. Mir erscheint es wichtig, dass sich Aufklärung heute - anstatt darüber zu lamentieren, dass Politik in der Mediengesellschaft personalisiert und inszeniert wird - darauf konzentrieren müsste, für diese Lage neue Kriterien bereitzustellen.

Wir brauchen ein Erkennungssystem, mit dessen Hilfe die Öffentlichkeit Macht und Machart der medial vermittelten Bilder zu durchschauen lernt. Denn die Logik des Politischen bleibt ja bestehen. Sie mag zwar durch neue, medien- und inszenierungsbezogene Faktoren ergänzt und überformt werden. Außer Kraft gesetzt wird sie nicht. Im Grunde ist eher die Frage berechtigt, ob nicht mediale Inszenierungen und Personalisierungen in der Kommunikationswelt von heute einfach unumgänglich sind. Denn wie sonst könnten die Verantwortlichen für die hoch-komplexen und weitgehend unsichtbaren Prozesse der Politik sichtbar gemacht werden, die das Leben der Bürger entscheidend verändern? Wie anders können Politiker die Bürger wenigstens zu einer minimalen Teilhabe an der Demokratie stimulieren? Haben nicht die Zuschauer durch symbolisch auf Personen zugespitzte Inszenierungen, trotz allem Showgetingels, eine privilegierte Möglichkeit, die Akteure der Zeitgeschichte gewissermaßen aus nächster Nähe zu betrachten und sich selber ein Bild von ihnen zu machen?

Schauspielerei, Starrummel, Wichtigkeitsgetue, alles wahr. Doch es ist ja nicht so, dass ein Edmund Stoiber - CSU-Chef hin oder her - automatisch an Popularität gewänne, nur weil er im Fernsehen auf die Pauke haut. Fernsehen entzaubert auch. Und kaum einen so wie ihn. Als Medienstars setzen sich Politiker der besonderen Aufmerksamkeit einer Öffentlichkeit aus, derer sie keineswegs sicher sein können.

Ein wenig ähnelt das der Situation zu Beginn des aufgeklärten 18. Jahrhunderts, als sich der Begriff Öffentlichkeit zunächst noch allein auf die Selbstdarstellung der Fürstenherrschaft bezog, die sich in ihrer Glorie und Machtvollkommenheit repräsentativ vor dem Volk in Szene setzte. Nach und nach stellte sich dem dann damals eine andere Art von Öffentlichkeit gegenüber - die der bürgerlich-gebildeten Privatleute. Zum ersten Mal wurde persönliche und menschliche Ehrenhaftigkeit zum öffentlichen Maßstab. Im Verlauf des 19. Jahrhunderts verlor sich das wieder, denn die persönliche Verantwortbarkeit von Machtprozessen schien im Hintergrund der Herrschaftsapparaturen zu verschwinden. Die Bürokratie übernahm die Macht, alles wurde undurchsichtiger. Bis heute hat sich daran Wesentliches nicht geändert. Die Bürger blicken nicht mehr durch.

In dieser Situation bietet sich - das ist die List der Vernunft - gerade der viel gescholtene Hang zur Personalityshow und zur glamourösen Inszenierung als eine Ersatzorientierungsgröße an: Skandale werden, wie wir vor allem beim CDU-Parteispenden-Skandal, aber danach auch bei vielen anderen Affären, Entgleisungen und Fehlleistungen sehen konnten, zu Seismografen der politischen Kultur.

Das ist die Chance und die Zumutung der offenen Gesellschaft: Der Skandal der Oberen macht auch die Grenzen des Zumutbaren für die Unteren wieder deutlich. Mit der publizitären Ausdeutung des Skandals werden manche Funktionen der klassischen Öffentlichkeit reaktiviert. Die Personalisierung und das Imagegepräge der Politik im Medienumfeld löst das alte Losungswort von der persönlichen Verantwortung auf frappierende Weise wieder ein.

Diskussion

Personalisierung bedeutet auch immer Reduktion komplizierter Sachverhalte auf einzelne Personen. Ist so gesehen Personalisierung nicht sogar notwendig, damit sich der Wähler zurechtfinden kann im hoch komplexen politischen Diskurs der Bundesrepublik und im dichten Geflecht aus Institutionen, Lobbys und Verfassungsorganen?

Das sehe ich genau so. Personalisierung ist möglicherweise die einzige Chance, um komplexe Sachverhalte, für die jemand dann steht, an den Bürger zu bringen. Ich bin lange genug in diesem Geschäft, aber dass ich nun beurteilen könnte, welche Gesundheitsreform die richtige ist, das kann selbst ich nicht. Aber ich kann mir die Leute angucken, die darüber reden: Dessen Argumente scheinen mir am einleuchtendsten, dem glaube ich, dessen Argumente akzeptiere ich und an den halte ich mich. Aber der ist auch haftbar. Wenn der dann einknickt nach dem Motto „April, April, war ja nur Spaß", dann wählt man eben jemand anderes. Das kann ich doch tun. Als ich als junger Journalist nach Washington ging, habe ich einen alten amerikanischen AP-Mann getroffen, der mir sagte: „Du musst eines wissen: Es gibt in der Politik so eine Obergrenze, da ist alles sauber. Die reden so, die meinen das, die handeln so. Das ist ok. Und dann gibt es eine Untergrenze, da sind lauter ‚Schweinehunde' am Werk, das ist alles kriminell. Dazwischen gibt es eine riesige Grauzone, wo sich das vermischt. Und da bist du sozusagen auf dich selbst angewiesen, dich da zurechtzufinden." In der Sache kann ich das nicht immer, da muss ich mich an Persönlichkeiten orientieren. Das ist repräsentative Demokratie, dass ich mir jemanden wähle, der das für mich macht, aber den ich auch verantwortlich mache.

Ich bin mit Ihnen einer Meinung, dass es ganz wunderbar ist, wenn jemand seine Anliegen glaubwürdig vermitteln kann. Insbesondere das Fernsehen verändert aber nicht nur das Publikum, sondern auch die, die dort als Politiker auftreten. Ich habe beobachtet, dass es Politiker gibt, die aufgrund des Drucks, im Fernsehen positiv und glaubwürdig rüberkommen zu müssen, ein solches Maß an Autosuggestion entwickeln können, dass sie sich für den Moment wirklich glaubwürdig darstellen. Diese Form von Autosuggestion ist ganz schwer zu durchschauen und man spürt das am wachsenden Zynismus beim Publikum. Die können nicht mehr sagen, so und so ist es, sondern sie sind einfach zynisch geworden. Sind Sie da mit mir einer Meinung?

Das was sie Autosuggestion nennen, habe ich als ein Suchtphänomen beobachtet. Ich meine damit die Tatsache, dass jemand im Fernsehen ist und es auf ihn ankommt, dazu führt, dass er dann auch für bestimmte Gruppen spricht, für bestimmte Leute, die wichtig sind und die ihn für wichtig halten. Das bläst ihn dann noch ein bisschen mehr auf. Dann kann man wirklich so eine Art Persönlichkeitsveränderung beobachten. Man hält jemandem das Mikrofon hin und er wird ein anderer Mensch. Das ist wie ein Kick. Wolfgang Thierse nennt das "Wichtigkeitsdrogen". Die Medien liefern so was. Sowohl die Politiker als auch die Medienleute als auch das Publikum sind alle aufgefordert zu sehen, was da abläuft. Es geht nicht ohne ein größeres Maß an Ernsthaftigkeit, der Beobachtung und des Interesses. Politiker können ja vergleichsweise wenig ändern. Sie kommen daher und erzählen uns, was sie alles ändern wollen, aber das, was sie tatsächlich ändern können, wenn es überhaupt gelingt, dauert unendlich lange und ist ein mühsames Geschäft. Das sind kleine Schritte. Und was sie zunächst immer versuchen, ist, den Leuten klar zu machen, dass man das anders sehen muss. Das habe ich bei Genscher gelernt. Die wunderbarste Bemerkung von Genscher war: "So dürfen sie das nicht sehen." Wenn man seine Sehweise übernahm, wirkte auch alles schlüssig, was er als Lösung empfahl. Die Bürger trauen den Medien so wenig wie den Politikern. Zum Teil kann ich ihnen das nicht verübeln. Was ich daran aber kritisiere, ist, dass sie sich zu Opfern stilisieren und so eine Art bürgerliche Abdankung betreiben, nach dem Motto „Wir können ja nichts machen." Als lasen und kauften sie die Medien nicht, über die sie schimpften und guckten nicht das Fernsehen, noch wählten sie die Politiker. Ich möchte, dass wir genauer hingucken und sagen, wir haben jetzt also Wahlen, da sind diese und jene, vier Jahre haben wir über die geschimpft und fanden die ganz furchtbar und wenn es dann zur Wahl kommt, heißt es: Na ja, da weiß man wenigstens was man hat". Und: „Die anderen sind ja auch nicht besser." Oder: „So sind sie ja alle." Das heißt also, was immer sie auch getan haben, es hat keine Konsequenzen. Und ich würde mir mehr Konsequenz wünschen. Dass man also guckt, was der eine versprochen hat, das hat er nicht eingelöst, also dann wähle ich den nächsten.

Was wollen wir denn wissen bzw. wonach sollen wir denn entscheiden? Die Menschen sind ja nun mal Träger der Politik. Und darum möchte ich auch was über die Menschen wissen. Ich denke auch, dass man das nicht von den sachlichen Inhalten abkoppeln kann. Aber natürlich reichen mir der Mensch und vor allem sein Privatleben nicht aus. Ich möchte gern über beide Seiten Bescheid wissen. Ich möchte auch gerne etwas über Ausschüsse, Sitzungen und Programme erfahren und nicht nur über die privaten Urlaubserlebnisse oder Ähnliches von Politikern, auch wenn solche Sachen sehr erhellend sein können.

Das kann ich gut verstehen und da sind wir auf einer Linie. Wenn ich sage, ich habe die letzten 25 Jahre über Menschen geschrieben, dann habe ich nicht über Urlaubserlebnisse und darüber, ob der eine neue Freundin hat oder sonst was geschrieben. Und alles, was in der *Gala* oder der *BILD* steht, das kam bei mir nicht vor. Ich habe schon versucht darauf zu gucken, was eigentlich relevant ist bei der Beurteilung, wie einer ein öffentliches Amt ausübt. Und da kann es sein, dass es für das Verständnis wichtig zu wissen ist, wo kommt jemand her, was hat der für ein privates Schicksal, was hat der erlebt und aus welchem Elternhaus kommt er. Das weiß ich ja von mir selbst, wie vieles ich an mir selber nur erklären kann, wenn ich weiß, wo ich herkomme, was für mich wichtig ist und nach welchen Kriterien ich andere Leute beurteile oder selber meine Wertigkeiten setze. Und das versuche ich bei den Politikern auch zu beschreiben, aber nicht ihr Intimleben, ihr Privatleben zu durchleuchten oder sie gar zu Showstars und Popstars „aufzublasen". Das passiert viel zu oft. Mit den Privatsendern ist ein Element, was heute „Infotainment" heißt, ein Element von Politik als Unterhaltung, da rein gekommen, was wir früher nicht gehabt haben. Das ist auch der Hauptunterschied zwischen der politischen Situation und dem Verhältnis von Medien und Politikern von Berlin zu Bonn. In Bonn gab es so gut wie gar keine Boulevardzeitungen oder sie spielten keine große Rolle. Jetzt spielen sie eine große Rolle, genau wie eben diese Unterhaltungssender. Die müssen Show haben, die müssen Effekte haben, die müssen Gesichter haben. Und diese Sender nehmen zum Teil noch nicht einmal einen Journalisten, wenn die in Pressekonferenzen gehen. Sondern die sagen irgendeinem Mikrofonhalter: Pass auf, da, wo der von der ARD das hinhält, da hältst du das auch hin. Da müssen wir uns dann nicht wundern. Aber das ist nicht die Personenaufklärung, die ich gern hätte.

Ulrike Herrmann
Korrespondentin, *Die Tageszeitung*

Wie alternativ ist die Alternativpresse wenn es um die Frauenfrage geht?

Ulrike Herrmann wurde 1964 in Hamburg geboren. Die Bankkauffrau besuchte nach ihrer Lehre zunächst die Henri-Nannen-Schule und studierte anschließend Philosophie und Geschichte an der Freien Universität Berlin. Nach dem Studium war sie als wissenschaftliche Mitarbeiterin der Körber-Stiftung in Hamburg tätig, später als Pressesprecherin der damaligen Hamburger Gleichstellungssenatorin Krista Sager. Seit 2000 schreibt Ulrike Herrmann für die taz. Dort begann sie als Meinungsredakteurin, war später Korrespondentin im Parlamentsbüro und anschließend Leiterin der Wirtschafts- und Umweltredaktion. Inzwischen ist sie wirtschaftspolitische Korrespondentin der taz.

Wenn selbst ein frauenbewusstes Organ wie die taz im Wesentlichen über Ministerinnen schreibt, dann zeigt das aus meiner Sicht, dass man die Frauenquote in der Politik erhöhen muss, wenn man die Präsenz von Frauen in der Öffentlichkeit steigern will. Es bringt jedenfalls nicht viel, die Zeitungen nur zu ermuntern, mehr über Frauen zu berichten.

Um es vorweg zu nehmen: Die *taz* ist nicht besser als die anderen Tageszeitungen. Das finden wir natürlich erschütternd. Zunächst möchte ich Ihnen zwei Analysen zum Thema „Frauen in der *taz*" vorstellen.
Die erste Untersuchung entstand, weil die *taz* wissen wollte, wie Frauen bei uns in den Texten vorkommen. In dieser Analyse vom *Medientenor* wurden alle *taz*-Artikel zwischen Sommer 2002 und Sommer 2004 ausgewertet. Das Ergebnis: Die *taz* berichtet zu mehr als 80 Prozent über Männer. Frauen kommen also nur als Minderheit vor. Und wenn die *taz* über Frauen berichtet, dann sind es die "erwartbaren" Frauen. Es wurde eine Hitliste aufgestellt: Auf Platz eins war schon damals interessanterweise Angela Merkel, auf Platz zwei Ulla Schmidt, Platz drei Renate Künast, Platz vier Edelgard Bulmahn, Platz fünf Brigitte Zypries. Die *taz* berichtet also im Wesentlichen über Ministerinnen. Nun ist es nicht so, dass uns dieses Problem nicht bewusst wäre. Unsere Chefredakteurin Bascha Mika startet ungefähr alle zwei Monate eine Initiative „Frauen in die *taz*". Auf der Redaktionskonferenz wird dann besprochen, dass wir wieder mehr Frauen in die Zeitung bringen müssen, was von der Redaktion auch gestützt wird. Das praktische Problem ist jedoch, dass es zum Beispiel sehr schwer ist, Expertinnen zu finden, die man interviewen könnte. Wenn selbst ein frauenbe-

wusstes Organ wie die *taz* im Wesentlichen über Ministerinnen schreibt, dann zeigt das aus meiner Sicht, dass man die Frauenquote in der Politik erhöhen muss, wenn man die Präsenz von Frauen in der Öffentlichkeit steigern will. Es bringt jedenfalls nicht viel, die Zeitungen nur zu ermuntern, mehr über Frauen zu berichten.

Was macht also die *taz* alternativ, wenn es nicht die Frauenthemen sind? Das Ergebnis des *Medientenors* war, dass wir uns von anderen Zeitungen abheben, wenn wir über soziale Gerechtigkeit und überhaupt soziale Probleme berichten. Was bei uns auch sehr viel stärker vorkommt als in anderen Zeitungen sind NGOs, also Nicht-Regierungsorganisationen. Da sind wir alternativ - nicht jedoch beim Thema Frauen.

2005 gab es dann eine zweite Analyse, nicht von uns, sondern vom Journalistinnenbund, der alle überregionalen Zeitungen in der Bundesrepublik untersuchen ließ. Dabei kam heraus, dass im Durchschnitt aller Zeitungen weibliche Akteure zu 18 Prozent in den Artikeln namentlich genannt werden. Ganz hinten liegt die *FAZ* mit 12 Prozent, gefolgt vom *Handelsblatt* mit 13 Prozent. Diese Ergebnisse sind wenig überraschend, denn beide Zeitungen konzentrieren sich weitgehend auf Unternehmensberichterstattung und in den Chefetagen sind Frauen kaum vertreten.
Nach dem *Handelsblatt* kommt allerdings schon die *taz* mit 15 Prozent. Der Medientenor war also für uns sogar noch positiver als der Journalistinnenbund. Ganz vorn bei der Nennung von Frauen lagen die *WELT* und die *SZ* mit jeweils 19 Prozent. Und immerhin noch besser als wir war unser quasi direkter Konkurrent, die *Frankfurter Rundschau* mit 17 Prozent. Allerdings war nicht genau dargestellt, wie diese Zahlen zustande kommen. Eine wichtige Frage wäre, ob auch das Vermischte ausgewertet worden ist. Die *SZ* zum Beispiel hat hinten das Panorama, wo natürlich immer Britney Spears oder Caroline von Monaco vorkommen. Die *taz* hat eine solche Seite nicht, sonst hätten wir auch ein paar mehr Frauen in der Zeitung. Dennoch bleibt das Ergebnis für uns verheerend. Die Zusammenfassung des Journalistinnenbundes lautete, dass politische Ausrichtung offensichtlich nicht den Ausschlag gibt, ob weibliche Akteure marginalisiert werden oder nicht. Das kränkt uns und wird auch in der *taz* nicht verschwiegen. Aber wir kommen an diesem Punkt nicht wirklich weiter.

Die Frauenfrage wird inzwischen nicht mehr nur von der *taz* gesehen, sondern beispielsweise auch von der *FAZ*. Selbst die *FAZ* macht mittlerweile Beilagen zu Themen wie „Frauen und Beruf" oder „Kinder und Karriere". Das liegt sicherlich daran, dass die Frauen eigentlich das einzige Klientel sind, wo sich noch Leser gewinnen lassen. Die Auflagen sinken tendenziell bekanntlich. Gleiches gilt für die Anzeigen. Man muss also dringend an neue Leser herankommen. Nun ist es jedoch nicht so, dass die Deutschen überhaupt keine Zeitungen lesen würden. So hat eine Untersuchung von 2005 ergeben, dass 75,7 Prozent aller über 14-Jährigen eine Tageszeitung lesen. Das Problem der überregionalen Zeitungen ist jedoch, dass vor allem lokale und regionale Zeitungen gelesen werden. Dabei ist die Geschlechterdifferenz interessant. Frauen lesen zu 65,2 Prozent Lokal- und Regionalzeitungen, bei den Männern sind es nur 63 Prozent. Überregionale Abonnementzeitungen, zu denen auch die *taz* gehört, werden dagegen nur noch von 4,1 Prozent der Frauen gelesen und immerhin von sieben Prozent der Männer. Trotz dieser ohnehin geringen Prozentzahl bleibt zu bedenken, dass sieben Prozent immerhin fast das Doppelte von 4,1 Prozent ist. Genau in dieser Schnittmenge zwischen 4,1 Prozent und sieben Prozent ist der Markt, den man noch erobern kann. Es stellt sich also die Frage: Wie kann man Frauen als Leser gewinnen? Was wollen Frauen eigentlich lesen?

Dazu gab es ein interessantes empirisches Experiment am 8. März diesen Jahres, also zum Frauentag. Die *Badische Zeitung* hatte die Idee, dass man doch mal eine ganze Ausgabe von Frauen gestalten lassen könnte. Teilgenommen haben sowohl eigene Redakteurinnen, aber auch Frauen von außerhalb. Im Vorfeld gab es eine Redaktionssitzung, auf der die Frauen festgelegt haben, was sie gern lesen würden. Eine zentrale Aussage war: „Ich will über Positives berichten." Das heißt, schlechte Nachrichten und/oder aber negative Kommentare darüber, was die Regierung schon wieder falsch gemacht hat, kommen bei Leserinnen offensichtlich nicht gut an. Zweiter Punkt: „Der Leser soll etwas davon haben." Drittens: „Die Berichterstattung soll sich am Verbraucher orientieren" und der vierte Punkt war: „Der Alltag muss vorkommen." Zusammengefasst geht es also um die Themen Service, Alltag und positive Emotionen. Das ist - und das meine ich nicht hämisch, sondern beschreibend - die klassische Mischung von Frauenzeitschriften.
Als es an die Arbeit ging, stellten die Redakteurinnen fest, dass es jede Menge „Muss-Themen" gibt. Am Ende hatten sie doch wieder Iran und Irak im Blatt, Pressekonferenzen bei VW und bei NBW, die aktuelle Schneelage, die Hochwassergefahr und die Zwangsprostitution bei der WM. Nun könnte man sagen, die Zwangsprostitution bei der WM sei in gewisser Weise ein Frauenthema. Aber darüber berichtet jedes Blatt, vorneweg die *BILD*. Letztlich kam also eine relativ normale Mischung heraus, obwohl die Frauen mit dem Vorsatz gestartet waren, endlich mal was Positives machen zu wollen. Diese Situation kenne ich auch aus der *taz*. Wir nehmen uns immer wieder vor mehr Frauen ins Blatt zu bringen und haben am Ende doch wieder die normale Berichterstattung. Soviel zum Thema „Frauen *in* der Zeitung".

Nun zum Thema: Frauchen *machen* Zeitung. In ihrer Gründungsphase hatte die taz ganz stark die Idee, dass man nur viele Redakteurinnen braucht, um eine weibliche Zeitung zu machen. Auch heute noch ist die *taz* quotiert. Wir sind die einzige überregionale Tageszeitung, die eine Chefredakteurin hat. Insgesamt sind angeblich 22 Prozent aller Chefredakteure in Deutschland weiblich, was ich mir ehrlich gesagt nicht vorstellen kann. Da dürfte man alle Frauen- oder Blu-

menzeitschriften und Ähnliches mitgezählt haben. Es entspricht jedenfalls nicht meiner Wahrnehmung, dass sich Frauen in dem harten, durch starke Konkurrenz geprägten politischen Journalismus zu 22 Prozent durchgesetzt hätten.
Wir haben also die einzige Chefredakteurin und auch der Anteil der männlichen und weiblichen Ressortleiter ist ausgewogen. Wenn eine Stelle in der Ressortleitung zu besetzen ist, wird zwar nicht durchgezählt, wie viele Frauen und Männer schon in dieser Funktion tätig sind. Aber es gibt in der *taz* insgesamt die Einsicht, dass die Präsenz von Frauen wichtig ist. Ich muss zugeben, dass ich davon bei der *taz* durchaus profitiert habe. Als ich zum Beispiel ins Parlamentsbüro wollte, war dort noch keine Frau, so dass gegen dieses Argument kaum noch anzukommen war. Das hat auch tatsächlich was bewirkt in der *taz*. Ich war nach langer Zeit die erste Frau im Parlamentsbüro. Und viele meiner Kolleginnen hatten vorher regelrecht Angst davor, dort hinzugehen und allein unter Männern zu sein. Diese Scheu ist jetzt weg, auch andere Frauen sind nun im Parlamentsbüro. Bei den anderen Medien sind angeblich 29 Prozent der Ressortleiter weiblich. Insgesamt gibt es in allen Medien 37 Prozent Journalistinnen von 50.000 hauptberuflichen Journalisten in Deutschland. Bei der *taz* liegt der Anteil der Autorinnen bei 55 Prozent. Wir haben noch immer eine Frauenredakteurin, aber die Frauenseiten haben wir irgendwann eingestellt, weil alle dachten, bestimmte Themen würden dort „festsitzen" und dadurch marginalisiert und einfach überblättert werden. Die Frauenthemen sollten stattdessen ins Hauptblatt - *Gender Mainstreaming* heißt das im Fachdeutsch. Nicht immer hat das funktioniert. Aber unsere Frauenredakteurin ist wirklich anerkannt in der *taz* und eine der wichtigsten Journalistinnen.

Es bleibt ein Phänomen, dass auf den *taz*-Redaktionskonferenzen fast nur Männer reden, obwohl doch der Frauenanteil bei 55 Prozent liegt. Auch andere „Klassiker" sind zu beobachten, z.B. dass Männer sich immer auf Männer beziehen. Es gibt so eine Art "Zitationskartell". Wenn eine Frau was sagt, dann wird ihr am liebsten erklärt, warum sie sich schon wieder irrt. Auch typisch: Es existieren männliche "Seilschaften"; die Männer "scharren" sich zusammen, wenn es um Einfluss oder interessante Posten geht. Sie organisieren untereinander, wer aufsteigen darf. Frauen hingegen sind dazu meist völlig unfähig und es ist eine gewisse Konfliktscheue bei den Frauen zu beobachten. Trotz der Quote wollen daher die meisten Frauen gar keine Ressortleiter werden, weil man dort innerhalb kürzester Zeit mitten in den Strudel der Machtkämpfe gerät. Es gibt unterschiedliche Interessen im eigenen Ressort, man hat Ärger mit anderen Ressorts und mit den Auslandskorrespondenten, im Zweifel auch mit der Chefredaktion. Ständig müssen unterschiedliche Interessen ausgeglichen werden und man kann es auf keinen Fall allen recht machen. Also muss man aushalten, dass man nicht gemocht wird. Das ist schwierig für Frauen.
Ein anderes Problem, auch bei der *taz* ist, dass Frauen gefragt werden wollen. Keine Frau würde sich hinstellen und sagen: „Ich geh' jetzt los und mach' das so, wie ich das für richtig halte."

Ein letztes Problem, das bei Frauen häufig vorkommt und das ich auch aus eigener Erfahrung kenne, ist: Frauen nehmen Kritik persönlich. Ich radikalisiere diese Aussagen ein bisschen, natürlich gibt es immer Ausnahmen. Aber meist erleben Frauen Kritik als eine persönliche Verletzung. Daher ziehen sich Frauen eher zurück, wenn sie mit Kritik oder Ablehnung konfrontiert werden. Männer dagegen haben überhaupt kein Problem damit, mit einem bereits abgelehnten Thema am nächsten Tag wieder auf der Matte zu stehen und zu versuchen, es doch noch unterzubringen.

Was bei uns die Situation zwischen den Geschlechtern sehr entschärft hat, ist, dass bei uns 80 Prozent, wenn nicht gar 100 Prozent aller Väter Elternzeit nehmen. Manche bleiben bis zu sechs Jahre weg. Das liegt ganz einfach daran, dass die Ehefrauen im Durchschnitt mehr verdienen als ein *taz*-Redakteur. Unsere Chefredakteurin unterstützt das sehr und behauptet, dass die Männer, die Väter geworden sind und jahrelange Auszeiten genommen haben, überhaupt erst als Menschen zurückkehren. Das stimmt in gewisser Weise, weil typische Frauenthemen, wie z.B. Familie, dann auch für die Männer wichtig sind. Indem viele Männer so lange weg sind, finden die beschriebenen klassisch-patriarchalischen Mechanismen zwar statt, haben aber nicht die gleichen Folgen wie in anderen Betrieben, weil Männer eben auch immer wieder ausscheiden. So stricken sie die Seilschaften dann doch nicht bis zum Ende und ziehen die Familie der Karriere vor.

Wie groß ist die Hoffnung, dass sich etwas verändert? Dazu habe ich nur zwei Punkte, denn Prognosen sind hier sehr schwierig: Zum einen ist ein neues Phänomen in der bundesdeutschen Gesellschaft zu beobachten, dessen Folgen aus meiner Sicht überhaupt noch nicht abzuschätzen sind. Viele Frauen machen jetzt die völlig neue Erfahrung eine Chefin zu haben. Die erste Frauengeneration, die massenhaft Führungspositionen übernommen hat, ist die der jetzt knapp über 50-jährigen. Für mich war es jedenfalls eine unglaubliche Befreiung machtvolle Frauen zu erleben, die Konflikte ertragen können und die in der Lage sind - so komisch das jetzt klingen mag - Konflikte zu genießen. Das färbt ab. Bei meinen jüngeren Kolleginnen ist es bereits relativ normal Karriereansprüche zu haben. Zum Zweiten sollte man die Macht der Frauen als Konsumentinnen nicht unterschätzen. Zwar lesen nicht so viele Frauen wie Männer Tageszeitungen, aber das heißt eben nicht, dass Frauen keine Medien konsumieren. Zum Beispiel sehen sie mehr fern als Männer. Und es gibt beim Fernsehen einen deutlicheren medialen Wandel als bei den Tageszeitungen.
Das ist auch *FAZ*-Chefredakteur Frank Schirrmacher aufgefallen, der behauptet „Frauen beherrschen die Bewusstseinsindustrie". In einer Polemik beklagt er, dass alle wichtigen Fernsehmoderatorinnen inzwischen weiblich seien - ob Sabine Christiansen, Maybrit Illner, Sandra Maischberger, Anne Will, Marietta Slomka oder diverse Sportmoderatorinnen. Außerdem würden auch die wich-

tigsten Verlage von Frauen geleitet, nämlich von Friede Springer und Liz Mohn bei Bertelsmann. Auch wenn es völlig übertrieben ist, dass Frauen die Bewusstseinsindustrie beherrschen - so stimmt es natürlich, dass Frauen als Moderatorinnen erfolgreicher sind als früher. Allerdings sind auch umgekehrte Trends zu beobachten: Männer dringen in die weibliche Domäne des gefühligen Fragens ein wie zum Beispiel Beckmann, Kerner oder Biolek.

Das Fernsehen zeigt also zwei Dinge. Erstens: Wenn Frauen als Zuschauer gewonnen werden sollen, dann müssen Frauen vorkommen. Und zweitens: Wenn Frauen zuschauen sollen, dann müssen Männer das fragen, was Frauen interessiert.

Barbara Sichtermann, eine Fernsehkritikerin in der ZEIT, hat dieses Phänomen nicht als Geschlechterkampf beschrieben, sondern als Symbiose der Geschlechter, von der beide Seiten profitieren. Ihr ist aufgefallen, dass eine Sendung wie die von Sabine Christiansen davon profitiert, wenn Männer und Frauen in einer Runde zusammen sitzen. Denn Männer hätten eine reflexhafte Neigung, die Stimme tiefer schwingen zu lassen, wenn Frauen anwesend sind. Umgekehrt würden Frauen häufiger lächeln, wenn ein Mann sie mit Namen anspricht.

Wie auch immer: Frauen haben Macht, indem sie Konsumentinnen sind. Und wenn die *taz* Frauen nicht erreicht, dann hat sie ein Problem. Das wissen wir.

Diskussion

Sie haben zwei verschiedene Problematiken angeschnitten. Einerseits, dass zu wenige Frauen die Zeitung lesen und andererseits, dass zu wenig über Frauen berichtet wird. Und offenbar wollen Frauen nicht unbedingt mehr über Frauen lesen, sondern mehr Positives, Service, etc. Was ist denn jetzt die oberste Priorität: Soll die Zeitung mehr für Frauen sein oder soll die Zeitung eher repräsentativ für die Bevölkerung sein, im Sinne, dass mehr Frauen vorkommen?

Eigentlich gefällt mir der männliche Blick auf die Welt. Ich persönlich habe gar kein Problem damit, die Zustände der Welt in der nötigen Härte zu beschreiben. Zum Beispiel finde ich, dass sich Frauen dringend für das Rentensystem interessieren sollten. Wenn die Frauen bei den Löhnen und Renten so schlecht wegkommen, dann auch, weil sich viele nicht dafür interessieren. Die Lösung kann also nicht sein, dass man diese Zusammenhänge verschweigt. Unser Traum ist, dass man mehr Expertinnen findet, die solche Themen in der nötigen Klarheit erklären.

Eine Frage zum Ablauf bei der taz selber. Wahrscheinlich macht man morgens bei der Redaktionskonferenz erst einmal eine Blattkritik. Wurde schon mal daran gedacht, die Eignung der letzten Ausgabe auf das Zielpublikum Frauen als feste Rubrik einzuführen und so das Thema „Eignung der taz für Frauen" jeden Tag aufs Neue auf die Tagesordnung zu setzen?

Wie gesagt, unsere Chefredakteurin startet immer wieder Initiativen „Mehr Frauen in die *taz*". Und wir machen auch eine tägliche Blattkritik, aber es gibt ein grundsätzliches Problem: Der Leser ist unbekannt. Bekannt sind nur die Kollegen vor Ort und die Kollegen in anderen Medien. Das heißt, wenn andere Kollegen einen loben, dann ist der Text per se gut, weil ein anderes Kriterium nicht zur Verfügung steht. Es gibt zwar alle paar Jahre eine Leserbefragung und es gibt die Leserbriefe, aber die sind nicht wirklich repräsentativ, weil meist immer wieder die gleichen Leser schreiben.

Wenn es keine weiblichen Dax-Vorstände gibt, dann kann man auch nicht über die berichten. Liegt das Problem dann in ihrer Redaktion oder vielleicht nicht doch eher in der Gesellschaft? Haben Sie dazu ein Konzept?

Es ist für uns tatsächlich ein Problem, dass wir nicht über abwesende Frauen schreiben können. Es gibt bisher leider nur einen einzigen Bereich, in dem Frauen weit gekommen sind - und das ist die Politik. In Wirtschaft und Wissenschaft sind Frauen noch heute komplett marginalisiert. Dass dies in der Politik anders ist, liegt an der Quote. Auch Merkel ist kein Gegenbeispiel: Sie ist ein spätes "DDR-Produkt", wo es selbstverständlich war, dass Frauen berufstätig wurden. Ich befürworte die Quote. Denn Frauen haben ein großes Problem Gestaltungsräume zu erobern, weil sie sich immer zurücknehmen. Aber Frauen sind sehr gut, sobald sie Gestaltungsräume kriegen. Die Frauen, die aufgrund der Quote eine bestimmte Position bekommen haben, bekommen ja nichts geschenkt. Sie müssen sich bewähren. Und das tun sie auch. Die Quote ist eigentlich nur ein Mechanismus, um zu verhindern, dass Talente verschwendet werden. Deshalb wäre ich sehr dafür, die Quote überall einzuführen. Dann gäbe es auch Frauen, über die wir berichten könnten. Leider lehnen aber auch viele Frauen die Quote ab, weil sie es peinlich finden, dass sie diese Hilfe nötig haben könnten.

Welche Möglichkeiten sehen Sie denn in Zukunft für die taz, letztendlich doch mehr Frauen zu gewinnen, ohne dass man die Berichterstattung auf diese typi-

schen "Frauenthemen" die Sie genannt haben, wie Servicethemen u.a. reduziert?

Vielleicht habe ich in meinem Vortrag zu stark die Grenzen anstelle der Möglichkeiten betont. Wie kann man also Frauen gewinnen? Da kommt es auch auf den Stil an, dass man also möglichst plastisch und verständlich schreibt. Journalisten neigen dazu, die Verwaltungssprache zu übernehmen. Dann reihen sich da Hauptwörter, Fremdwörter und Konstruktionen, die kein Mensch durchblickt. Frauen und Männer reagieren darauf ganz unterschiedlich. Wenn Männer etwas nicht verstehen, haben sie das Gefühl, dass das nicht an ihnen liegen kann. Frauen dagegen denken, dass sie "zu doof" sind für die Zeitung. Frauen meiden dann diese Zeitung, die sie nicht verstehen, während Männer eher darüber hinweg lesen. Wenn man Frauen gewinnen will, muss man also am Stil arbeiten. Zumal die Frauen Recht haben. Das Ziel kann ja nicht sein Zeitungen zu schreiben, die keiner versteht. Eine "tote Sprache" ist abschreckend für weibliche Leser. Sie hassen es, wenn da nur noch Passivkonstruktionen stehen und völlig unklar ist, wer was entschieden hat.

Wichtig wäre, wie schon gesagt, dass man mehr Frauen ins Blatt bringt und sich anstrengt, die vorhandenen Expertinnen auch zu finden. Das ist allerdings oft ein Problem. Während Männer dazu neigen, sich mit ihren Meinungen aggressiv aus dem Fenster zu lehnen, haben viele Frauen Angst davor deutliche Aussagen zu machen. Deswegen waren ja alle so begeistert, wenn sich Bärbel Höhn äußerte, die ehemalige grüne Landwirtschaftsministerin aus Nordrhein-Westfalen. Sie ist eine der ganz wenigen Frauen, die so pointiert formulieren, dass selbst Bierzelt-Experten wie der CSU-Minister Seehofer dagegen blass aussehen.

Peter Radunski
Senator a.D., PUBLICIS-PR

Wahlen und Werbung

*Peter Radunski wurde 1939 in Berlin geboren. Er studierte Rechtswissenschaft, Geschichte, Romanistik und Politische Wissenschaften in Berlin, Bonn und Straßburg. Sein Diplom legte er 1967 am Otto-Suhr-Institut der Freien Universität Berlin ab. Radunski war in unterschiedlichen Positionen in der CDU hauptamtlich tätig, u.a. 1981 bis 1991 CDU-Bundesgeschäftsführer, 1991 bis 1995 Senator für Bundes- und Europaangelegenheiten des Landes Berlin, 1996 bis 1999 Senator für Wissenschaft, Forschung und Kultur des Landes Berlin. Er war Mitglied des Vermittlungsausschusses von Bundesrat und Bundestag, Mitglied der Nordatlantischen Versammlung und ist Gründungsmitglied im Ausschuss der Regionen der Europäischen Union.
Ein Schwerpunkt seiner Arbeit sind Wahlkämpfe. Hier kann er auf jahrzehntelange Erfahrungen zurückgreifen. Seit April 2000 ist Peter Radunski Senior Consultant und Mitglied im wissenschaftlichen Beirat bei der Agentur Publicis Consultants Deutschland.*

Ich glaube, dass aus dem internationalen Wahlkampfbereich zwei Megatrends auf uns zukommen: Der eine ist der Wertewahlkampf, der andere ist die direkte Mobilisierung. Das ist spannend, weil man geglaubt hatte, dass es außer Fernsehen in Zukunft kein Wahlkampffeld mehr gibt. Man kann durch direkte Ansprache erheblich Wähler mobilisieren, weil das Fernsehen längst nicht mehr so dominierend ist, wie das vorher der Fall war.

Am Anfang werde ich Sie ein bisschen überraschen, weil ich auf drei Dinge eingehen will, die für die Wahlkampfführung sehr wichtig sind und die auch die Wirkung von Wahlkämpfen beleuchten.
Der erste Punkt ist: *Wahlkampf kann Nationen glücklich oder unglücklich machen.* Man kennt es aus der amerikanischen Wahlkampfforschung oder der Nachkommentierung von Wahlkämpfen, dass am Ende eines Wahlkampfes gesagt wird: „This campaign has redefined our nation." So etwas ist nach der Reagan-Wahl und 1992 nach dem Wahlkampf von Clinton gesagt worden. Von Zeit zu Zeit kann also eine Gesellschaft laut darüber nachdenken, was sie wirklich angeht und was ihr wichtig ist. Wenn ein solcher Wahlkampf zu Ende ist und eine Entscheidung getroffen wurde, dann wird der Wahlkampf als eine Art reinigendes Gewitter empfunden. Das ist die eine Möglichkeit des Wahlkampfes. Die andere ist, dass man mit Wahlkampfstrategien versucht, die politischen

Probleme und ihre Lösungsmöglichkeiten nicht bewusst zu machen und davon abzulenken. Wir haben gerade einen Wahlkampf erlebt, bei dem wir nachher nicht überrascht, sondern resigniert waren, weil es im Grunde keine andere Möglichkeit mehr gab als die große Koalition. Man sprach von resignativer Wechselstimmung. Der *SPIEGEL* hat meiner Ansicht nach richtig festgestellt: „Der Wähler hat seine wichtigste Entscheidungsgrundlage verloren, die Hoffnung", nämlich die Hoffnung, dass er etwas verbessern oder verändern kann. Das ist eine Funktion des Wahlkampfes, die deshalb sehr wichtig ist, weil es für die Anlage und Strategie von Wahlkämpfen nicht unerheblich ist, ob Wahlkämpfe solche Ergebnisse erzielen können oder nicht.

Der zweite Punkt ist: *Wahlkampagnen können Staatsmänner machen.* Am Ende einer gelungenen Wahlkampagne hat manchmal ein Staatsmann seine Visitenkarte abgegeben. Ich gebe ein paar Beispiele dafür: Adenauer Westintegration 1953, 1957 Sozial- und Wohlfahrtsstaat, Brandt 1972 Ostpolitik, Kohl 1983 Reform und 1999 Deutsche Einheit und Europa. Das waren also Wahlen, wo zumindest in der Grundtendenz die Wähler den Eindruck hatten, dass sie eine grundsätzliche Richtungsentscheidung getroffen haben. Ein Politiker wurde mit einer Vollmacht für eine politische Vision oder ein politisches Konzept ausgestattet.

Der dritte Punkt ist: *Wahlkämpfe können eine ziemliche Bedeutung dafür haben, wie ein Parteiensystem danach aussieht.* Ich möchte nur an die amerikanische Diskussion erinnern, da geht es dann immer um *realignment* oder *dealignment*, also um ein festeres oder loseres Band der Parteien. Bei uns ist dann die Frage, ob wir ein Mehrparteiensystem haben oder ob die beiden großen Volksparteien die Wählerschaft bei sich konzentrieren konnten. Beim letzten Wahlkampf gab es die Frage, ob das Ergebnis eine Zäsur oder eine Momentaufnahme war. Ich finde, wir sollten dies unentschieden lassen. Man kann zunächst sagen, das war ein ganz normaler Wahlkampf. Im Ergebnis: Die SPD hat zum Schluss mit einer klugen Kampagne zur sozialen Gerechtigkeit ihre Nicht-Wähler re-mobilisiert und die CDU hat massenhaft Wähler an ihren vermeintlichen Koalitionspartner FDP verloren. Man kann aber auch sagen, dass wohl erst der nächste Bundestagswahlkampf entscheiden wird, ob 2005 nur eine Schwächeperiode der Volksparteien war, oder ob sie tatsächlich Auslaufmodelle sind, und wir dann ein Vier-, Fünf-, oder Sechsparteien-System haben und die Koalitionen dann auch entsprechend vielfältig sein werden, d.h. dass dann mindestens drei Parteien für eine Regierung nötig sein werden. Die große Koalition wurde bei der letzten Wahl von 53 Prozent aller Wahlberechtigten gewählt. Wenn Sie die letzten Landtagswahlen ansehen, dann haben in Baden-Württemberg CDU und SPD zusammen 36 Prozent aller Wahlberechtigten auf sich vereinigen können, in Rheinland-Pfalz waren es 46 Prozent und in Sachsen-Anhalt 25 Prozent. Offensichtlich ist heute die Art und Weise wie Wahlkämpfe geführt werden dafür entscheidend, ob und wen die Menschen wählen gehen. Sie können aber auch sagen, Wahlkämpfe haben in ihrer strategischen Anlage gar nicht mehr die Möglichkeit breite Wählerschaften anzusprechen.

Wo wirkt Wahlkampf? Ein Beispiel haben wir alle im Gedächtnis. Das ist die letzte Bundestagswahl. Für ihre Wahlkampagne zu den Bundestagswahlen hat die SPD den *Politik Award 2005* erhalten. Zu Recht, wie ich finde. Sie hat hart an der Grenze des Erlaubten einen profilierten Themenwahlkampf geführt. Im Themenmanagement der SPD lag das große Überraschungsmoment, alles guckte auf Schröder und Merkel, aber die SPD hat den eigentlichen Trumpf im Themenmanagement gezogen. Es war normal, dass Schröder einen gewissen Amtsbonus hatte, aber für die überraschende Stimmensteigerung war die Themensetzung entscheidend. Am Anfang gab es eine Kampagne in der Art, wie sie Bush gemacht hatte: „Wir stehen dafür, wofür stehen die anderen", also beispielsweise „Wir stehen für Kündigungsschutz, die anderen stehen für XY". Ein weiteres Element der Kampagne war die Gleichsetzung der Mehrwertsteuererhöhung von Seiten der CDU als „Merkel-Steuer". Schließlich hat die SPD sich aus dem großen Topf der Steuervorschläge der CDU einige Dinge herausgepickt und gesagt: „Soviel Einkommen hat eine Krankenschwester monatlich und soviel Jahressteuern muss sie nach den CDU-Vorschlägen zahlen". Das Ergebnis hat die SPD dann als Merkel-Minus dargestellt. Über allem stand die Botschaft der SPD: „Damit Deutschland sozial bleibt." Damit gelang ein leidliches Wahlergebnis von 35 Prozent, das vor allem auf eine Re-mobilisierung der enttäuschten SPD-Wähler zurückging. Die CDU hatte den roten Faden ihrer Botschaft im Wahlkampf eindeutig verloren. Der Unions-Angriff auf die SPD-Kampagne verpuffte, ein konsequentes Themenmanagement gab es nicht. Außer einigen guten Bildern der Kanzlerkandidatin bei aussagenschwacher Werbung konnte die CDU wenige Themen penetrieren. Aus offensichtlichem finanziellem Mangel gab es auch keine intensive Anzeigenkampagne. Hier können Sie sehen, wie Wahlkämpfe wirken.
Die SPD war am Anfang konsterniert und der Fokus des gesamten öffentlichen Interesses lag bei der CDU, die sich immer mehr als Regierungspartei zu gerieren begann und damit praktisch auch in eine Falle gelaufen ist. In der Schlussphase des Wahlkampfes war alles anders herum. Alle waren mehr an der Aufholjagd der SPD interessiert und an der Frage, ob überhaupt Schwarz-Gelb eine Mehrheit bekommen könnte. An diesem Wahlkampf kann man sehen, dass es viele Möglichkeiten gibt, Wahlkämpfe so zu akzentuieren, dass sie Unterschiede nach der alten amerikanische Erfolgsformel machen: *To make the difference.*
Als Clinton 1996 zur Wiederwahl anstand, hatte er eine ganze Reihe von Problemen, weil 1994 die Republikaner bei den *midterm-elections* einen riesigen Wahlsieg errungen hatten. Es ging dann stark um die Konsolidierung des Haushaltes, was auch gelungen ist und im Wahlkampf 2000 zu der wunderbaren Diskussion geführt hat, wie die Überschüsse am Besten ausgegeben werden sollen. Clinton hatte aber 1996 das Problem, dass in der Mehrheit des Kongresses nur die Republikaner agierten und das, was er geleistet hat, immer mehr aus der öffentlichen Wahrnehmung verschwand. Deswegen hat er ganz früh im Wahlkampf 1996 eine Werbekampagne im Fernsehen gestartet, also *political advertising* verwandt. Dadurch hatte er eine Alleinstellung und diese Themen sind bis

zum Schluss in seiner Kompetenz geblieben und er konnte einen guten Wahlsieg erringen. Damals hielten alle amerikanischen Wahlkampfbeobachter das für Unsinn, als verfrühte Geldausgabe etc., aber er konnte in dieser frühen Form Themen besetzen, da er der Einzige war, der warb. Er hat sich sehr genau ausgesucht, wo er in Amerika hinzielte und hat es damit geschafft, eine ziemlich stabile Anhängerschaft für seine Themen zu finden.

Ein anderes Beispiel ist die Wertekampagne von George W. Bush 2004. Mit dieser Kampagne ist er gezielt in Bereiche der Gesellschaft gegangen, wo religiöse Werte eine Rolle spielen. Er hat nicht allgemein über Werte gesprochen, das wird in Deutschland immer übersehen, sondern ganz konkret. Gleichzeitig hat er die Kampagne mit den in Amerika möglichen Plebisziten vor Wahlkämpfen verbunden. So hat er in acht oder neun Bundesstaaten fragen lassen, ob die Wähler für die Ehe Homosexueller sind oder nicht. In den Staaten, in denen abgestimmt wurde, hat er die überwiegende Unterstützung der Wähler bekommen, die mit seinen Werten übereinstimmten, also dagegen waren.

Eine andere, fast übersehene, erfolgreiche Subkampagne war die SPD-Frauenkampagne 2002. Bei 2002 denkt jeder an Irak und Überschwemmung und dann meint er, das sei die Erklärung. Wenn Sie sich aber die Wahlsoziologie des Ergebnisses ansehen, hatte die SPD zum ersten Mal eine klare Mehrheit bei den Frauen. Sie hat damals eine lange Kampagne gemacht, die mit prominenten Frauen wie Hannelore Elsner und Iris Berben endete. Davor wurden Frauen vor Waschmaschinen gezeigt und gesagt, dies sei das Frauenbild der CDU. Daneben zeigte die SPD im Kino alte Spots, wie sich in den 50er Jahren Frauen über die neue Waschmaschine freuten. Es gab noch eine Anzahl Anzeigen, mit dem Ergebnis, dass die Frauen, die immer ein gewisser Mosaikstein des CDU-Wahlsieges waren, dieses Mal nicht CDU wählten. Es ist sehr interessant, wie die SPD das gemacht hat. Sie hat ein Thema, wo immer die CDU vorne war, Familienpolitik und Frauen, tatsächlich gestohlen und zu sich geholt. Es gibt also die Möglichkeit, mit Überlegung und guten Kampagnen im Wahlkampf etwas zu bewirken. Es gibt aber auch Wahlkämpfe, da würde man besser in die Ferien fahren. Ich war so leichtfertig, bei den Landtagswahlen im März 2006 meine Parteifreunde in Rheinland-Pfalz zu unterstützen. Es wurden echte Landtagswahlen, nicht nur in Rheinland-Pfalz, sondern auch in Baden-Württemberg und in Sachsen-Anhalt. Überall herrschte eine völlig unaufgeregte Atmosphäre, überhaupt keine Leidenschaft, alles war mehr oder weniger allgemein landesspezifisch. Die drei Ministerpräsidenten, mehr oder weniger populär, wurden wieder gewählt. Es gab kein Wechselklima, Bundesthema war auch keines da. Jeder CDU-Mann hat erst einmal gemerkt, wie sehr Rot-Grün in Berlin fehlte, das da früher in Wahlen immer herangezogen wurde. Hier zeigt sich, dass man im Grunde ohne bundespolitische Themen in Landtagswahlen kaum mehr Wähler mobilisieren kann. Denn tatsächlich war die Hauptreaktion der Wähler, nicht zu wählen. Um Ihnen das zu verdeutlichen: Der Sieger in Baden-Württemberg, die CDU, wurde von 23,3 Prozent aller Wahlberechtigten gewählt, aber 46,6 Prozent der Wähler haben nicht gewählt. In Rheinland-Pfalz hatte die SPD 26

Prozent von allen Wahlberechtigten. 41 Prozent haben nicht gewählt. Bei der CDU in Sachsen-Anhalt war es noch schlimmer. Die hatte 15,7 Prozent der Wähler von allen, 55 Prozent haben nicht gewählt. Wenn Sie mir früher irgendwann einmal gesagt hätten, einer kriegt 15 Prozent der Stimmen von allen Wahlberechtigten und wird damit Ministerpräsident, hätte ich das nie für möglich gehalten. All das ist in diesen Landtagswahlen, die von einer aufreizenden Ruhe geprägt waren, möglich gewesen. Auch von den Themen her konnte man nichts bewegen. Gleichzeitig hat die große Koalition in Berlin still gehalten. Das war bei den Landtagswahlkämpfen 2003-2005 vollkommen anders. Da musste die CDU nur zwei Worte sagen, nämlich rot und grün, dann war sie schon kurz vor der Siegesstraße und sie wissen ja, dass es eine ganze Reihe von Wahlsiegen bis hin zu Schleswig-Holstein und Nordrhein-Westfalen gegeben hat, die dann zur Auflösung des Bundestages und zu Neuwahlen geführt haben.

Wenn Sie jetzt über moderne Wahlkämpfe und ihre Wirkung sprechen, ist es angemessen, sich zunächst die heutigen Wähler anzusehen, die sich durch drei Verhaltensweisen auszeichnen: Wechselwähler, Spätentscheider und Nichtwähler. Diese Unterscheidung gab es sicher immer schon, das Neue ist, dass ihre Anteile erheblich höher geworden sind. Ich will auf ein paar Dinge eingehen. Der Wähler ist ganz eindeutig der Star geworden. Es gelingt den Umfrageinstituten, den Parteien und auch den Medien nur bedingt, die Wahlen in ihrem Gang voraus zu sehen. Was die Wähler 2005 gemacht haben, gibt jedem Experten zu denken, weil sie in einer sehr eigenständigen Entscheidung ihre Wahl getroffen haben. Alle Wahlkämpfer der nächsten Wahlen werden sich sicher zuerst in der Wählerforschung üben müssen. Dabei werden sie nicht mehr die Möglichkeit haben, sich lediglich die alten klassischen *benchmarketing*-Umfragen anzusehen, wie *Politbarometer* oder *infratest dimap*. Sie werden bemerken, dass sie mit quantitativen Methoden alleine nicht mehr zurechtkommen, sondern dass sie auch verstärkt qualitative Methoden einsetzen müssen. Ich behaupte sogar, dass Wahlkämpfer auch philosophisches und sozialpsychologisches Denken mit einbeziehen müssen, um die Situation richtig zu verstehen und zu bewältigen. Das Wahlergebnis in Zweitstimmen 2005 sah in etwa so aus, dass es 61,5 Millionen Wahlberechtigte gab, von denen 47,8 Millionen gewählt haben. Davon wiederum bekam die SPD 16,1 Millionen und die Union 16,5 Millionen Stimmen. Bei diesen Zahlen geht man davon aus, dass zwischen 30 und 50 Prozent Wechselwähler in Deutschland existieren. Der Wahlkampf bringt also die eigentliche Entscheidung. In unserer Stimmungsdemokratie entscheiden die Wähler unberechenbar, wechselhaft, emotional und vor allem spät. Geschätzte 25 Prozent aller Wähler treffen ihre Entscheidung in den letzten Tagen. Das ist Grund genug, mit Ihnen direkt bis zum letzten Tag zu kommunizieren. Wir werden in Zukunft ganz andere Wahlkämpfe haben. So haben wir in Rheinland-Pfalz am Donnerstag vor der Wahl den Wahlkampf nochmals eröffnet und bis Sonntag gekämpft. Das hat zwar keinen generellen Erfolg gebracht, aber immerhin war der Mobilisierungsgrad etwas höher als in den anderen Bundesländern. Die Drei-Tages-Schluss-Kampagne wird zum Standard moderner Wahlkampfführung werden, nicht nur über die Wellen von Fernsehen und anderen Medien, sondern über die direkte Ansprache, oder wie die Amerikaner sagen, vom *air-war* zum *ground-war*. In den USA ist das Verrückte passiert, dass die Amerikaner wieder an dem Parteiwesen interessiert sind, an Anhängern, an Leuten, die in der Partei regelmäßig arbeiten, weil sie merken, dass sie sowohl für die Präsidentschaft als auch für die *mid-term-election* solche Aktiven brauchen.

Zu den Spätentscheidern habe ich noch eine spannende Zahl. Ein Institut hat eine Woche vor der letzten Bundestagswahl festgestellt, dass ihnen 47 Prozent der Wähler gesagt haben, sie seien noch nachdenklich über ihr Wählervotum. Der Wahlkampf ist völlig anders geworden. Ich habe mir einen Wahlkampfbericht der CDU von 1983 angesehen, den ich selber geschrieben habe. Ich will Ihnen das als Beispiel der damaligen Zeit einmal vorlesen: „Mitglieder und Anhänger der CDU haben vor allem in den letzten beiden Monaten des Wahlkampfes zusammengenommen über 70 Millionen Zeitungen, Prospekte, Flugblätter und Broschüren verteilt, damit jeden Haushalt im Durchschnitt viermal erreicht. Allein das zeigt das Maß der Aktivitäten der Basis." Vielleicht erinnern Sie sich an die Zeitungen, die am Wochenende kamen, *Zeitung am Wochenende* von der CDU oder von der SPD die *Zeitung am Sonntag*. Damals wurde auf eine ganz andere Art und Weise versucht, mit den Wählern in Kontakt zu treten. Die Aktiven haben nicht nur die Zeitung ausgetragen, sondern auch die Leute angesprochen. Die SPD hat das übrigens genauso gemacht. Wenn Sie damals fragten, „Sind Sie einmal von einer der beiden großen Parteien angesprochen worden?", dann haben das immer viele bejaht. Heute sind das ganz wenige. Man schätzt, dass heute von den gedruckten Materialien nur die Hälfte die Wähler erreichen. Man sieht, dass eine erhebliche Veränderung im Wahlkampfstil ihre Ursache darin hat, dass die Parteien heute nur wenig mobilisieren können. „Wenn es in dieser Nation ebenso viel Kraft gäbe, wie es im Augenblick Unzufriedenheit gibt, könnten die Dinge eine ernsthafte Wendung nehmen.", schreibt Per Olov Enquist in seinem Roman *Der Besuch des Leibarztes*. Die Handlung spielt vor einigen hundert Jahren in Dänemark, ist aber auch für unsere heutige Gesellschaft gültig. Unsere Gesellschaft ist beschreibbar mit Aussagen, die im Wahlkampf gemacht wurden, wie: „Deutschland muss wirtschaftlich wieder vorankommen", „Deutschland braucht eine stabile Regierung", „Die soziale Gerechtigkeit muss ernster genommen werden", „Deutschland muss eine Regierung bekommen, die wenig Fehler macht, effizient regiert", „Der Sozialstaat muss in Ordnung bleiben". Oder auch der pessimistische Blick, die psychologische Lage der Wähler: „Deutschland in der Krise, es muss sich etwas ändern", „Die Zeiten werden ernster, die Belastungen werden immer bedrückender und es wird uns schlechter gehen". Das sind Aussagen, die sich wie ein Leitmotiv durch die Umfragen ziehen. Die Enttäuschung der Wähler über ihre Parteien hat sich im Vorjahr von einem Drittel auf die Hälfte vergrößert.

Harald Schmidt hat bei Sabine Christiansen gesagt: „Das Volk will seine Ruhe, keinen Streit und keine Konzepte." Es soll alles bleiben wie es ist, obwohl das

nicht geht, wie die meisten von uns wissen. Tobias Dürr, der versucht hat, das Parteiensystem zwischen Bewegung und Beharrung zu gruppieren und vielleicht auch die Entwicklung zu prognostizieren, schreibt: „Die historische Lage der Gegenwart ist gekennzeichnet durch die mächtigen Umbrüche der Globalisierung, der Demografie und des Wissen-intensiven Wirtschaftsverhaltens. Auf diese Umbrüche reagieren die Menschen und die politischen Parteien. Sie setzen sich ebenfalls in Bewegung oder sie verweigern sich." Es gibt also Beharrung oder Bewegung in der Gesellschaft. Warnfried Dettling hat davon gesprochen, wie die Parteien sich auf Gezeitenwechsel einstellen. Oder es gilt das berühmte Nolte-Wort: „Wann sind die Parteien endlich im 21. Jahrhundert angekommen?"
Mein Mentor, Professor Biedenkopf, hat gesagt: „Eine Politik, die sich darauf beschränkt, was nachweisbar mehrheitsfähig ist, kann die neue Wirklichkeit nicht gestalten, sie liefert sich dem Vetokartell der Besitzstände aus. Ihr Ergebnis ist letztlich die Überzeugung der Bevölkerung, keine der politischen Parteien sei in der Lage, die Probleme in Deutschland zu lösen." Das ist etwas, was sie in Umfragen sehr oft haben. Wenn gefragt wird, „Wer kann etwas gegen die Arbeitslosigkeit tun?" ist das Ergebnis: 15 Prozent SPD und 13 Prozent CDU oder umgekehrt, aber keiner von beiden hat 50 Prozent oder 60 Prozent.
Warum setzen wir in Deutschland so wenig Ideen und Werte im Wahlkampf ein?

Die Angelsachsen sagen gar nicht so schlecht, „Economy is only half of the story." Ideen und Werte haben in internationalen politischen Kampagnen der jüngsten Zeit, beispielsweise in den USA, Großbritannien, Spanien, aber auch in Polen eine wichtige Rolle gespielt. In Deutschland haben wir die Meinungsführerschaft einer Linkskultur, die als *political correctness* große Teile der Wählerschaft dominiert. Mit ihrer Kampagne *Soziale Gerechtigkeit* hat die SPD diese Disposition abgerufen und mobilisiert. Moderner Wahlkampf ist also eine politische Kommunikation von Ideen, Werten und Inhalten, die man massenmedial oder direkt persönlich kommuniziert. Neben ökonomischen Themen sind auch Themen von Bedeutung, die immer weniger in Wahlkämpfen präsent sind, wie Bildung, Sicherheit, Umwelt und Kultur, Außen- und Europapolitik. Nun haben die beiden großen Parteien diesen Mangel gespürt und haben nach der Wahl mit Grundsatzdiskussionen reagiert. Wo die hinführen, wissen wir nicht, aber immerhin ist es interessant, dass ein Instrument gefunden worden ist, nämlich Grundsatzprogrammdiskussionen, um an diese Themen stärker heranzukommen. Jeder Wahlkämpfer weiß, Sie können keine Punkte damit machen, indem sie sagen, ich baue die Arbeitslosigkeit ab. Genauso können Sie, wie der amerikanische Wahlkampfberater Dick Morsy gesagt hat, behaupten: „Der nächste Sommer wird schöner." Aber das ist im Grunde keine Möglichkeit wirklich weiterzukommen.
Hier kommen wir so langsam schon in die Diskussion, die ich zum Abschluss noch führen möchte, wie Wahlkämpfe denn nun in dieser schwierigen Situation weiter aussehen werden. Es darf nicht dazu kommen, aus dem letzten Wahl-

kampf den Schluss zu ziehen, dass Wahrheit im Wahlkampf nicht geht. Das würde ich für sehr falsch halten. Ich denke hingegen, dass mangelnde Klarheit das Problem war. Man muss erklären können, man muss viel besser erklären können. Auch die soziale Marktwirtschaft war eine komplexe Sache, die Wiedervereinigung, der Euro oder die Ostpolitik ebenso, die alle in Wahlkämpfen erklärt worden sind, so dass immer ein Gros der Menschen das verstanden hat. Es hat Überschriften gegeben, es hat emotionale Töne gegeben und es sind Werte eingebaut worden. Es wäre wirklich der falsche Schluss zu glauben, der Wähler vertrage die Wahrheit nicht. Alles deutet darauf hin, dass er sie schon kennt. Die Programme müssen aber klar sein, die Verbesserungen durch Veränderungen erklärt, Einschnitte mit Hoffnung auf die Zukunft verbunden werden. Man muss eingestehen, dass die CDU 2005 ihr Programm wirklich miserabel verkauft hat. Zum Schluss wusste keiner mehr, warum die CDU die Mehrwertsteuer erhöhen wollte. Das sollte eigentlich die Nebenkosten senken und letztlich dazu führen, dass die Lohnkosten günstiger werden. Dass es dadurch Arbeit gibt, das war zu lang. Das hat im Wahlkampf keiner mehr verstanden. Ich meine auch, bei den Steuerplänen wusste man am Schluss nicht mehr, ist es Kirchhoff oder sind es die anderen Programme. Es hat sehr viel an Klarheit gefehlt. Ich finde, man sollte die alte demokratische Maxime des Perikles wieder hervorholen, der da schrieb: „Wir besprechen und entscheiden sorgfältig und persönlich alle Angelegenheiten der Politik und glauben nicht, dass Worte und Taten sich nicht miteinander vertragen, sondern dass Taten zum Scheitern verurteilt sind, wenn sie vorher nicht erörtert werden." Deswegen glaube ich schon, dass das deutsche Parteiensystem in der Schwankungsbreite zwischen Beharrung und Bewegung nach Bewegung ausschlagen wird. Man kann allerdings noch eine Vorfrage stellen, ob die Kanzlerin Angela Merkel den dritten Weg gefunden hat, indem sie bei den Veränderungsdiskussionen eine Art Entschleunigung gebracht hat und bei den Reformen mit kleinen Schritten vorangehen will. Meiner Ansicht nach ist das alles nicht nur eine Frage des Tempos, sondern eine Frage der Kommunikation. Die Fragen, die da anstehen, müssen in sehr viel intensiverer Weise für die nächsten Wahlkämpfe aufgearbeitet werden. Es darf uns nicht passieren, was Wolfgang Neuss uns einmal prophezeit hat: „Stell dir vor, es geht und keiner kriegt's hin."

Wir haben also aus diesem Wahlkampf gelernt: Erstens Wählerwechsel, emotional, schnell, spät. Zweitens eine schwächelnde Demoskopie, die den Parteien nur noch bedingt hilft. Ich bin überzeugt, dass die CDU sich von den Vorsprüngen hat einlullen lassen und viele Wähler dann auch deswegen zur FDP gegangen sind, weil sie dachten, die CDU wird den schäbigen Rest schon zusammenbringen. Der dritte Punkt ist Wählermisstrauen gegenüber Politik und Parteien, überall messbar und recht hoch. Viertens, das Unverständnis der Wähler gegenüber Politik und Änderungsnotwendigkeiten, hier muss eine dauerhafte Kommunikation etabliert werden, und fünftens natürlich die Schwäche der Parteien. Sie sind sehr überzeugungsschwach, sie sind ins Alter gekommen, schwer mobilisierbar und organisatorisch nicht mehr auf der Höhe der Zeit.

Wie wird der nächste Wahlkampf aussehen? Guter Spitzenkandidat. Personalisierung wird immer kommen. Dazu sehr wichtig: Geschlossenheit der Partei. Es ist für die Wähler schon alles durcheinander genug. Wenn dann die eigene Partei nicht mehr in der Lage ist, ihre Botschaft gezielt, kontinuierlich und gemeinsam auszuformulieren, ist gar nichts mehr verständlich. Der Wahlkampf muss auf wenige positive Themen und immer auch auf Angriffsthemen setzen. Also *american-style campaigning works*, *Personalisierung*, *negative campaigning*, *getting out the vote* und *Mobilisierung* in verschiedenen Formen. Die Parteien versuchen sich dabei neue Unterstützergruppen heran zu holen, „Team" bei der CDU, bei der FDP nennen sie diese „Botschafter". Man versucht ein temporäres Aktionsengagement zu begründen, weil die eigenen Mitglieder entweder zu alt oder nicht aktiv sind. Die Sichtweisen des Wählers sind erkennbar: Wer ist vor Ort tätig? Wer teilt meine Meinungen und Werte? Wem kann ich glauben und vertrauen? Das wird oft unterschätzt und ist sicher die schwerste Aufgabe für Wahlkämpfer, das zu vermitteln. Es ist aber sehr wichtig, denn die Wähler haben das Gefühl, dies wird nicht artikuliert. Hier sind also wieder Fragen von Wahrheit und Klarheit angesprochen

Ich glaube, dass aus dem internationalen Wahlkampfbereich zwei Megatrends auf uns zukommen: Der eine ist der Wertewahlkampf, der andere ist die direkte Mobilisierung. Das ist spannend, weil man geglaubt hatte, dass es außer Fernsehen in Zukunft kein Wahlkampffeld mehr gibt. Man kann durch direkte Ansprache erheblich Wähler mobilisieren, weil das Fernsehen längst nicht mehr so dominierend ist, wie das vorher der Fall war. Obwohl ohne Fernsehen Wahlkampf natürlich auch nicht geht. Die direkte Ansprache des Wählers hat ein Comeback. Das ist bei uns nicht so sehr das Telefon, sondern eher der Brief, der da seine Chance hat. E-Mail als Mittel der Ansprache sollte für die junge Generation zum Teil genutzt werden, ist aber noch nicht seriös genug, merkwürdigerweise in Amerika auch nicht. E-Mail-Werbung ist im Vorwahlkampf geeignet oder etwa zur Spendenwerbung, aber weniger zur eigentlichen Vertrauenswerbung.

Der kommende Wahlkampfstil besteht aus dreierlei Dingen. Das eine wird redaktioneller Wahlkampf sein, d.h. man versucht dauerhaft „Ping-Pong" mit der öffentlichen Meinung und den Medien zu spielen, immer wieder auf Themen neu einzugehen und dann dabei langsam das Thema zu finden. Besser ist es, eine Strategie zu haben, indem man seine Meinung und seinen roten Faden dazu nimmt, um die Dinge einzuordnen. Der zweite Punkt ist konzentrierte öffentliche Werbung. Hier glaube ich, wird es ein Comeback zum Beispiel der Anzeigen geben. Solange wir in Deutschland nicht so viel Werbung im Fernsehen machen können, wird es eher die Zeitungswerbung sein. Und dann die Frage der Mobilisierung. Achten Sie mal darauf, die letzten Tage werden noch mal einen ordentlichen Wahlkampf bringen. Personen, Themen und Mobilisierung haben die Wahlen 2005 entschieden. Sie können sagen, dass in allen drei Bereichen die CDU in der Schlussphase unterlegen war. Auch die SPD-Mobilisierung war nicht glorios, aber beide Parteien werden daran für die nächsten Wahlkämpfe arbeiten. Es war ja auch kein Wahlkampf, der langfristig und strategisch von

Beratern angelegt worden ist. Die Berater konnten sich zurücklehnen und haben mehr zugesehen, worüber sie sich heute alle freuen, weil für das Ergebnis und den Wahlkampf keiner so richtig verantwortlich sein wollte. Ich denke aber, dass in den nächsten Wahlkämpfen gerade hier die politologisch-strategische Betrachtung eine bedeutende Rolle spielen muss. Wir müssen uns eine Philosophie über die Wahlbevölkerung bilden, wie sie mit Wahrheit, Veränderungszwängen und mit Notwendigkeiten umgeht. Man kann nicht einfach sagen, wer die Wahrheit sagt, verliert, deswegen machen wir einfach nichts.

Der Anteil der Nichtwähler wächst und wächst. Und jetzt möchte ich die wichtigste Frage unserer Zeit stellen: Was machen sie, wenn sie wieder an die Wahlurne kommen? Wählen sie so wie früher? Da muss man sehr aufpassen. Man könnte auch hier einen Faktor der Instabilität für unsere Demokratie erkennen. Hinter der vorgehaltenen Hand sagt der ein oder andere Meinungsforscher schon: „Seid froh, dass die nicht alle wählen gehen." Das ist ein sehr ernstes Thema, das intensive Überlegungen über die Befindlichkeit der Bevölkerung erfordert, nämlich über die Frage, wie man den Wählern eine Möglichkeit geben kann, in die Zukunft mitzugehen. Hier müssen Inhalt und Kommunikation zusammen gedacht werden.

Da in diesen Tagen nur Fußballbeispiele gelten: Es ist im zukünftigen, modernen Wahlkampf wie im Fußball. Man kann auf Sicherheit spielen, kann Tore verhindern und hoffen, dass wenigstens vorne eines geschossen wird. In meiner Fußballpraxis haben wir früher gesagt: „Hinten dicht und vorne hilft der liebe Gott." Oder man spielt offensiv, wie es die deutsche Fußballmannschaft so schön beim Eröffnungsspiel getan hat. Man schießt Tore, bekommt natürlich auch Gegentore, dafür hatten die Fans ein gutes Gefühl. Und hier komme ich wieder zu dem, was ich am Anfang sagte: Bei Wahlkämpfen muss herauskommen, dass die, die gewählt sind, einen bestimmten Auftrag von der Nation erfahren. Es muss so sein, dass nach Wahlkämpfen eine Nation sagt, jetzt haben wir uns gestritten, uns über Themen unterhalten, jetzt freuen wir uns, dass die Wahl entschieden ist und jetzt wollen wir mal sehen, was jetzt kommt. Es muss meines Erachtens auch herauskommen, dass nach den Wahlkämpfen die Parteien nicht noch schwächer geworden sind. Am Ende soll es sein wie nach einem guten Fußballspiel. Alle sollen sich wohler fühlen und die Zukunft meistern können.

Diskussion

Ich habe den Eindruck, ich brauche in fünf Jahren keinen Briefkasten mehr. Sie setzen aber gerade auf den Brief. Angela Merkel wirkt mit ihrem neuen videocast noch etwas hölzern. Die blogs wurden im letzten Wahlkampf kaum genutzt. Welche Rolle spielen die neuen Medien in den Wahlkämpfen in Zukunft?

Ihren Briefkasten sollten Sie behalten, Sie werden überrascht sein, dass der Transport von Briefen in Deutschland und in den USA ständig steigt, wenn auch vor allem im Bereich des Business. Liebesbriefe schreibt man heute kaum mehr, E-Mails und SMS sind da heute sicher vorrangiger. Aber alles, was geschäftlicher oder seriöser ist, geht wieder als Brief über die Post. Da ist für die Parteien wirklich viel drin. In England gibt es die Möglichkeit, nur per Brief zu wählen. Man kann einmal wählen und für die nächsten Wahlen sagen, ich bin Briefwähler. Der Brief hat also eine gewisse Zukunft, zumal alle Tests zeigen, dass E-Mails durch die vielen Spams an Glaubwürdigkeit verloren haben. Eine weitere Zukunft liegt darin, dass Rundfunksendungen und Fernsehsendungen bald auf die Handys kommen können. Mit SMS-Kampagnen macht man schon sehr viel, allerdings mehr, um die Meinungsführer, wie beispielsweise Journalisten, zu informieren. Da wird aber sicher noch einiges passieren. Insgesamt stockt dieser Prozess aber noch. Viele, vor allem ältere Menschen, können wenig mit dem Internet anfangen. Deswegen ist Internet vor allem für die großen Parteien noch nicht so interessant, da sie doch relativ viele ältere Wähler haben. Daher werden Sie den Brief weiter noch als heiße Aktie im Wahlkampf handeln können.

Inwieweit halten Sie zielgruppengerechte Ansprache für wichtig, nicht nur in Bezug auf Themen, sondern insbesondere auf den Kommunikationsmix. Gibt es da vielleicht Versäumnisse bei den Parteien?

Für mich waren die britischen Parteien die Sensation, ich habe das im Mai studieren können. Sowohl die Konservativen wie auch Labour haben Gruppen gebildet. Die Konservativen haben es eher nach dem amerikanischen System gemacht. Labour hat es noch moderner gemacht, über Lifestyle-Studien, nach Kenntnissen über *media behavior*, was die Leute fahren, was sie kaufen etc. Ihnen wird auffallen, wenn Sie amerikanische oder andere Wahlkampfstudien lesen, dann reden die gar nicht mehr über Frauen in einem bestimmten Alter, sondern dann reden die von der *soccer mum* oder von den *truckern*. Denn das sind Lebensstile, mit denen Sie sofort etwas verbinden können. Sie wissen genau, der *trucker* wählt Bush, die *soccer mum* wählt demokratisch. Also versuchen die Parteien diese Gruppen auch neben anderen gezielt anzusprechen. Auch über das Rezeptionsverhalten von Zeitungen können sie das machen. Interessant ist, wer welche Zeitung liest, ob jemand *Daily Telegraph*-Abonnent ist oder *Guar-

dian-Abonnent. In der Tat wird der Wähler immer differenzierter definiert. Ich habe bei Labour 65 verschiedene Wählertypen gesehen. Auch die Amerikaner kennen ihre Wähler genau, insbesondere durch die relativ kleinen Wahlkreise bei den Wahlen für das Repräsentantenhaus, die alle zwei Jahre stattfinden. Die Art der Wählerbeobachtung und der Typologisierung, die durch die elektronischen Medien möglich ist, ist bei uns noch etwas zurück, zumal bei uns der Datenschutz dazwischen steht. Eine Zeitung kann einer Partei nicht ihre Daten zur Verfügung stellen. Aber auch bei uns werden wir diese Ausdifferenzierung der Wähler bekommen. Es wird eine ganze Reihe von Wahlkampf geben, den wir überhaupt nicht sehen. Auch wir werden zielgruppenorientierter arbeiten. Wir haben zwar nicht so sehr die Möglichkeit des Telefonanrufs, das macht die Dinge noch schwer. Aber der Brief wird eine große Rolle spielen. Da bin ich ganz sicher.

Wie geht man als Wahlkämpfer damit um, dass man versucht, für ein möglichst großes Spektrum an Wählern wählbar zu werden und auf der anderen Seite versuchen muss, sich vom politischen Gegner zu unterscheiden.

Sie sprechen damit eines der schwierigeren Themen an. Es hat mich immer beruhigt, dass es Teil der politischen Kultur ist, die Politiker nicht so lieb und nett zu finden. Das hat es in den angelsächsischen Demokratien und anderswo schon immer gegeben. Aber es darf nicht einen Grad annehmen, wo man sagt, es ist völlig egal, wer gewählt wird. Dann wird die Sache in der Tat gefährlich. Es hilft nur, dass Politiker Wahlkämpfe mit ordentlich mehr Mut machen, sich profilieren und darstellen, wofür sie wirklich sind. Wenn Adenauer auf die Umfragen bei der Wiederbewaffnung geachtet hätte, damals waren 80 bis 85 Prozent dagegen, hätte er es nicht gemacht. Bei dem Kohl'schen Nato-Doppelbeschluss waren auch etwa so viele dagegen, trotzdem haben wir uns zum Schluss dagegen durchgesetzt. Es kommt letztendlich darauf an, dass der Politiker politisch für etwas steht. Stehen heißt auch fallen und verlieren. Stellen Sie sich vor, die CDU hätte die Wahlen verloren, wäre aber klar bei ihrem Programm geblieben und hätte das immer wiederholt. Ich bin fest davon überzeugt, dass sie dafür das nächste Mal gewählt worden wäre.
Ich will Ihnen eine generelle Beobachtung mitteilen. Die jetzige Politikergeneration ist viel ängstlicher in der Wahlkampfaussage als das früher der Fall war. Heute wird vorausgesetzt, dass alle Leute Egoisten sind und persönlich nicht bereit sind, an ihrem Verhalten etwas zu ändern. Es wird noch nicht einmal der Versuch gemacht zu überzeugen. Sie gewinnen dadurch keine Wähler. Mich würde das alles noch überzeugen, wenn es eine Raffinesse wäre, mit der Leute angezogen würden. Aber es sind jedes Mal weniger, die wählen. Wolfgang Böhmer in Sachsen hat die Wahlen gewonnen, aber 100.000 Wähler verloren, obwohl er noch eine relativ klare Sprache spricht. Ich sage es auch mal so: Wahlkämpfer sind keine Leute, die nicht an die Demokratie glauben und sagen:

„Man muss schön raffiniert sein, die Leute dürfen das alles nicht merken, dann geht es gut." Ich habe immer eine optimistische Grundeinstellung, dass, wenn wir ein Thema heranziehen, dann kommen wir weiter und kriegen eine positive Linie. Wenn Sie nicht glauben, dass der Wähler vernünftig entscheiden kann, dann müssen Sie sich über die Demokratie Gedanken machen. Als mein Parteifreund Müller bei Maybrit Illner gesagt hat, man sollte der Arbeitslosigkeit größere Aufmerksamkeit widmen, da hat sie gesagt: „Ja, das ist jetzt die 200. Sendung dazu." Das sind Sachen, wo ich finde, die Politiker müssen sich endlich das zeitgemäße Kommunizieren angewöhnen. Man muss sich nicht dauernd zu irgendetwas äußern, man ist als Politiker nicht dazu verpflichtet.

Ich habe den Eindruck, dass politische Kommunikation im Wahlkampf vor allem über Werbung gemacht wird. Ich freue mich, dass die Wahlkämpfer wieder die Themen und Inhalte entdeckt haben. Können Sie dazu noch etwas sagen?

Ich persönlich habe mich festgelegt und habe gesagt: „Wahlkampf ist Politik." Davon war ich fest überzeugt. Ich bin auch nach wie vor überzeugt, dass politische Inhalte, selbst schlecht kommuniziert, besser wirken, als wenn Sie keine Inhalte haben, dafür aber gute Werbung. Ich glaube überhaupt nicht an die Werbung als solche. Es müssen schon Themen dahinter stecken, die Sie natürlich umsetzen müssen. Man muss Gedanken erklären, damit es massenmedial kommuniziert werden kann, damit es auch ignorante, einfache oder auch wenig aufmerksame Leute verstehen. Da hat die Werbung ihre Mittel. Aber wehe, Sie wissen nicht, was Sie politisch wollen. Dann können Sie keine Wahlkämpfe machen. Was mir auffällt, ist, dass es so wenig Vorstellung darüber gibt, was man kommunizieren will. Viele sind so fasziniert von dem Markengedanken in der Politik und glauben, die Marke ist dann so oder so, vielleicht orange, dann sind wir ausprofiliert. Doch damit haben wir eigentlich überhaupt nichts. Zumal Sie nicht vergessen dürfen, wenn Sie Deutschland ansehen, dass unsere Finanzmittel gering sind. Wir haben nicht das Telefon, wir haben nicht das Fernsehen zur freien Disposition. Wir haben auch wegen des Geldes relativ wenig Anzeigen. Deshalb ist es umso wichtiger, dass man das bisschen, was man kommuniziert, konzentriert kommuniziert, so dass es die Menschen interessiert. Sie werden keinen Wahlkampf mehr hinbekommen, wenn Sie nicht eine wirkliche Linie haben. Was die CDU und die SPD dieses Mal gemacht haben, war in Teilen eine Annäherung an die Wahrheit. Es war aber nicht wirklich der Wahlkampf über die Frage, wo wir uns anstrengen. Wenn Sie keine Themen haben, dann klammern sich die Leute an die alten bekannten Spitzenfiguren alias Ministerpräsidenten wie bei den letzten Wahlkämpfen.

Gehört zu einer guten Aussage nicht auch „Kommunikationsmanagement"? Bei den Angelsachsen finde ich eine bessere Verknüpfung von Substanz und Kommunikation. Stehen die in Deutschland noch nebeneinander?

Das Stichwort dazu heißt *message control*, d.h. ich muss eine Botschaft formulieren, wie im letzten Bundestagswahlkampf bei der Sache mit der Mehrwertsteuer, und diese einheitlich kommunizieren. Die Mehrwertsteuer sollte Arbeit bringen und nichts weiter. So hätte man das eigentlich auch sagen müssen. Wer es genauer wissen wollte, konnte sich ja den Plan ansehen. Stattdessen kam rasch der erste Gegenschuss. Einige Ministerpräsidenten sagten, „Ja, aber doch nicht alles dafür." Ebenso waren die CDU-Ministerpräsidenten die ersten, die Kirchhoff widerlegt haben. Ich könnte ihnen zehn weitere Kommunikationsmanagement-Fehler nennen. So etwas ist allerdings schwer zu verhindern. Deswegen sind wir oft herumgereist: „Dass der jetzt nicht wieder widerspricht." Dann musste man extra nach Hannover oder Bayern. Wir mussten versuchen, die Leute auf Linie zu bringen. Das Allerschlimmste, was es gab, war, als Widerspruch bei den eigenen CDU-Leuten formuliert wurde, schon bevor die SPD ihre Kampagne gegen Prof. Kirchhoff organisierte. Die Engländer haben es hier in einem Punkt besser, sie sind zentraler organisiert und bei Bush sind Messagekontrolleure unterwegs.

Wenn Sie wegen einer bestimmten Politik gewählt werden wollen, dann müssen Sie eine gemeinsame Kommunikation verfolgen. Die *message control* halte ich für einen der ganz großen Defizite der CDU im letzten Wahlkampf. Es hat doch keinen Sinn, Stoiber von allen ostdeutschen Ministerpräsidenten attestieren zu lassen, dass er die Ostdeutschen beleidigt hat. Wer soll die CDU denn dann noch wählen? So etwas geht auch bei amerikanischen Präsidentschaftswahlen schon mal schief. Aber sie passen sehr auf und haben auch viel mehr Personal dafür. *Message control* sollte verstärkt werden.

Jürgen Trittin
Bundesumweltminister a. D.

Regierung - Macht - Medien
Möglichkeiten und Grenzen von Regierungskommunikation

Jürgen Trittin wurde am 25. Juli 1954 in Bremen geboren. Nach seinem Abitur 1973 studierte er Sozialwissenschaften in Göttingen. Er engagierte sich im AStA der Uni und war zeitweise Präsident des Studentenparlaments. Nach dem Studium arbeitete er als wissenschaftlicher Mitarbeiter, Pressesprecher und freier Journalist. Seit 1980 ist er Mitglied der GRÜNEN. Seitdem hatte er zahlreiche Ämter inne, unter anderem war er Parteivorsitzender und von 1994-1998 Mitglied im Niedersächsischen Landtag. Seit 1998 ist er Abgeordneter im Deutschen Bundestag. Unter der Rot-Grünen Koalition war er Bundesminister für Umwelt, Naturschutz und Reaktorsicherheit.

Regierungskommunikation hat sich auf ein komplexes Wechselverhältnis zwischen Macht, Medien und Regierung einzulassen. Der Glaube, die Erfahrungen aus der Zeit der Opposition einfach verlängern zu können, verfliegt schon nach kurzer Zeit. Weil Regierung mächtiger ist als Opposition, wird sie auch schärfer von den Medien beobachtet. So entwickelt sich auch Regierungskommunikation als „learning by doing".

Für das von Ihnen gestellte Thema zu den Möglichkeiten und Grenzen von Regierungskommunikation nun ausgerechnet den ehemaligen Umweltminister einzuladen, dürfte spezielle Gründe haben. Für Regierungskommunikation ist ein Fachressort - zudem ein kleines, verwaltet vom kleineren Koalitionspartner - sicher nicht die erste Adresse. Da denkt „mensch" eher an das Bundeskanzleramt oder das Bundespresseamt.
Wenn ich dennoch eingeladen wurde, dann nehme ich das als einen Hinweis darauf, dass auch kleine Ressorts gelungene Kommunikation betreiben können. Offenkundig sind wir als Bundesministerium für Umwelt, Naturschutz und Reaktorsicherheit von 1998 bis 2005 wahrnehmbar gewesen.
Es könnte natürlich auch sein, dass Sie weniger den Ressortminister gemeint haben als die Person Jürgen Trittin und sein Verhältnis zur Presse - speziell zur *BILD*-Zeitung. Darüber werden wir auch zu sprechen haben - ich will mich dennoch an das Thema halten und *BILD* nur beispielhaft behandeln. Beispielhaft deshalb, weil es zwischen ihr, dem *SPIEGEL*, *Focus* oder der *Süddeutschen*, zwischen *ARD*, *ZDF* und *RTL* oder *SAT1* keinen prinzipiellen Unterschied gibt, sondern lediglich ein anderes Konzept, andere Zielgruppen sowie andere media-

le Formen. Eine solche Feststellung mag manche Kollegen bei einem vermeintlich seriösen Blatt ehrenrührig erscheinen. Sie ist aber nicht ehrenrührig gemeint.
Die Veränderungen der Medienlandschaft der letzten 30 Jahre, also der Zeit, wo ich an der Universität Göttingen Publizistik- und Kommunikationswissenschaft studiert habe, sind eben nicht eindimensional zu beschreiben. Gerade die Elektronisierung und die damit einhergehende Beschleunigung, sowie die Kommerzialisierung von Informationen haben die Bedingungen von Kommunikation insgesamt verändert. So wenig der *SPIEGEL* von 1968 der von heute ist, sowenig ist *BILD* heute die von 1968. Wenn wir es in den siebziger Jahren als eine Gefahr für die Pressefreiheit ansahen, dass Zeitungen immer mehr von Anzeigen- und immer weniger von Verkaufserlösen leben müssen, so stellt der Einbruch bei den Anzeigeneinnahmen (die *taz* einmal ausgenommen, die hatten die nie) heute gerade im Printbereich eine Gefahr für die Vielfalt der regional geprägten Presselandschaft dar.
Ich habe den Vortrag mit den drei Begriffen *Regierung - Macht - Medien* überschrieben. Dieses Spannungsverhältnis bedarf einer Vorbemerkung:

„Regieren heißt nicht an der Macht zu sein"
Journalistinnen und Journalisten werden im öffentlichen Image ähnlich schlecht bewertet wie Politiker. Wie diese beharren sie dennoch auf ihre eigene Rolle als einer staatstragenden, gar vierten Gewalt. Neben Legislative, Exekutive und Judikative tritt die Öffentlichkeit. Oder in anderen Worten zusammengefasst: Es ist Aufgabe der Medien, den Mächtigen auf die Finger zu schauen.
Das ist in der Tat so. Doch die damit insinuierte klare Trennung zwischen Medien und Macht ist nicht so einfach, wie es in diesem Satz aufscheint. Nicht nur, weil einzelne Journalistinnen und Journalisten in Verkennung ihrer Aufgabe sich gelegentlich mit Mächtigen und sogar geheimen Mächten gemein machen. Medien selber sind eine Macht und nutzen diese auch für ihre publizistischen, ökonomischen wie auch politischen Interessen: Vom Kampf der Chefredakteure von *FAZ*, *SPIEGEL* und *WELT* gegen die Rechtschreibreform bis zum Anspruch von *BILD*, Mitsprache bei der Aufstellung der Deutschen Nationalmannschaft zu haben. Dem hat Jürgen Klinsmann widerstanden.
Umgekehrt ist es eines der weit verbreiteten Irrtümer, zu glauben, wer regiere, sei an der Macht. Regieren verleiht Macht, aber nicht Allmacht. Regieren heißt zunächst nur, im Bundestag für seine Gesetzgebungsvorhaben eine Mehrheit zu haben. Im deutschen Föderalismus heißt dies auch, regelmäßig für mehr als die Hälfte der Gesetzgebungsvorhaben keine automatische Mehrheit im Bundesrat zu haben.
Mehrheiten im Parlament und Mehrheiten in der Gesellschaft sind wiederum zwei paar Schuhe. Schließlich gibt es Mächte, die keine Mehrheiten haben, weder im Parlament noch in der Gesellschaft und die doch sehr mächtig sind. Medien stehen zu diesen Mächten in unterschiedlichen Verhältnissen. Die Robin-Hood-Attitüde, man schaue den Mächtigen ohne Ansehen der Person auf die

Finger, mag an Journalistenschulen gelehrt werden, in der Wirklichkeit der Redaktionen ist sie so nicht anzutreffen.
Regierungskommunikation hat sich also auf ein komplexes Wechselverhältnis zwischen Macht, Medien und Regierung einzulassen. Weil jede Regierung sich auf andere soziale Gruppen und politische Interessen stützt, gibt es dafür kein Patentrezept.
Der Glaube, die Erfahrungen aus der Zeit der Opposition einfach verlängern zu können, verfliegt schon nach kurzer Zeit. Weil Regierung mächtiger ist als Opposition, wird sie auch schärfer von den Medien beobachtet. So entwickelt sich auch Regierungskommunikation als „learning by doing". Das war bei Rot-Grün so, und das ist bei Schwarz-Rot so.
Ich will mich den Möglichkeiten und Grenzen von Regierungskommunikation über drei Thesen nähern:
- Medien kriegen nie die Regierung, die sie haben wollen.
- Das Private ist politisch.
- Macht macht Definitionsmacht.
Grüne Politik zielt darauf, Gesellschaft ökologisch, sozial und demokratisch zu verändern. Sie muss sich mit der Herausforderung rumschlagen, eine immer kurzatmigere Kommunikation mit nachhaltiger Veränderung zusammen zu bringen. Das unterscheidet grüne Regierungskommunikation von einer strukturkonservativ bewahrenden sozial- oder christdemokratischen oder auch einer neoliberalen.

„Medien kriegen nie die Regierung, die sie haben wollen"
Das ist eine beruhigende Feststellung. Klassisches Journalistenethos würde naturlich empört die Unterstellung zurückweisen, die Medien wollte eine bestimmte Regierung. Ich kenne eine Reihe von Kolleginnen und Kollegen, die so denken. Doch ihre Chefredakteure heißen heute Aust oder Steingart, Markwort, Diekmann oder Strunz. Diese Feststellung ist auch zutreffender als die Behauptung, man brauche zum Regieren nur „*BILD, BAMS, GLOTZE*", was Kanzler Schröder für den Kern seiner Regierungskommunikation hielt. Wenn das stimmen würde, hätte es Rot-Grün nie gegeben und wäre nie wiedergewählt worden. Sie wurden aber gewählt. 1998 war der Frust über 16 Jahre Helmut Kohl so groß, dass es eine Mehrheit jenseits von CDU und FDP gab. Getragen wurde dieser Wechsel von einer ziemlich breiten Unterstützung für einen Kanzler Schröder quer durch die veröffentlichte Meinung - von „*BILD, BAMS UND GLOTZE*" bis zu *Süddeutsche, Stern* und *SPIEGEL*. Nach der zur Testwahl hochstilisierten Niedersachsenwahl musste sich selbst Oskar Lafontaine dem Druck geschlagen geben und rief den Rivalen aus Hannover zum Kanzlerkandidaten aus.
Soweit entsprach das Wahlergebnis einem breiten medialen Konsens. Doch der Meinungsumschwung fiel so deutlich aus, dass selbst eine PDS in Fraktionsstärke nicht eine eigenständige Mehrheit von SPD und GRÜNEN verhindern konnte. Damit aber hatte ein großer Teil, der sich stolz „*FroGS*" (Friends of Gerhard

Schröder) nennenden Unterstützer nicht gerechnet. Tatsächlich war in etlichen Hamburger Chefredaktionen noch kurz vor der Wahl auf eine Große Koalition gesetzt worden - das dort begehrteste Männerduo hieß Schröder/Rühe. Natürlich gab es auch Medien, die, wie etwa die *Frankfurter Rundschau* Rot-Grün wollten. Aber sie waren nicht repräsentativ.

Tatsächlich aber hatte der mediale Druck Helmut Kohl aus dem Kanzleramt vertrieben, die gewollte Große Koalition aber kam nicht zustande. Es kam zwar Kanzler Schröder, doch statt Rühe gab es Fischer und Trittin an seiner Seite. Die erste Herausforderung für die Regierungskommunikation bestand darin, dass von CDU bis hin zu eher sozialdemokratischen Milieus der kleine Koalitionspartner von Anfang an als der ungewollte behandelt wurde. Die zweite Herausforderung bestand darin, dass es sich bis zum Frühjahr 1999 eher um eine Drei-Parteien-Koalition handelte. Die GRÜNEN koalierten mit der Schröder- und der Lafontaine-SPD. Es bot sich also für Medien ganz besonders an, Widersprüche zwischen den Koalitionspartnern und innerhalb der Koalition heraus zu arbeiten - eines der Beispiele war der zeitweilige Stopp der Novelle des Atomgesetzes, der die Koalitionsvereinbarung eins zu eins umsetzte.

Ein so eindeutiges Votum zum Ausgang der Bundestagswahl gab es 2002 nicht. Zwar bewegte sich Rot-Grün mit seiner deutlichen Ablehnung des Irak-Kriegs im scharfen Widerspruch zu der Mehrheit der Leitartikler und Kommentatoren, die vor einer Konfrontation mit den USA warnten, darum hielten dennoch nur die tradiert CDU-orientierten Medien Stoiber für den besseren Kanzler. Verschärft wurde dies noch durch die fehlende Kompetenz der Opposition in der Bewältigung der Flutkatastrophe.

Es handelte sich 2002 um einen klassischen Lagerwahlkampf mit Zügen eines Kulturkampfes, der wohl am deutlichsten durch den *Stern*-Titel „Ich oder äh..." auf den Punkt gebracht wurde. Anders gesagt, die Schröder-Medien waren für Rot-Grün, die Stoiber-Medien für Schwarz-Gelb - und echte Volksmedien wie die *BILD* achteten darauf, es sich nicht völlig mit beiden zu verderben. Zu Recht, denn mit der Marginalisierung der Linkspartei über Irak und Hochwasser und in Konfrontation mit Stoiber errang Rot-Grün erneut eine absolute Mehrheit.

Ganz anders die Lage 2005. Vom neoliberal gewendeten *SPIEGEL*, über das Merkel-Fanzine *Stern* bis zu *Focus* und *BILD* wollte ein breiter medialer Konsens nicht nur Schröder weghaben, es sollte nun auch einen konsequenten Wechsel geben. Deutschland sollte ein Stück angelsächsischer werden. Das ging nur mit Schwarz-Gelb. Dafür aber gab es, entgegen dem uniformen Trommeln von allen Seiten, in Deutschland keine Mehrheit. In einer Strategie der direkten und der dezentralen Kommunikation gelang es, den medialen Konsens zu durchbrechen. Über die Tour auf Marktplätzen und durch unzählige Redaktionsgespräche in Lokal- und Regionalzeitungen wurde eine politische Konfrontation zugespitzt, deren Höhepunkt die Auseinandersetzung um die unsoziale Steuerpolitik des Prof. Paul Kirchhoffs aus Heidelberg war. Die Stimmung in der Provinz wurde in der Hauptstadt erst am Wahlabend wahrgenommen. Das Ergebnis dieser Konfrontation: Die an der Regierung gescheiterte SPD konnte sich in eine Große Koalition mit der CDU retten und Grüne erzielten trotz fehlender Machtperspektive das drittbeste Ergebnis bei Bundestagswahlen. Und eine Mehrheit für den Neoliberalismus gab es trotz des massiven medialen Trommelfeuers nicht.

„Das Private ist politisch"
Kommerzialisierte Medien können sich nicht Mehrheiten nach Belieben verschaffen. Die These aber, dass sie keine politischen Interessen haben, sondern im Zuge der durchgehenden Kommerzialisierung unpolitisch geworden seien, lässt sich nicht halten. Tatsächlich lassen sich auch personalisierte, scheinbar unpolitische Kampagnen in politische Zusammenhänge einordnen. Eine wirkliche Differenz zwischen Boulevard- und sonstigen Medien gibt es hierbei nicht.
Die zunehmende Personalisierung ist vielfach durch den Umzug der Regierung vom beschaulichen Bonn ins anonyme Berlin erklärt worden. Dieser Umzug hätte eine Verwahrlosung der journalistischen Sitten befördert. Zwar ist das Klima in Berlin rauer, für die Erosion professioneller Standards aber dürften andere Gründe kausal sein. Zu nennen ist hier der dramatische Einnahmeneinbruch zum Wechsel des Jahrtausends im Print-Bereich, aber auch bei den audiovisuellen Medien, der sich daraus verschärfende Konkurrenzdruck samt der Notwendigkeit Kosten einzusparen.
Wer sich von den Folgen dieser Entwicklung ein Bild machen möchte, dem sei eine Begegnung mit dem „Lungerjournalismus" vor dem Reichstag empfohlen, wo von ihren Redaktionen losgeschickte Mikrofonhalter täglich den Beweis erbringen, dass sie jedes, aber auch jedes Niveau spielend unterbieten können.
Dieser Tage war die gescheiterte Ehe des niedersächsischen Ministerpräsidenten Wulff Gegenstand von Berichterstattung. Man kann davon ausgehen, dass diese Berichterstattung nicht vor allem auf investigativer Recherche beruhte. Wie sein Vor-Vor-Vorgänger in gleicher Lage dürfte auch er lieber den Weg der von ihm mit gesteuerten Öffentlichkeit gesucht haben, als zum bloßen Objekt von Berichterstattung zu werden.
Es sind nicht die bösen Medien allein, die den Schutz der Privatsphäre durchlöchert haben, die das Private öffentlich und das Politische unpolitischer gemacht haben. Hierzu haben Prominente, Künstler, Manager wie Politiker selber beigetragen. Sie müssen dann die Erfahrung machen, dass die Medien, mit denen sie ins Penthouse der Prominenz gefahren sind, für sich daraus das Recht ableiten, sie bei passender Gelegenheit vom Dach zu schmeißen.
Sich auf dieses Spiel nicht eingelassen zu haben, schützt nicht davor, auf diesem Niveau attackiert zu werden. Ich habe nie Journalisten zu Homestories in meine Wohnung geladen. Mein Privatleben war und ist meine Privatsache.
Dennoch: Die *BZ* schickte Fotoreporter in die Lebensmittelabteilung des Kaufhof am Alex um dem Umweltminister unökologisches Einkaufsverhalten nachzuweisen. *BILD* musste per eidesstattlicher Versicherung und Gerichtsbeschluss gezwungen werden, die Behauptung zu unterlassen, ich hätte zum Zwecke des

Croissant-Kaufs mit meinem Dienstwagen einen Verkehrsstau verursacht. Die *Berliner Morgenpost* musste die Behauptung, ich hätte das verseuchte Gebälk meines Dachstuhls nicht ordnungsgemäß entsorgt, ebenso widerrufen, wie die *BILD* in gleicher Sache zu einer Gegendarstellung verpflichtet wurde.
Die Aufzählung ließe sich fortsetzen. Dass ich nicht auch noch von Kamerateams vor meiner Wohnung gefilmt wurde, ist aufmerksamen Nachbarn und einem Anruf bei dem Chefredakteur zu verdanken.
In all diesen Fällen ging es um nichts anderes als darum, die persönliche Glaubwürdigkeit zu zerstören, mit einem klaren politischen Ziel. Natürlich war nicht der Mensch Trittin gemeint, sondern der Umweltminister jener Partei, die nun leider an die Regierung gekommen war. Dass dieser Umweltminister daran ging, den Koalitionsvertrag tatsächlich umzusetzen, vom Atomausstieg über die Ökosteuer bis zum Klimaschutz und einem neuen Naturschutzgesetz, war der eigentlich Hintergrund für die auf das Persönliche zielenden Attacken.
2001, dem Jahr der Verabschiedung des Atomausstieggesetzes, des neuen Bundesnaturschutzgesetzes, der Vereinbarung zur Ratifizierung des Kyoto-Protokolls, erreicht die Kampagne, Grüne aus der Regierung zu mobben ihren Höhepunkt. Sie richtete sich nicht nur gegen Jürgen Trittin, sondern auch gegen Joschka Fischer. Beiden wurden ihre politische Geschichte in der radikalen Linken sowie ihr Verhältnis zur Gewalt vorgehalten.
Diese Kampagne wurde nicht von der *Springer*-Presse allein getragen. So behauptete der *SPIEGEL*, ich hätte mit einem Mikrofon-Kabel einen RCDSler bei einer Uni-Vollversammlung gewürgt - bis das vermeintliche Opfer dieser Darstellung öffentlich widersprach. Bei *Sabine Christiansen* verbreitete der Sohn des ermordeten Generalbundesanwalts Buback, ich hätte mich ihm gegenüber nicht vom so genannten „Buback-Nachruf" distanziert. Dieser Nachruf, der den Mord übrigens verurteilte, hatte 1977 zu einem Skandal und im gleichen Jahr zur Amtsenthebung des Göttinger AStA geführt.
Den Höhepunkt erreichte die Kampagne mit jener Montage eines Fotos in der *BILD*, das mich auf einer Demo zeigte, neben Schlagstock tragenden und Bolzenschneider schwingenden Autonomen. Doch die von *BILD* so beschrifteten Utensilien stellten sich bei Betrachten des unbeschnittenen Originalfotos als Dachgepäckträger eines Lautsprecherwagens und als das Seil heraus, das die Autonomen vom Demoteilnehmer Trittin trennte. Womit auch die *BILD*-Frage: „Was machte Minister Trittin auf dieser Gewalt-Demo?" beantwortet war. Er versuchte Gewalt zu verhindern.
Dieses Foto ist heute Bestandteil der Ausstellung „Bilder, die lügen", die das Haus der Geschichte konzipierte. Kai Diekmann, Chefredakteur der *BILD*, hat sich nach anfänglichem Zögern bei mir entschuldigt. Ich ließ es damit bewenden.
Das war wohl eine Naivität. Bis in die jüngste Zeit verfolgte Kai Diekmann alle Presseorgane, die behaupteten, hier sei gefälscht worden, gerichtlich. Er ist nicht nur wegen seiner von der *taz* verulkten Penislänge vor Gericht gezogen. Doch während die *Süddeutsche* 2003 eine Gegendarstellung von ihm abdruckte und

eine Unterlassungserklärung abgab, ließen sich *ZEIT* und *Stern* 2005 von Diekmann nicht einschüchtern. Seine ursprünglich abgegebene eidesstattliche Versicherung, das Foto sei „in keiner Weise beschnitten" worden, hätte für ihn womöglich strafrechtliche Konsequenzen gehabt.

Dass *BILD* mit der Montage nicht durchkam, ist übrigens ein Verdienst der Presse. Der Göttinger Journalist, der stellvertretende Chefredakteur des *Göttinger Tageblatts*, Hermann Hillebrecht erinnerte sich an die Demo vom Sommer 1994 und suchte das farbige und unbeschnittene Originalfoto raus.

Dass Medien soweit gehen würden, ein demokratisch gewähltes Mitglied der Bundesregierung aus seinem Amt zu mobben, stellt schon eine Besonderheit dar. Es unterscheidet sich von offenkundig politisch gemeinten Kampagnen, wie etwa gegen die Ökosteuer, die es im Vorfeld von Wahlen immer gegeben hat. Auch hier nur ein paar kurze, persönliche Beispiele aus dem Bereich der *Springer*-Presse:

Im Vorfeld der Bundestagswahl 2002 behauptete *BILD*, und lieferte für etliche Privatfernseher auch noch Bilder meiner Lebensgefährtin im Urlaubsflieger mit, ich hätte mit im Bundestag erworbenen Bonusmeilen der Lufthansa Urlaub gemacht. Tatsächlich hatte ich keine Meilen über den Bundestag erworben, sondern etwa Flüge zu Parteitagen aus der eigenen Tasche bezahlt.

Im Frühjahr 2005 zur Landtagswahl in Nordrhein-Westfalen behauptete *BILD*, ich hätte einen „Muslim-Feiertag" gefordert, weil ich in der *WELT* auf eine entsprechende Idee meines Fraktionskollegen Ströbele, diesem die Empfehlung gegeben habe, er möge doch zunächst einmal die muslimischen Gemeinden hierzu befragen. Meine Richtigstellung druckte *BILD*, um mich bei dieser Gelegenheit erneut in einer Fotomontage mit Bart und Turban im Bin-Laden-Look abzubilden.

Im Bundestagswahlkampf 2002 veranstaltet *BILD* eine „Benzin-Wut"-Kampagne. Vorschläge von mir zwecks Vermeidung von Belastungen durch hohe Benzinpreise zu sparsameren Autos zu wechseln, spritsparender zu fahren, Kraftstoffe wie Biodiesel oder Erdgas einzusetzen, auf eine Mehrwertsteuererhöhung zu verzichten, verkürzte das Blatt auf die angebliche Trittin-Forderung „ab und zu das Auto stehen zu lassen". Während des Wahlkampfes schickt sie sogar einen Tag einen Reporter hinter mir her, der feststellen musste, dass ich von den 600 Kilometern des Tages 380 mit der Bahn gefahren und auch der Rest kein Benzin gekostet hatte, weil ich ein Erdgasfahrzeug nutzte. Die noch vor der Wahl gerichtlich erfolgreich durchgesetzten Gegendarstellungen in dieser Angelegenheit wurden erst nach der Bundestagwahl abgedruckt.

Dass Medien eigene Interessen verfolgen und damit politischen Druck erzeugen, ist kein Privileg des Boulevard oder der Springer-Presse. Die Serie von Titelgeschichten im *SPIEGEL* 2005 gegen Rot-Grün zeigen, dass es die Frontlinien im Lagerwahlkampf nicht mehr gibt, sondern dass populistische Orientierung, zunehmender Konkurrenzdruck und politischer Ehrgeiz verantwortlicher Chefredakteure zu einem politischen Faktor ohne demokratische Legitimation geworden sind. Aber auch diese Chefredakteure bekommen nicht die Regierung, die sie haben wollen, siehe oben.

„Macht macht Definitionsmacht"
Für eine Verschiebung von Stimmungen sind solche Vorstöße jedoch von erheblicher Bedeutung. So hat etwa die Titelgeschichte des *SPIEGELS* zum Dosenpfand die veröffentlichte Meinung im Lande ins Negative gekehrt, obwohl in allen Umfragen Zweidrittel- bis Dreiviertel-Mehrheiten das Pfand über all die Jahre bejahten. Selbstverständlich war Stefan Austs persönlich motivierter Feldzug in einem *SPIEGEL*-Titel gegen die Windenergie für die weitere Akzeptanz der Erneuerbaren Energien eine erhebliche Hürde. Dahinter standen aber nicht nur die persönlichen Vorlieben des Reiters Aust. Diese fielen zusammen mit den Interessen der vier großen Energiekonzerne, die ein beachtliches Anzeigenvolumen beim *SPIEGEL* haben, aber die Windenergie als lästige Konkurrenz ansehen. Ökonomische Macht sorgt auch für mächtige Kommunikation. Gerade die Energiepolitik ist ein Beispiel dafür.

Bis heute dürfte ein großer Teil der Bevölkerung den folgenden Satz für zutreffend halten: „Deutschland steigt aus der Atomenergie aus und bekommt dafür aus Frankreich billigen Atomstrom." Diese Behauptung in den Köpfen vieler Menschen verankert zu haben, ist eine bemerkenswerte Kommunikationsleistung. Dies gelingt nur über mächtige Verstärker und durch permanente Wiederholung.

Tatsächlich war dieser Satz schon vor dem Atomausstieg falsch, denn schon damals lagen die deutschen Stromerzeugungskapazitäten weit über der deutschen Nachfrage. Das ist heute, nachdem Rot-Grün drei der 20 Atomkraftwerke vom Netz genommen hat, aber gleichzeitig den Anteil von erneuerbar erzeugtem Strom von vier auf fast elf Prozent gesteigert hat, noch weniger zutreffend. Tatsächlich ist Deutschland heute Netto-Stromexporteur. Tatsächlich liefert Deutschland regelmäßig in heißen Sommern Strom nach Frankreich, weil dort wegen sinkender Wasserstände die Atomkraftwerke runter gefahren werden müssen, die Klimaanlagen aber hochgefahren werden, was unter anderem den 30 Prozent höheren Pro-Kopf-Stromverbrauch dort begründet.

Dass es gelungen ist, gegen solche eingängigen Vorurteile wie den billigen Atomstrom aus Frankreich eine breite Akzeptanz für den Atomausstieg zu erreichen, der die Betreiber zwang, ihre unbefristeten Genehmigungen auf 32 Jahre zu befristen, während anderswo eher auf 60 Jahre verlängert wurde, war möglich vor dem Hintergrund der Erfahrung einer Katastrophe wie Tschernobyl, den Erfahrungen mit der tatsächlichen Unsicherheit auch deutscher Kraftwerke sowie dem Nachweis, dass es Alternativen gibt.

Begleitet wurde dies mit einer Kommunikation, die bewusst auf Argumente, etwa in Form von Zeitungsbeilagen setzte. Und manchmal half auch der politische Gegner. Soviel Aufmerksamkeit, wie die Aufregung der CDU über die Veranstaltung zur Abschaltung von Stade im Hamburger Bahnhof erzeugte, konnten

wir mit den von uns dafür gebuchten Anzeigen nicht erreichen („Was macht Jürgen Trittin heute - abschalten").
Der Ausstieg war die Voraussetzung für die Energiewende zugunsten erneuerbarer Energien, Energiesparen und Energieeffizienz. Aber ohne die eingeleitete Energiewende wäre er nicht möglich gewesen. Hierbei half es, dass mit der dabei neu entstehenden Industrie der erneuerbaren Energien eine ökonomische Gegenmacht zu den Energiegroßkonzernen entstand. Plötzlich konnte man RWE, E-ON, VATTENFALL und EnBW die eigene Melodie vorspielen. Jahrelang hatte die Atomlobby gesetzt, dass Atomkraftwerke 40.000 Arbeitsplätze sicherten. Diese hatte sie zwar zuletzt kräftig abgebaut. Aber wir konnten sehr bald andere Zahlen dagegen setzen. Im Wahlkampf 2002 waren es rund 130.000, im Jahr 2005 sogar 160.000 Menschen, die im Bereich der Erneuerbaren Energien arbeiteten. Diese Zahlen gesetzt zu haben, ließ letztlich den konzentrierten Vorstoß des Rückdrehens der Energiewende scheitern, wie übrigens der Vorstoß der großen Handelskonzerne und Abfüller gegen Mehrweg daran scheiterte, dass das Dosenpfand unzähligen kleinen und mittelständischen Betrieben die Existenz und einigen Zehntausend Menschen die Arbeitsplätze sicherte.
Anders gesagt - legt sich die Regierung mit mächtigen Kapitalinteressen an, ist sie gut beraten, auch die Definitionsmacht über Begriffe im Auge zu haben. Das ist bei anderen Projekten nicht gelungen. Die - notwendige und richtige - Zusammenlegung von Arbeitslosenhilfe und Sozialhilfe *Hartz IV* zu nennen, das wäre Tony Blair nicht passiert.

Grüne haben an der Regierung gerade im Umweltbereich sehr viel von dem umgesetzt, wofür sie 1998 angetreten sind. Atomausstieg, Energiewende, Ökosteuer, Klimaschutz, Naturschutz und Hochwasserschutz. Sie haben sich dabei häufig auf breite gesellschaftliche Mehrheiten stützen können. Anders gesagt, die Grundlagen für ein erfolgreiches Regierungshandeln sind schon in der Opposition gelegt worden. Sie haben diese gesellschaftlichen Mehrheiten in der Regel in harter Konfrontation mit mächtigen ökonomischen Interessen durchsetzen müssen. Sie haben diese Konflikte für sich entscheiden können, weil es ihnen gelungen ist, in diesen Fragen den kommunikativen Diskurs zu bestimmen. Sie haben ihn oft so sehr bestimmt, dass ihnen nicht in der Sache, sondern auf der Ebene persönlicher Diffamierung geantwortet wurde. Insofern sind die Blutgrätschen von *BILD* und anderen auch Anerkennung der Diskurshoheit in der Sache. Für die Zukunft wird diese Herausforderung nicht einfacher. Gerade die großen umweltpolitischen Herausforderungen wie der Klimawandel und der fortschreitende Verlust biologischer Vielfalt machen es einer vorbeugenden Umweltpolitik schwerer, in einer zunehmend auf Events orientierten Öffentlichkeit für nachhaltige Veränderung Legitimation zu erzeugen.
Allerdings hat nach der Flut von New Orleans selbst *George W. Bush* sich zu der Äußerung hinreißen lassen, dass „wir süchtig nach Öl sind". Wie schwer es aber ist, aus Katastrophen Konsequenzen zu ziehen, möge man am deutschen

Hochwasserschutzgesetz erkennen, das erst drei Jahre nach der Jahrtausendflut den Bundesrat passierte und heute durch die Föderalismusreform wieder abgeschafft zu werden droht.
Dies verweist auf die wohl wichtigste Voraussetzung erfolgreicher Regierungskommunikation. Man muss nicht nur wissen, in welche Richtung man gehen möchte, man muss auch die Kondition haben, die Strecke zu absolvieren.

Diskussion

Ist der Aspekt der Bestimmung des kommunikativen Diskurses den GRÜNEN besonders gut gelungen?

Ich glaube, wir haben uns von unserem geschätzten Koalitionspartner dadurch unterschieden, dass die GRÜNEN als Partei für die Richtung, in die sie gehen wollten, identifizierbar waren. Das heißt, sie wurden identifiziert mit einer Politik der ökologischen Erneuerung, mit einer Politik *Mehr Rechte für Schwule und Lesben*, mit einer gegenüber Migranten und Flüchtlingen humanen Politikorientierung, mit einem Stück sozialer Gerechtigkeit, obwohl das Profil an dieser Stelle nicht so deutlich ist, wie vielleicht die Legitimation bei der Sozialdemokratie.
Interessant ist, wenn Sie Kompetenzzuweisung von anderen Parteien oder von Problemfeldern im Vergleich großer und kleiner Parteien sehen, dann ist es heute so, dass in diversen Umfragen den GRÜNEN eine Grundkompetenz im Bereich der Umweltpolitik quer zu allen Lagern zugewiesen wird, d.h. auch CDU-Politiker sehen das so. Und sie gelten als die kompetente Partei in der Energiepolitik. Das sagen christdemokratische wie freidemokratische wie sozialdemokratische und grüne Anhänger auch. Damit haben wir im Wettbewerb mit den anderen kleineren Parteien, also der Linkspartei und der FDP, ein Alleinstellungsmerkmal. Dieses Alleinstellungsmerkmal haben wir uns über unsere Gründungsgeschichte und in dieser Frage der Auseinandersetzung sehr hart erarbeitet. Die Zuweisung im Bereich Energiepolitik ist im Zusammenhang mit der Regierungsbeteiligung geschehen.
Dann haben wir in vielen Bereichen wirkliche gesellschaftliche Konsense vertreten, deshalb habe ich als Minister über repräsentative Umfragen öfter nachfragen lassen. Wenn Sie sich die berühmte Debatte um den Atomausstieg ansehen: GRÜNE wären immer dafür gewesen sofort auszusteigen. Dafür gab es in der Gesellschaft aber keine Mehrheit. Die Bevölkerung war dafür, dass wir uns von dieser Technologie schrittweise verabschieden, unter der Voraussetzung, dass unsere Energieversorgung dadurch nicht in Frage gestellt würde. Der Respekt über die Meinung in der Bevölkerung, die dann zu diesem nicht der ur-

sprünglich grünen Konzeption entsprechenden, aber dem Ziel des Ausstieges entsprechenden Weg der Politik geführt hat, das war meines Erachtens die Grundvoraussetzung, mit der man solche Konflikte bestehen kann.
Es gibt andere Bereiche, die oft schwieriger waren als dieser. Ich will nur auf ein Beispiel verweisen, wo sie generell als Umweltminister Probleme bekommen, egal welcher Partei sie angehören. Frau Merkel kann das Gleiche erzählen. Sie haben es als Umweltminister immer dann schwer, wenn sich Betriebsräte und Unternehmensleitungen verbünden. Das heißt nicht, dass sie diesen Konflikt verlieren müssen.
In diesen Tagen wird der neue nationale Allokationsplan für den Klimaschutz, also für den Zertifikatehandel über den Emissionshandel, verabschiedet. Gegen die Einführung des Emissionshandels haben damals in Nordrhein-Westfalen nicht nur Gewerkschaften und Unternehmen der Stahlbranche in einem Fackelzug demonstriert, sondern da waren dann der sozialdemokratische Landesvorstand ebenso wie der jetzige Bundesfinanzminister als Ministerpräsident dabei und auch der jetzige Ministerpräsident Rüttgers. Also eine richtige Allparteien-Präsenz. Wir haben das dennoch durchsetzen können, weil wir die Einführung dieses Instrumentes über eine europäische Rahmengesetzgebung abgesichert haben und an dieser Stelle Deutschland überhaupt nicht die Wahl hatte. Fundamentale Opposition war zu diesem Zeitpunkt nicht mehr möglich.
Es gibt andere Beispiele in diesem Bereich, die auch zeigen, dass die Argumentation, das schade dem Standort, häufig von Betriebsräten aufgegriffen wird. Bestes Beispiel aus meiner Amtszeit ist die Altauto-Verordnung. Damals durften wir einer Richtlinie nicht zustimmen, denn Deutschland musste Bestandteil einer *blocking minority* sein. Diese Richtlinie sah vor, dass 90 Prozent eines Fahrzeuges aus wieder verwertbaren Materialien bestehen muss und dass es eine kostenlose Rücknahmepflicht für Altautos gibt, d.h. man wollte vermeiden, dass, wie bisher, alte Autos aus Westeuropa auf dem Grund der Ostsee oder in Osteuropa entsorgt werden, sondern dass die Hersteller diese zurücknehmen. Die Richtlinie ist zunächst von der Sozialdemokratie nach Anruf von Herrn Piëch und Herrn Volkert, den manche von Ihnen jetzt auch durch die Boulevard-Berichterstattung über den Skandal, der VW umtreibt, kennen, gestoppt worden. Das hat am Ende aber nichts genutzt. Nach drei Monaten Verzögerung ist das Gesetz umgesetzt worden. Deutschland war sogar das Land, das als erstes die Richtlinie in eigenes nationales Recht umgesetzt hat.

Man konnte lesen, dass es bisweilen während ihrer Amtszeit Blutgrätschen aus dem Kanzleramt gegeben hat. Wie ist das Verhältnis zwischen einzelnen Ministerien und dem Bundeskanzleramt bzw. Bundespresseamt in Bezug auf Kampagnenführung?

Das Prinzip, was eine einheitliche Kommunikation, wie Sie das aus Unternehmen kennen, bei einer Regierung extrem behindert, ist das Ressortprinzip.

Selbstverständlich war es beispielsweise so, dass Frau Merkel in ihrer Zeit als Umweltministerin heftige Konflikte mit der chemischen Industrie hatte und die hatte sie zunächst mit dem Wirtschaftsministerium auszutragen. Das hat sich bei Rot-Grün nicht geändert und das ändert sich bei Rot-Schwarz auch nicht.
Das Ressortprinzip erschwert eine einheitliche Kommunikation bis dahin, dass in der Phase von Abstimmungen über einzelne Ressortentwürfe, wenn sie die nicht in einem sehr engen Dialog mit dem jeweiligen Minister führen, also quasi unter vier Augen, dann werden sie immer wieder erleben, dass aus solchen Ressortverhandlungen von dem jeweiligen Ressort Sachen an die entsprechende Presse durchgestochen werden. Die ganze Auseinandersetzung um den Emissionshandel war davon beidseitig geprägt. Wir haben das auch gemacht. Ich beschuldige nicht einseitig das Wirtschaftsministerium.
Dieser Mechanismus an genau dieser Stelle verhindert, dass sie eine glatte und durchgehende Kommunikation in einer Regierung haben, schlicht und ergreifend, weil es in den einzelnen Ressorts jenseits der Frage der Parteizugehörigkeit eine Ressortidentität und eine *corporate idenitity* gegeben hat. Ich habe das immer sehr unterstrichen, weil ein Mitarbeiter im Umweltministerium mit christdemokratischem Parteibuch in der Regel der Sache der Umweltpolitik verpflichtet war, während ein sozialdemokratischer Mitarbeiter im Wirtschaftsministerium zunächst im Interesse des Wirtschaftsministeriums handelte und nicht unbedingt dem Sozialstaat verpflichtet war.
Genau dieses Ressortprinzip, was alle modernen Regierungen stark prägt, der oft vergebliche Versuch des *stream lining* zwischen den *agencies* in diesem Bereich, der ist natürlich für sämtliche Störungen von Kommunikation anfällig.
Es gibt ganz wenige andere Fälle. Beispielsweise habe ich mit meinem Abteilungsleiter für Emissionsschutz und einem Unterabteilungsleiter aus dem Verkehrsministerium und Manfred Stolpe Punkt für Punkt bis in die Details in vier oder fünf Sitzungen das Fluglärmgesetz gemacht. Das haben wir relativ ungestört von solchen Einflüssen fertig stellen können. Das Gesetz ist dann wegen der Neuwahl 2005 von Rot-Grün nicht mehr verabschiedet worden. Es war aber so gut, dass es jetzt unter der großen Koalition 1:1 unverändert in die Gesetzgebung eingeflossen ist. Das habe ich als Kompliment gesehen.

Sie haben erzählt, wie Sie mit Erfolg die Fernsehkameras aus ihrer Privatwohnung verbannt haben. Ist es aber nicht so, dass viele ihrer Kollegen im Kampf um Aufmerksamkeit die Medien Einblick in ihr Privatleben nehmen lassen, weil das Fernsehen auf Unterhaltungsformate setzt und Politiker dieses bedienen wollen?

Ich habe den Eindruck, dass die Euphorie eines unbefangen-miteinander-Umgehens vorbei ist und das gilt für beide Seiten. Ich glaube, dass alle sehr nachdenklich geworden sind. Prominentes grünes Beispiel ist Joschka Fischer, der lange Zeit sehr offen war und dann nach einiger Zeit versucht hat, die Klap-

pe wieder zuzumachen. Das Beispiel von ihm zeigt, dass das nicht geht. Wenn sie das einmal zugelassen haben, dann haben sie ganz schlechte Karten wieder dicht zu machen Da ist der Grund, warum andere heute etwas zurückhaltender mit den Medien umgehen, auch wenn die Verlockung sich erstmal über einen solchen medialen Diskurs zu inszenieren, immer gegeben ist.
Ich würde einfach denjenigen, die meinen, auf diesem scheinbar leichten Weg mit dem Treibsatz des Boulevard in das Penthouse der Prominenz zu gelangen, nicht nur die Warnung vom Sturz vom Dach mitgeben, sondern auch die Empfehlung, schauen Sie mal nach Italien. Man kann ja über Prodi alles sagen, aber medial ist er der Super-Langweiler. Aber er ist dennoch nach einer sehr zugespitzten Auseinandersetzung gewählt worden, weil die Leute vier Jahre Boulevardisierung des gesamten Politikbetriebes durch Berlusconi satt hatten. Hinter dieser professionell betriebenen Boulevardisierung verschwanden ja sogar die schrecklichen Bestandteile von Berlusconis Politik, wenn Sie sich zum Beispiel die Lega Nord ansehen. Einen solch offenen Wohlstandschauvinismus gibt es in Deutschland überhaupt nicht. In Turin ist offizielle Programmatik, dass Sizilianer in Turin nicht krankenversorgt werden sollen und nicht zur Schule gehen sollen. Das läuft im Grunde genommen auf eine Spaltung des Landes hinaus. Und dennoch ist Berlusconi gegen „Professore Langeweiler" abgewählt worden. Insofern bin ich mir nicht sicher, ob das Rezept, möglichst in der gleichen Liga wie Boris Becker oder Ottfried Fischer spielen zu wollen, so vernünftig ist. Der Einzige, der das alles bislang unbeschadet überstanden hat, ist Franz Beckenbauer.

Ich habe eine Nachfrage zu der Andeutung über Tony Blair und zur Agenda 2010, dass Blair so etwas nie gemacht hätte. Was hat die Bundesregierung im Kommunikationsprozess falsch gemacht? Wo sehen Sie Verbesserungspotentiale?

In der britischen EU-Präsidentschaft stand die Frage der Deregulierung im Mittelpunkt, bei den Briten hieß das aber nicht *deregulation* sondern *better regulation*. Ich bin kein Anhänger der Deregulierung und kann deshalb nicht sagen, wie man solche Dinge klüger verkaufen sollte. An dieser Stelle ging es mir um Folgendes:
1998 trat der damalige Parteivorsitzende der SPD auf dem Bundesparteitag mit der Forderung auf, die Arbeitslosen- und Sozialhilfe zusammen zu legen, verbunden mit Restriktionen, die man heute nur noch von Roland Koch kennt. Dieser Parteivorsitzende der SPD, der ganz stolz in die Koalitionsrunde zurückkam und sagte, „da habe ich doch bei meiner eigenen Partei ein Tabu gebrochen", war Oskar Lafontaine und nicht Gerhard Schröder. Lafontaines Ansatz war, dass die steuerfinanzierte Absicherung von Menschen, die langzeitarbeitslos sind, nicht über eine Absicherung des Lebensstandards aufrecht erhalten werden kann, sondern dass neue Lösungen in einer Situation gefunden werden müssen,

in der wir zunehmend unstete Arbeitsverhältnisse haben, wo Arbeitslosigkeit zunehmend nicht durch Versicherungen abgedeckt ist. Ein Problem, das insbesondere alleinerziehende Frauen und junge Menschen betrifft und nicht mehr den typischen älteren Arbeitnehmer, der arbeitslos geworden ist. Man brauchte eine neue Form der Absicherung, bei der aber klar sein sollte, dass dies eine Basisabsicherung sein soll. Das war innerhalb von Rot-Grün und innerhalb der SPD bis hin zu Oskar Lafontaine schon 1999 offensichtlich.

Sie können sich einer solchen Fragestellung stellen, indem Sie schnell ein Gesetz machen. Sie können aber auch dieses Gesetz durch eine Form von Kommunikation vorbereiten, die das Problem deutlich macht. In dem Fall heißt das, man hätte die Frage stellen können, warum beispielsweise junge Mütter mit zwei Kindern, die nach einer Scheidung plötzlich arbeitslos geworden sind, vom Arbeitsamt direkt zum Sozialamt geschickt wurden ohne Anspruch auf Vermittlung. Sie können die Frage stellen, warum wir Menschen, die arbeitslos und arm geworden sind, unterschiedlich behandeln. Die einen behandeln wir nach dem Motto: „Ihr habt gearbeitet, ihr seid die besseren Armen" und zu den anderen sagen wir: „Ihr seid die ausgegrenzten Armen." Man hätte sich der Frage widmen können, warum schon zu diesem Zeitpunkt ein Großteil der Arbeitslosenhilfeempfänger einen Anspruch auf ergänzende Hilfe zum Leben hatte, also auf Sozialhilfe, weil die Arbeitslosenhilfe zu diesem Zeitpunkt so niedrig war. Das ist übrigens einer der Hauptgründe, warum die Kosten jetzt explodieren, die ganze verdeckte Armut, die früher dadurch gegeben war, dass die Leute ihr Recht auf Sozialhilfe nicht in Anspruch genommen haben und jetzt *ALG II* in Anspruch nehmen.

All dies hätte man von Beginn an kommunizieren können. Stattdessen haben wir einen Diskurs geführt, der im Wesentlichen darauf beruht hat, dass wir die Abzockerei stoppen, die hier stattfindet und die es tatsächlich aber kaum gegeben hat bzw. nicht das eigentliche Problem war. Bei einem solchen kommunikativen Prozess hätte Tony Blair sicher ein schöneres Wort gefunden als *Hartz IV*.

Tony Blair hat in der Präsidentschaft Großbritanniens innerhalb der G 8 im letzten Jahr einen großen Punkt gesetzt, nicht nur in der Hilfe für Afrika, sondern insbesondere auch im Klimaschutz. Die G 8-Staaten sollten Vorreiter werden bei *clean energy* und sich endlich ihrer Verantwortung für den Klimaschutz bewusst werden. Da hat er am Anfang sehr viel Lob von Umweltverbänden bekommen für dieses klare *commitment*. Am Ende stellte sich heraus, worauf dieses *commitment* zielte. Großbritannien hatte ein gar nicht globales, sondern ein veritables hausgemachtes Problem. Durch den nicht hinreichenden Ausbau von erneuerbaren Kapazitäten und die versiegenden Nordseegasquellen bekommt Großbritannien ein Versorgungsproblem. Die ganze Klimakampagne von Blair zielte also darauf, innerhalb des Landes eine Akzeptanz für den Neubau der mit entsprechenden Subventionen bezuschussten Nuklearenergie zu erzeugen. Deshalb auch der schöne Begriff *clean energy* und nicht *renewable energy*. Ich kann ihnen also auch für schlechte Politik gute Kommunikationsbeispiele geben.

Aber wir haben in Deutschland natürlich auch gute Politik und gute Kommunikation hingekriegt, auch wenn diese Kommunikation immer ein Stück Konfliktkommunikation gewesen ist.
Ein Beispiel: Man muss sich klar machen, dass der Betrieb eines abgeschriebenen Atomkraftwerkes jährlich in die Kasse des Betreibers bis zu eine Milliarde Euro weniger bringt. Dass Sie so etwas ganz einfach im Sinne des Konsenses hinbekommen und der Umweltminister dann *everybodys darling* wird, das halte ich für eine vergebliche Hoffnung. Das wird man mit den besten Begrifflichkeiten nicht hinkriegen.
Im Bereich der Energiewende ist die Regierungskommunikation in weiten Teilen geglückt, weil wir an dieser Stalle nachweisen konnten, was an *win-win-Optionen* da ist. Das hat auch damit zu tun, dass nach anfänglichen Schwierigkeiten und Konflikten sich beide Koalitionspartner, die GRÜNEN wie auch die Sozialdemokraten, bewegt haben. Als wir diesen Weg gefunden hatten, gab es in dieser Frage auch keine Störfeuer mehr.

Josef Klein
Univ.-Präs. a.D., Gutachter Bertelsmann-Stiftung

Grenzen der Reformkommunikation am Beispiel der Agenda 2010

Josef Klein wurde 1940 in Stolberg (Nordrhein-Westfalen) geboren. Er hat Germanistik, Politische Wissenschaften sowie Klassische Philologie studiert und schließlich an der Philosophischen Fakultät der RWTH Aachen promoviert. Von 1972 bis 1976 war er Mitglied des Bundestages. 1985 erfolgte die Habilitation an der RWTH Aachen. Von 1987 bis 1993 war Klein Pressesprecher der Deutschen Gesellschaft für Sprachwissenschaft. 1991 war er außerdem als Gastprofessor an der Universität Leiden (Niederlande) tätig. Seit 1992 ist Josef Klein Universitätsprofessor am Institut für Germanistik der Universität Koblenz-Landau. Dort war er von 2000 bis 2005 Präsident. Zudem engagiert er sich als Autor, Referent und Berater für verschiedene Medieneinrichtungen, u.a. für das ZDF und die Süddeutsche Zeitung, sowie als Gutachter u.a. für das Institut für deutschen Wirtschaft und die Bertelsmann-Stiftung.

Namen sind in der Politik nicht Schall und Rauch. Zentrale Programmwörter können begeistern oder kalt lassen. Agenda 2010 hat das Gros der Menschen kalt gelassen. Für eine bedeutende Minderheit wurde der Begriff - neben Hartz IV - zum Reiz- und Hasswort der zweiten Regierungsperiode Schröder.

Es geht in diesem Vortrag nicht um das Gesamtspektrum rot-grüner Reformpolitik, sondern ausschließlich um die so genannten Reformen im Bereich der Wirtschafts-, Arbeitsmarkt- und Sozialpolitik, die vor allem Bundeskanzler Schröder selbst unter der Bezeichnung „Agenda 2010" ab März 2003 vorangetrieben hat. Der Titel der Ringvorlesung lautet: „Macht und Medien". Mag sein, dass hier zuvor Positionen vertreten worden sind, die die eigentliche Macht bei den Medien sehen oder die die unmittelbare Kommunikation zwischen politischer Führung und den führenden Medien für die entscheidende Machtachse halten. Die letzten Jahre von Rot-Grün zeigen allerdings, dass innerparteiliche Machtlagen und innerparteiliche Kommunikation mindestens so entscheidend sind für das öffentliche Bild und für die längerfristigen Machtchancen von Politik.
Ich beginne mit einem Überblick über die Abläufe und Abfolgen in Sachen Agenda 2010. Kanzler Schröder hatte 1998 kurz nach seinem Amtsantritt die erfolgreiche Bekämpfung der Massenarbeitslosigkeit zur Messlatte für seine Regierung erklärt. Das bedeutete für ihn wie für den Mainstream in Wirtschaft, Wirtschaftswissenschaft und Publizistik, der Wirtschaft mehr Spielraum für

Wachstum zu geben sowie Staat und Sozialversicherungen im Bereich der Subventionen und vor allem der Sozialtransfers zu entlasten. Um Lösungen zu erarbeiten, umgeht Schröder zunächst das Parlament und schlägt korporatistische Wege ein, mit dem „Bündnis für Arbeit", in der Hoffnung, Gewerkschaften und Wirtschaft werden sich schon einigen, anschließend in der so genannten „Hartz-Kommission". Erst als das „Bündnis für Arbeit" scheitert und als deutlich wird, dass die Empfehlungen der so genannten „Hartz-Kommission" nur ein enges arbeitsmarktpolitisches Spektrum betreffen, legt er im März 2003 mit der *Agenda 2010* das zentrale Reformstück seiner Regierungszeit vor. Es war weder durch Parteitags- oder Gremienbeschlüsse noch durch die Wahlprogramme von SPD und GRÜNEN bei der vorangegangenen Bundestagswahl 2002 gedeckt.

Am 14. März 2003 verkündet der Kanzler die *Agenda 2010* im Bundestag, ohne dass parlamentarische Durchsetzung, Zustimmung der Koalitionsparteien und Akzeptanz in der Wählerschaft gesichert sind. In der überraschten SPD sind viele irritiert und manche bestürzt. Während sich die GRÜNEN bei der Durchsetzung der Agenda-Reformen durchweg kooperativ verhalten, werden die Durchsetzung in der SPD und die Auseinandersetzung mit ihrem politischen Umfeld zu einem Modellfall konfliktbestimmter Kommunikation.

Die Konflikte mit der eigenen Partei und deren Umfeld spielen sich, zeitlich gestaffelt, in unterschiedlichen Arenen ab: Bis Mitte 2003 bei Regionalkonferenzen und einem Sonderparteitag vornehmlich in der Partei, von Mitte bis Ende 2003 in der SPD-Fraktion - Abstimmungen im Bundestag stehen an, Kompromisse mit der Union im Vermittlungsausschuss. Schröder und seine Mitstreiter - an der Spitze Wolfgang Clement und Olaf Scholz - sind, wenn auch mit Mühe, noch in der Offensive. Es gelingt im Wesentlichen, die Reformvorhaben in Gesetze umzusetzen. Doch das Gros der Partei folgt lustlos und ist nicht bereit, die Reformpolitik offensiv zu vertreten.

2004 geraten der Kanzler und seine Partei in die Defensive. Die Zahl der Arbeitslosen steigt im Februar auf die Rekordmarke von 4,7 Millionen. Schröder gibt den Parteivorsitz auf. Die zahlreichen Wahlen dieses Jahres gehen sämtlich für die SPD verloren. Es gibt nun neue Arenen der Auseinandersetzung. Sie liegen im unmittelbaren Umfeld der SPD. Unter führender Beteiligung der Gewerkschaften und abtrünnig gewordener Sozialdemokraten, die sich mehr und mehr in der WASG organisieren, kommt es zu Massenprotesten gegen die beschlossenen Reformgesetze, insbesondere gegen *Hartz IV*.

Zu Beginn des Jahres 2005 tritt *Hartz IV* mit der Zusammenlegung von Arbeitslosen- und Sozialhilfe in Kraft. Die Bundesregierung hat die Öffentlichkeit nicht darauf vorbereitet, dass die Zahl der Arbeitslosen damit statistisch bedingt um mehrere Hunderttausend in die Höhe schnellt - ein unverzeihlicher Kommunikationsfehler. Die Fünf-Millionen-Grenze wird überschritten. Die Wirkung für das Ansehen der Regierung ist verheerend. Im Februar gehen die Landtagswahlen in Schleswig-Holstein für Rot-Grün verloren. Außenminister Fischer gerät in die „Visa-Affäre". In der SPD-Bundestagsfraktion kündigt sich - im Falle des Verlustes von NRW unwiderruflich - das Rollback in Sachen Reformpolitik an. Die

NRW-Wahl am 22.05.2005 geht verloren. Um mit Reformanspruch weiter zu regieren, reicht das Vertrauen in den eigenen Reihen nicht mehr. Schröder und Müntefering flüchten in Neuwahlen. Der Wahlkampf ist nicht nur ein Zweikampf Schröder-Merkel. Er wird auch zur Arena für die Auseinandersetzung des Agenda-feindlichen Bündnisses aus PDS und WASG mit der SPD und ihrem Kanzler. Dieses Bündnis bekommt die Stimmen, die Schröder zum Weiterregieren fehlen. Insofern wird Schröder als der, der die Agenda-Reformen durchgekämpft hat, selber Opfer dieses Kampfes.

Nun zur *Agenda 2010* im Einzelnen. Schröder stellt sein Reformprogramm am 14. März 2003 in einer Regierungserklärung im Bundestag vor. Er tauft es dabei auf den Namen „Agenda 2010". Namen sind in der Politik nicht Schall und Rauch. Zentrale Programmwörter können begeistern oder kalt lassen. *Agenda 2010* hat das Gros der Menschen kalt gelassen. Für eine bedeutende Minderheit wurde der Begriff - neben *Hartz IV* - zum Reiz- und Hasswort der zweiten Regierungsperiode Schröder.

Der Ausdruck *Agenda* in Verbindung mit einer Jahres- oder Jahrhundertzahl als Bezeichnung für ein politisches Großvorhaben ist nicht neu. So wurde auf der Umweltkonferenz von Rio 1992 die *Agenda 21* beschlossen. Wenig später nannte die EU ihre Perspektivplanung *Agenda 2000*. Das sind internationale Programme. Die Benutzer dieser Bezeichnungen sind im Wesentlichen Berufspolitiker, Diplomaten und Spitzenbeamte.

Für die Bezeichnung „Agenda 2010" herrschen andere Gebrauchsbedingungen: Adressaten sind die Bürger und Bürgerinnen Deutschlands in ihrer Gesamtheit. Hier ist allgemeinverständliches Deutsch gefragt, nicht fachsprachliches Englisch. Damit war der unmittelbare identifikatorische Zugang per Sprache zu dem Projekt verbaut.

2010, der zweite Bestand der Wortschöpfung, bietet - anders als der Bestandteil *Agenda* - eigentlich gute Verständlichkeitschancen. Denn das ist ja eine Jahreszahl. Sie bezeichnet das Jahr, in dem die Reformen Deutschland in Europa *wieder an die Spitze* gebracht haben sollen. Aber merkwürdigerweise nutzt der Kanzler diese Verständlichkeitschance nicht. Er spricht *2010* nicht als Jahreszahl *Zweitausendzehn*, sondern wie eine x-beliebige Nummer aus: *Zwanzigzehn*. Damit wird der politische Sinn des Zahlwortgebrauchs unhörbar und unverständlich *Agenda zwanzigzehn* - das dürfte für den klassischen SPD-Wähler, Facharbeiter oder Frührentner um die 60, geklungen haben wie ein neumodischer Artikel mit Bestellnummer aus dem Versandhaus-Katalog.

Allerdings: Unbekannte Wörter können auch Neugier provozieren. Wäre es gelungen, mit der rätselhaften Vokabel die öffentliche Aufmerksamkeit zu nutzen, um Verstand und Herz zumindest der politisch interessierten Teile der Bevölkerung für das Konzept zu gewinnen, hätte *Agenda 2010* ein mit Zuversichtsgefühlen verbundenes politisches Positiv-Schlagwort werden können. Das hätte allerdings dreierlei vorausgesetzt: Erstens die uneingeschränkte Unterstützung in den eigenen Reihen mit der Parteibasis als Multiplikator, zweitens eine mitreißende Präsentation der *Agenda 2010* durch Schröder selbst und drittens - als Verstärker

- eine breit angelegte PR-Kampagne aus einem Guss. Keine dieser Voraussetzungen war gegeben. Schauen wir uns das näher an:
Zum ersten Punkt, dem Problem der Unterstützung in den eigenen Reihen. Meine These lautet: Schröder kündigt mit der *Agenda 2010* nicht nur einige unpopuläre und daher für Regierungsfraktionen nicht leicht mitzutragende Maßnahmen x-beliebiger Art an, sondern er trifft damit zentrale Teile der SPD-Tradition. Er betreibt eine Frame-Kollision - „Frame", das ist die politolinguistische Bezeichnung für tief sitzende Grundorientierungen politischer Gruppierungen, die vor allem in der Sprache zum Ausdruck kommen: In Begriffen und sprachlichen Bildern, in Stereotypen und Tabuisierungen, in direkten und indirekten Sprechakten.

Agenda 2010 - vereinfacht formuliert: Eine Kombination aus Rheinischem Kapitalismus und Marktliberalismus - wurde von vielen erlebt als Rütteln an sozialdemokratischen Grundorientierungen. Deren Kernbestand besteht aus Vorstellungen und Werthaltungen erstens zur Gesellschaftsstruktur, zweitens zum politischen Prozess und drittens zum politischen Auftrag: Im Gesellschaftsbild des sozialdemokratischen Traditions-Frame überlagern sich Vorstellungen von pluralistischer und hierarchischer Struktur, verknüpft mit polarer Verteilung von Identifikation und Distanz: Positiv und identifikatorisch werden Gruppen gesehen, die in einer dualen Konstellation als schwächerer Part gelten, insbesondere Arbeitnehmer im Verhältnis zu Arbeitgebern, Frauen im Verhältnis zu Männern, Mieter im Verhältnis zu Vermietern usw., oder die im Spektrum der gängigen gesellschaftlichen Hierarchie-Stereotypen im unteren Bereich der Hierarchie angesiedelt werden: Rentner, Behinderte, Arbeitslose, Sozialhilfeempfänger usw. Distanziert und eher negativ werden Gruppen gesehen, die dem oberen Bereich der gesellschaftlichen Hierarchie zugerechnet werden. Um nicht in direkte Konfrontation mit präzis bezeichneten Gruppen zu kommen, werden sie meist vage als "die Wirtschaft", als "starke Schultern" und ähnlich bezeichnet.

Der politische Prozess, vor allem soweit er in sozialdemokratischer Verantwortung liegt, wird grundsätzlich als Fortschritt im Sinne eines Immer-Besser für die identifikatorisch empfundenen Gruppen gesehen.

Als politischer Auftrag wird gesehen, *soziale Gerechtigkeit* - dies ist das zentrale Hochwertschlagwort - insbesondere durch Ausbau des Sozialstaats herzustellen, indem die Position der positiv-identifikatorisch bewerteten Gruppen nicht im Vertrauen auf Eigenverantwortung, sondern staatlicherseits materiell und rechtlich gestärkt wird. Diesbezüglich positiv besetzte Schlagwörter sind z.B. *Freiheit der Vielen, Wohlstand für alle, Anspruch, Teilhabe, Mitbestimmung, Emanzipation.* Dagegen ist die Position distanziert betrachteter Gruppen - gegebenenfalls - zu beschneiden. Stichwort: *Abbau von Privilegien und Ähnliches.*

Schröder bricht hier tief sitzende Tabus seiner Partei, wenn er in der Agenda-Rede im Bundestag Sätze wie diese sagt:

„Wir werden Leistungen des Staates kürzen, Eigenverantwortung fördern und mehr Eigenleistung von jedem Einzelnen abfordern müssen."

„Die Struktur unserer Sozialsysteme ist seit fünfzig Jahren praktisch unverändert geblieben. An manchen Stellen, etwa bei der Belastung der Arbeitskosten, führen Instrumente der sozialen Sicherheit heute sogar zu Ungerechtigkeiten."
„Wir müssen auch über das System unserer Hilfen nachdenken und uns fragen: Sind die sozialen Hilfen wirklich Hilfen für die, die sie brauchen?"
„...ist der Grund, warum wir die Arbeitslosen- und Sozialhilfe zusammenlegen werden, und zwar einheitlich auf einer Höhe – auch das gilt es auszusprechen -, die in der Regel dem Niveau der Sozialhilfe entsprechen wird."
„Niemandem aber wird künftig gestattet sein, sich zulasten der Gemeinschaft zurückzulehnen. Wer zumutbare Arbeit ablehnt - und wir werden die Zumutbarkeitskriterien verändern -, der wird mit Sanktionen rechnen müssen."
„...es wird unausweichlich nötig sein, Ansprüche und Leistungen zu streichen, Ansprüche und Leistungen, die schon heute die Jüngeren über Gebühr belasten und unserem Land Zukunftschancen verbauen."
„Diesem Recht" - in diesem Fall Jugendlicher auf Ausbildung - „ ... entspricht allerdings die Pflicht, zumutbare Angebote auch anzunehmen. Geschieht das nicht, wird das zu Sanktionen führen müssen."

Der Kanzler wusste, dass er mit solchen Äußerungen sozialdemokratische Tabus verletzte. Auf dem der Führung abgenötigten Sonderparteitag am 1. Juni 2003 beschwört er die Delegierten, „dass wir den Mut haben müssen, die Wahrheit auszusprechen". Und er warnt: „Wir müssen das begreifen: Wer versucht, die Realität zu verdrängen, den drängt die Realität beiseite". So redet jemand, der davon ausgeht, für viele seiner Zuhörer sei die Wahrheit bislang ein Tabu. Schröder erhält vom Parteitag die notwendige Mehrheit. Da stellt sich die Frage: Warum eine so undemokratische Reihenfolge: zuerst die Verkündung des Reformkonzepts in Form einer Regierungserklärung und erst im Nachhinein ein entsprechender Parteitagsbeschluss? Die Antwort hat mir Wolfgang Clement, Wirtschafts- und Arbeitsminister im Kabinett Schröder, gleichzeitig Stellvertretender SPD-Vorsitzender, in einem freimütigen Interview gegeben: „Wenn Schröder die Agenda in der Partei oder der Fraktion vorher ausführlich zur Diskussion gestellt hätte, wären wir nicht durchgekommen. Wir sind nur durchgekommen, weil mit der Agenda-Erklärung im Bundestag Fakten gesetzt waren. Darum - und auch weil die Lage leider erst so spät erkannt wurde - war der 'Basta-Stil' hier fast unabweisbar notwendig." Mit dem Sonderparteitag waren die sozialdemokratischen Kommunikationsprobleme keineswegs bereinigt. Sie waren und blieben Machtprobleme, die schließlich in die Flucht des Kanzlers in Neuwahlen mündeten.
Die Medien konnten und wollten die innerparteilichen Schwierigkeiten - neben den politischen Defiziten vor allem bei der Bekämpfung der Massenarbeitslosigkeit - nicht verschweigen. Schröder, früher das verwöhnte Lieblingskind der Medien, hat ihnen das übel genommen. Aber wie hätten Medien, für die innerparteiliche Konflikte seit jeher ein vorrangiges Nachrichtenthema sind, das unter den Teppich kehren sollen?

Zum zweiten Schwachpunkt der *Agenda*-Kommunikation: ihre Präsentation gegenüber der Öffentlichkeit. Schröders Regierungserklärung hatte die Form eines Katalogs vieler Dutzend Einzelmaßnahmen. Von der Riester-Rente bis zur jährlichen Erhöhung des Forschungshaushaltes um drei Prozent werden 66 Einzelmaßnahmen aufgeführt, darunter brisante und nicht-brisante und zwölf schon beschlossene. Der rhetorischen Qualität einer Rede tut Katalogstil nicht gut. Da kann sich kein Spannungsbogen aufbauen, der 85 Minuten trägt. Das kann man nicht in freier Rede extemporieren. Da ist man ständig auf ein ausformuliertes Manuskript angewiesen. Emotion kann sich nicht entfalten und Pathos wirkt deplaziert, weil Leidenschaftlichkeit, will sie nicht lächerlich wirken, sich nicht an dutzenderlei Themen und Details festmachen lässt. Für ausführliche Begründungen und für die Entwicklung - also nicht nur für die bloße Nennung - eines Leitgedankens bleibt beim Katalogstil wenig Platz.

Man fragt sich: Warum keine Blut-Schweiß-und-Tränen-Rede oder zumindest eine Zuversichts-Rede, wo an wenigen exemplarischen Maßnahmen - nicht an dutzenden - gezeigt wird, wozu Deutschland fähig sein könnte? In den Medien wäre Schröder damit sicherlich besser angekommen. Dennoch hat seine Wahl des Redetyps ihre eigene Ratio. Wenn man näher hinschaut, trifft man auf ein Lehrstück in Sachen politische Kommunikation unter schwierigen, hoch komplexen Bedingungen. Dabei spielen drei Aspekte eine Rolle:

Erstens: Regierungserklärungen im Katalogstil sind üblich bei der Verkündung des Regierungsprogramms am Anfang einer Legislaturperiode. Insofern setzt Schröder hier ein Signal des Neubeginns - und korrigiert damit die Regierungserklärung vom Oktober 2002 nach der knapp gewonnenen Bundestagswahl.

Zweitens: In Regierungserklärungen des Katalogtyps geht es primär darum zu verkünden, was zu tun ist. Da bleibt wenig Raum zum Erklären, warum man es zu tun beabsichtigt. Damit erspart sich der Bundeskanzler weitgehend das Legitimieren seiner Agenda und damit ein Risiko: Abgesehen davon, dass dies Schröders Neigung zum so genannten 'Basta-Stil` entgegenkommen mag, sind legitimierende Sprechhandlungen dann prekär, wenn zweifelhaft ist, ob eine gemeinsame Argumentationsbasis mit den Adressaten in den Grundüberzeugungen besteht. Schröder konnte sich da vor allem bei vielen SPD-Abgeordneten nicht sicher sein. Die Gefahr unkalkulierbarer Negativ-Reaktion aus den eigenen Reihen - womöglich vor den Augen und Ohren des Fernsehpublikums - wäre nicht auszuschließen gewesen. Damit kommen wir zum dritten und vielleicht wichtigsten Grund für die Wahl des Katalogmusters:

Es gilt, mit einer solchen Rede Akzeptanz in der so genannten "breiten Öffentlichkeit" zu erlangen und gleichzeitig Rückhalt in den Regierungsfraktionen zu demonstrieren. Der Bundeskanzler stellt seinem Programm als Hauptbotschaft schnörkellos voran:

„Wir werden die Leistungen des Staates kürzen, Eigenverantwortung fördern und mehr Eigenleistung von jedem Einzelnen abfordern müssen." Damit gibt Schröder das Signal, auf das der größere Teil der Öffentlichkeit wartet und das der Rede breite Resonanz sichert. Doch der so eingeleitete Katalog enthält, was die Quantität betrifft, in erster Linie Maßnahmen ohne staatliche Leistungskürzungen und ohne Abforderung stärkerer Eigenleistung des Einzelnen: Von der „sofortigen Befreiung der Gemeinden ... von ihrem Beitrag zur Finanzierung des Flutopferfonds" bis zur „radikalen Vereinfachung beim Steuerrecht für Kleinstbetriebe" werden mehr als 50 Einzelmaßnahmen angeführt, die man alltagssprachlich eher unter der Rubrik 'Wohltaten' als unter der Überschrift 'Zumutungen' einordnen würde.

Nur eine kleine Anzahl der angekündigten Maßnahmen enthält die avisierten Zumutungen im Bereich der Arbeits- und Sozialpolitik. Es sind genau fünf: die Zusammenlegung der „Arbeitslosen- und Sozialhilfe ... in der Regel (auf) dem Niveau der Sozialhilfe", die Verschärfung der „Zumutbarkeitskriterien für die Aufnahme zumutbarer Arbeit durch Arbeitslose", die Einschränkung des Kündigungsschutzes in „Kleinbetrieben mit mehr als fünf Mitarbeiterinnen und Mitarbeitern", die Begrenzung der Bezugsdauer beim „Arbeitslosengeld für die unter 55-jährigen auf zwölf Monate und für die über 50-Jährigen auf 18 Monate" sowie im Bereich des Gesundheitswesens „differenzierte Praxisgebühren".

Da stellt sich die Frage: Wenn die sozialen Zumutungen die Hauptbotschaft sind, warum erfolgt dann eine so ausgedehnte Thematisierung einer Vielzahl anderer Einzelmaßnahmen?

Als 'groß' angekündigte Parlamentsreden von Regierungschefs und Parteiführern pflegen als Kollektiverlebnis der Regierungsfraktionen inszeniert zu werden. Da gehört zum Ritual unbedingt der dichte redebegleitende Applaus. Bliebe der aus oder wäre nur spärlich, so käme das fast einem Misstrauensvotum gleich. Es war klar: Dort, wo Schröder 'Zumutungen' im sozialen Bereich verkünden würde, konnte er mit Applaus aus den eigenen Reihen kaum rechnen. Der Katalogtypus bietet da einen sicheren Ausweg. Mehr als ein halbes Hundert Einzelmaßnahmen anzupreisen, hinter denen die Regierungsfraktionen geschlossen stehen, das sichert kontinuierlichen Applaus: 135 Mal in 85 Minuten. Aufgezählt oft in Form des anaphorischen „wir haben ..." und „wir werden ..." löst jede Einzelmaßnahme geradezu automatisch den Beifall von Regierungsfraktionen eines Arbeitsparlaments aus, dessen Abgeordnete in Parlamentsausschüssen, Fraktions- oder Parteikommissionen mit diesen Maßnahmen in vielfältiger Weise befasst sind oder waren.

Video-Aufnahmen und Parlamentsprotokoll verraten allerdings: Die Inszenierung bleibt nicht ohne Brüche. Wo Schröder die 'Zumutungen' anspricht, bleibt Beifall in der Tat dünn oder ganz aus. Von aufmerksamen Oppositionsabgeordneten wird das bemerkt. Es gibt hämische Zwischenrufe: „Helle Begeisterung bei den Roten!" und „Wo bleibt der Beifall?".

Der Schlussapplaus für Schröder liegt mit anderthalb Minuten unter dem üblichen Ovationsniveau. Als die TV-Kameras nach der Rede das Auditorium zeigen, sieht man, dass einige Abgeordnete der SPD sich nicht erhoben haben und dass nicht alle, die stehen, die Hände bewegen. Mir hat der SPD-Abgeordnete und Parlamentarische Staatssekretär im Bundesministerium für Verkehr, Bau- und Wohnungswesen in den Regierungen Schröder und Merkel, Achim Großmann, in einem Interview zur Situation der SPD-Fraktion während der Agenda-Rede gesagt: „Wir haben da gesessen und für uns war alles neu. In der Fraktion hatten wir vorher nur Bröckchen gehört. Wenn die Kamera, statt den Kanzler zu zeigen, die SPD-Fraktion gezeigt hätte, hätte man in manchen Gesichtern das pure Grauen gesehen. Einige Flügel in der Fraktion hatte es voll erwischt. Es war klar: Jetzt geht es in der Fraktion richtig los. Jetzt wird es kontrovers". Nur die Tatsache, dass den Abgeordneten nichts anderes übrig blieb, als bei den allermeisten Punkten des Katalogs sich sozusagen selbst Beifall zu spenden, ließ diese Tatsache nicht allzu auffällig werden.

Wie war die Medienresonanz? Die 'Umgebung' des Bundeskanzlers hatte in den Wochen zuvor höchste politische und rhetorische Erwartungen auf die „ganz große Rede" geweckt, wie die *taz* schrieb. Das entpuppte sich als wenig professionell. Unerfüllbar hohe Erwartungen anzuheizen bringt zwar erhöhte Aufmerksamkeit, rächt sich aber bei Berichterstattung und Kommentierung. Die Auswertungsagentur „Medientenor" ermittelte als Resonanz in den Fernsehnachrichten am 14. März und bei den überregionalen Tageszeitungen am 15. März gut zweieinhalbmal mehr negative als positive Aussagen in der Berichterstattung und sogar dreimal so viele Negativ- als Positivwertungen in den Kommentaren. Dabei fokussierten die Medien übrigens weitgehend das, was Schröder selbst als zentral hervorgehoben hatte: Die sozialstaatlichen Umbaumaßnahmen.

Schröder war es mit der Rede nicht gelungen, die seit Jahren bestehende Kluft zwischen Reformgegnerschaft und Reformbefürwortung zu überwinden. Die Stimmen, denen er mit seinem *Agenda*-Konzept der moderaten Reformen zu weit ging, und die, denen er nicht einschneidend genug war, addierten sich, verstärkt durch Kritiker der rhetorischen 'Performance`, zu einem klaren Übergewicht der Negativ-Resonanz. Zur Performance nur eine durchaus typische Stimme, hier die eines vormaligen Parlamentarischen Staatssekretärs in der ersten Regierung Schröder, Siegmar Mosdorf, am 18.März in *Die Welt*:
„Dem nüchternen Werkstattbericht Schröders mit der Bezeichnung konkreter Bauteile und konkreter Baufortschritte fehlt jedoch das 'grand design`. ... Es sind der Not gehorchende Schritte. Deshalb fehlt es an Identität, an Engagement."

Noch ein Wort zur regierungsamtlichen Öffentlichkeitsarbeit. Die erste Kampagne für die *Agenda* startete - kaum zu glauben - erst im August 2003, fünf Monate nach der Bundestagsrede. Kurz zuvor hatten eine Pro-*Hartz*-Kampagne des Wirtschafts- und Arbeitsministeriums und eine Kampagne des Gesundheitsministeriums zur Gesundheitsreform begonnen - weder untereinander noch mit der *Agenda*-PR abgestimmt. Die Vielfalt der *Agenda*-Felder führte bei Anzeigen und Plakaten zu einem breiten Themenspektrum ohne die Chance der Durchschlagskraft einer fokussierten etatstarken Kampagne. Die textliche und optische Qualität ließ viele Wünsche offen. Dasselbe gilt für die finanziell nochmals deutlich schwächere Öffentlichkeitsarbeit der SPD, die im Wesentlichen aus einigen Themen-Faltblättern von bescheidener werblicher Qualität bestand. Man könnte die Mängelliste zur PR weiterführen. Ich will das nicht vertiefen.

Lassen Sie mich ein wenig näher auf Rolle und Qualität der Sprache im *Agenda-2010*-Diskurs eingehen. Wenn man sich in den wirtschafts- und sozialpolitischen Auseinandersetzungen des letzten Jahrzehnts umschaut, so finden wir den eigentlichen Kontrast zur traditionellen sozialdemokratischen Begriffswelt bei den Vertretern des Marktliberalismus. Sie verwenden ein wertpolares Schlagwortarsenal mit charakteristischen Positiv- und Negativ-Begriffen. Die positiven, das sind vor allem: *Freiheit, Wettbewerb, Wettbewerbsfähigkeit, Eigenverantwortung, Globalisierung, Sicherung des Standorts Deutschland, Deregulierung, Entbürokratisierung, Flexibilisierung, Privatisierung, schlanker Staat.* Negativ-Begriffe zur Stigmatisierung der bestehenden bundesrepublikanischen Verhältnisse sind: *Versorgungsstaat, Gefährdung der Wettbewerbsfähigkeit, Gleichmacherei, Neidkultur, Überregulierung*.

Die Sprache der Modernisierer in der SPD um Schröder stellt einen Mix aus sozialdemokratischer Traditionssprache mit den zentralen Hochwertwörtern *soziale Gerechtigkeit* und *Solidarität* einerseits und den meisten Positivbegriffen des marktliberalen Begriffsnetzes dar. Es mag politisch sinnvoll sein, in schwieriger Situation Ausgleich und Kompromiss zwischen ideologischen Kontrast-Konzepten zu suchen. Die an Ecken und Kanten abgeschliffene politische Mischsprache, die dabei herauskommt, verleiht allerdings wenig Motivation zur Identifikation. Der *Agenda*-Sprache fehlte kommunikative Strahl- und Kampfkraft. In der Medienöffentlichkeit ging sie unter im Schwall der Schlagzeilen beherrschenden Reizwörter der Jahre 2003 bis 2005, die allesamt das Scheitern von Reformprojekten suggerierten: *LKW-Maut, Dosenpfand, Rechtschreibreform, Zuzahlung, Praxisgebühr*, immer wieder *Hartz IV* und schließlich: *Fünf Millionen Arbeitslose.*

Apropos *Hartz:* Noch einige Bemerkungen zur so genannten *Hartz-Sprache.* Nach Aufdeckung des so genannten Vermittlungsskandals der Bundesanstalt für Arbeit hatte die Bundesregierung die *Hartz-Kommission* - offiziell: „*Kommission Moderne Dienstleistungen am Arbeitsmarkt*" - eingesetzt und deren Empfehlungen weitgehend übernommen, auch als Teil der *Agenda 2010*. Diese Kommission trat mit einem doppelten Innovationsanspruch an: Innovationen in der Sache und Innovationen in der öffentlichen sprachlichen Darstellung.

Stoßrichtung etlicher Wortschöpfungen war es, das Image von Verwaltung - und damit die Assoziation von Schwerfälligkeit und Bürokratie, die mit der Aufdeckung des Vermittlungsskandals besonders virulent geworden war - abzustreifen und marktwirtschaftliche Dynamik zu signalisieren. Es beginnt mit dem ʻUmbauʼ und der Umbenennung der „Bundes*anstalt* für Arbeit" in „Bundes*agentur* für Arbeit" und der „Arbeits*ämter*" in „*Agenturen* für Arbeit". Es werden *Personal-Service-Agenturen* und *JobCenter* eingerichtet. Die Arbeitslosen werden

zu *Kunden*. Aus Vermittlung wird *Fallmanagement*, aus Vermittlern werden *Fallmanager*. Es gibt *Job-Floater* und ergänzend zu klassischen sozialversicherungspflichtigen Beschäftigungsverhältnissen werden *Ich-AG*, *Mini-* und *Midi-Job* kreiert. Voran ging den *Hartz*-Gesetzen schon das *Job-AQTIV-Gesetz* - hier ist die Schreibweise der Gag.
Die Bedeutungsdynamik, die dieses euphemistisch-modernistische Wortfeld entwickelt bzw. in die es gerät, endet allerdings im Desaster. Warum?
Wörter, die in neue Bereiche übertragen werden, bringen das Flair ihrer Herkunft mit. Die Wörter der *Hartz*-Sprache stellen einen Mix aus Management- und Werbesprache dar. Mit Management-Begriffen wie „Fallmanager" und „Personal-Service" will man die Suggestion der Überlegenheit marktwirtschaftlichen Denkens gegenüber staatlicher Bürokratie - sprich „Anstalt", „Amt" etc. - für die eigenen Vorhaben nutzen. Originell-provokative Metaphorik wie „Ich-AG", lockere und englische Ausdrücke wie „Job" statt Arbeit, Arbeitsplatz oder Beruf, „Center" statt Stelle, „Service" statt Dienst und regelwidrige Schreibweisen wie „JobCenter" und „Job-AQTIV-Gesetz" sind Stilelemente der Werbesprache. Sie signalisieren Lockerheit, Flottheit, Internationalität - das Gegenteil des Stereotyps von Behäbigkeit und Provinzialität deutscher Amtsstuben.
Allerdings: Politische Rhetorik hat nur dann eine Chance auf Glaubwürdigkeit und Wirksamkeit, wenn erstens die Adressaten den Eindruck haben, dass das Gesagte zur Wirklichkeit passt, und zweitens den viel versprechenden Worten - zumindest auf die Dauer - erfolgreiche Taten folgen. Mit beidem haperte es. Werbesprache passt nicht zum Anwendungsbereich. Sie gehört zur Welt des Konsums. Man hatte nicht erkannt, dass - wichtiger als der Oberflächeneindruck von Lockerheit und Internationalität - Werbesprache in ihrer semantischen Tiefenstruktur Situationen der Freiheit symbolisiert, der freien Auswahl sorgenfreier Konsumenten mit der Perspektive sofortiger Befriedigung ihrer Wünsche. Um als realitätsadäquate Botschaft der Hoffnung empfunden zu werden, ist dies zu weit entfernt von Situationen der Arbeitslosigkeit, insbesondere der Langzeitarbeitslosigkeit mit bedrückender Dauersorge, mit Zwang zu Konsumverzicht und - in vielen Regionen und für große Alters- und Berufsgruppen - mit Chancenlosigkeit auf einem Arbeitsmarkt ohne Arbeitsplätze. Kein Wunder, dass dieser Sprachstil von Anfang an kritische Stimmen hervorrief.
Die *Hartz*-Sprache als ganze trug zunächst noch den Charakter eines Versprechens. Die Management-Elemente der *Hartz*-Sprache suggerieren sogar, es werde bei dessen Einlösung besonders zügig und effizient zugehen. Damit hatten die Akteure sich allerdings selbst eine Glaubwürdigkeitsfalle aufgestellt. Denn im *Hartz*-Bericht ist lediglich von mittel- und langfristigen Wirkungen die Rede. In der politischen Not der hoch bleibenden oder steigenden Arbeitslosenzahlen aber ließen sich die Akteure immer wieder hinreißen, kurzfristige Wirkungen zu beschwören.
Die *Hartz*-Sprache der werbe- und managementsprachlichen Euphemismen wird in der öffentlichen Beachtung ab 2004 immer mehr an die Seite gedrückt durch eine aggressive Protestsprache mit *Hartz IV* als Schreckenswort im Mittelpunkt,

umgeben von einem Wortfeld, bestehend aus politischen Schimpf- und Stigma-Wörtern wie *Hartz-Schweinereien, Sozialraub, Sozialkahlschlag, Entsolidarisierung, gesellschaftspolitische Steinzeit, Extra-Profiteure* etc. und aus *Elendsvokabeln* wie *Billigjobs, Armut, Niedriglöhne, Leistungskürzung, Notlage, Kündigung, Räumungsklage, Obdachlosigkeit* und ähnliche. Die Medien dieses Vokabulars waren nicht Tagespresse und Wochenzeitungen, sondern vor allem Transparente, Pamphlete, Faltblätter, Plakate, Flyer und insbesondere das Internet, ausgerichtet auf Protestaktionen.
Mittlerweile - wir schreiben jetzt Sommer 2006 - hat der graue Alltag des Gesetzesvollzuges die *Hartz*-Sprache eingeholt. In der Welt der *Arbeitsagenturen, JobCenter, Fallmanager, Mini-Jobs, Midi-Jobs, Ich-AG's, Job-Floater* und *Personal-Service-Agenturen* geht es nun um ALG I – Abkürzung für *Arbeitslosengeld I* -, *ALG II Abkürzung für Arbeitslosengeld II* -, *Bedarfsgemeinschaften, erwerbsfähige Hilfsbedürftige, Zumutbarkeitsregelungen, Leistungsauszahlungen, Eingliederungsleistungen, Optionskommunen, ARGE's* - Abkürzung für *Arbeitsgemeinschaft der Agentur für Arbeit X und der Stadt Y* - und ähnliche - sprachlich eine seltsame Melange aus zwei unverträglichen Wortwelten, die nur eine Gemeinsamkeit haben: Sie sind für die Betroffenen, aber auch für alle, die an einer humanen öffentlichen Sprache interessiert sind, eine Zumutung.

Letzter Punkt: Empfehlungen zum Kommunizieren von Reformpolitik. Damit will ich zurückhaltend sein. Denn jede politische Situation ist anders. Dennoch zeigt das politische Schicksal des 'Reformkanzlers' Schröder Einiges, was unter kommunikationsstrategischen Aspekten verallgemeinerbar erscheint:
Erstens zur Sprache: Die zentralen Begriffe einer Reformpolitik, die überzeugen soll, müssen Aufmerksamkeit erregen, aber sie sollten vor allem Vertrauen er wecken. Da kann man von der Semantik der Brandtschen Reformpolitik Manches lernen. Und: Die Begriffe von heute dürfen an der Realität von morgen - morgen kommt fast immer schnell in der Politik - nicht als unglaubwürdig zerschellen.
Zweitens: Wer sich an die Spitze von Reformpolitik stellt, muss sie selber vorbildlich kommunizieren. Wenn die Medien ein Reformkonzept wirksam transportieren sollen, dann ist das Mindeste, dass der oder die Hauptverantwortliche es selbst mitreißend oder zumindest eindrucksvoll präsentiert. Wenn das in einer Rede geschieht, darf da kein Katalog trocken vorgetragen werden. Überzeugendes Argumentieren ist da gefragt, gepaart mit Anschaulichkeit, Emotion und Optimismus.
Und drittens das Wichtigste: Es gilt in den eigenen Reihen, von der Spitze bis zur Basis, zunächst Problembewusstsein zu schaffen und einen offenen Problemdiskurs zu initiieren, und zwar rechtzeitig. Wenn man Reformbedarf erkannt hat, ist es dysfunktional, jahrelang die eigene Partei nicht zu fordern und stattdessen in korporatistischer Illusion die Verantwortung auf die Einigungsbereitschaft konsensunwilliger Interessenvertreter abzuschieben. Bei beharrlicher Problemfokussierung in den eigenen Reihen - einschließlich des Mutes, Tabus,

wie es sie in allen Parteien gibt, zu verletzen - erübrigt es sich mit hoher Wahrscheinlichkeit, Reformpolitik überfallartig in Szene zu setzen und sie im Basta-Stil durchzukämpfen. Rechtzeitiger Mut zu Transparenz und offenem Diskurs empfiehlt sich nicht nur unter kommunikationsethischen, sondern auch unter kommunikationsstrategischen Aspekten.

Diskussion

Ich würde Ihren Vortrag so interpretieren, dass das Scheitern der Agenda 2010 zum ganz großen Teil auf dieses sprachliche oder kommunikative Versagen zurückzuführen ist. Ich glaube, dass das Scheitern auch sehr viel mit den politischen Widerständen zu tun hat, die ja nicht nur in dem kommunikativen Versagen, sondern auch tatsächlich politisch-inhaltlich begründet waren. Und natürlich hat die sehr negative wirtschaftliche Entwicklung, die nach dem Verkünden der Agenda 2010 einsetzte, noch mit dazu beigetragen, dass diese Widerstände verschärft wurden. Kann man denn wirklich trennen, welche Anteile dieses Scheiterns auf kommunikatives Versagen zurückgehen und was andere Ursachen hat?

Ich wäre missverstanden worden, wenn Sie es so verstehen, dass ich hier eine monokausale Erklärung gegeben habe. Was heißt Scheitern der *Agenda 2010*? Schröder hat die Agenda in den entscheidenden Punkten durchgekämpft. Es gab und gibt sicherlich eine Menge Leute, die diese Politik falsch finden. Aber er war in der Sache erfolgreich. Er hat sie gegen diesen Widerstand mit allen Mitteln durchgesetzt. Das, was nicht ganz so war, wie ursprünglich in seinem Konzept, das stammte von der Union. Es könnte aber sein, dass es vielleicht sogar eher im Sinne des Herrn Schröder als politischer Person war. Insofern war er also in der Sache erfolgreich. Er hat sein Ding durchgezogen.
Während der Forschungen an diesem Gegenstand habe ich vor Schröder mehr Hochachtung bekommen als ich vorher hatte. Der galt ja als Luftikus, als politischer Wendehals, als unzuverlässig. Ab 2003 hat er Stehvermögen gehabt und ist dabei geblieben. Er hat das Vertrauen in der Fraktion verloren. Was ich in den Interviews erfahren habe, zeigt, dass es nicht mehr ging. Er hatte für Reformpolitik nach der Nordrhein-Westfalen-Wahl null Mehrheit. Und so blieb ihm gar nichts anderes übrig, als sich selber lächerlich zu machen und eine ganz andere Politik zu machen oder eben die Flucht nach vorne anzutreten.
Ich habe Material aus diesem Forschungsprojekt, da könnte ich noch vier Stunden drüber reden. Ich habe ein wahnsinnig schlechtes Gewissen, was ich jetzt alles außen vor lassen musste. Da ist sehr viel, was mit Inhalten zu tun hat. Wenn die Arbeitslosigkeit auf dreieinhalb oder drei Millionen runter gegangen

wäre, dann wäre nichts passiert. Das Problem war, vereinfacht gesagt, dass Schröder Reformen angepackt hat, die ihm seiner Ansicht nach die Möglichkeiten eröffneten, die Massenarbeitslosigkeit zu beseitigen. Er hat es erst 2003 getan. Bis zum Winter des Jahres 2005/2006 haben diese Reformen nicht gegriffen. Nun steht im *Hartz*-Bericht selbst, und auch Schröder hat es an verschiedenen Stellen gesagt, dass die Maßnahmen sowieso nur mittel- bis langfristig tragen. Doch dieselben Leute sagten, was mir bis heute unverständlich ist und mit Kommunikation zu tun hat, dass sie das kurzfristig schaffen werden. Ich habe die Presseerklärungen des SPD-Fraktions-Pressedienstes durchgelesen: Kluge Leute, die vorher gesagt haben: „Aber nicht kurzfristig" sagen drei Monate später, sobald die Meinungsumfragen im Keller sind oder die nächste Landtagswahl ansteht: „Jetzt greift *Hartz!*". Da denkt der normale Mensch, es geht nicht um 20.000 Arbeitslose mehr oder weniger, sondern mal locker um eine halbe Million. So ist zumindest meine Erfahrung in der Politik. Die ist zwar schon ein bisschen vorüber, aber ich weiß nicht, ob die Menschen sich so geändert haben. Deshalb „Blut-Schweiß-und-Tränen-Rede": Das wäre mit dem Volk und mit den Medien vielleicht zu machen gewesen, aber nicht mit der SPD-Fraktion. Insofern war er in einem wirklichen Dilemma und musste Dinge erzählen, die er nicht seriös vertreten konnte.

Inhalt und Kommunikation lässt sich also nicht voneinander trennen. Und selbst wenn Empiriker glauben, mit Umfragen könnten sie rausbekommen, wie viel Prozent an der Kommunikation und wie viel am Inhalt liegt, da kann ich nur sagen: Ihr habt die falsche Theorie und überhaupt keine vernünftige Methode.

Glauben Sie, dass beispielsweise bei der Föderalismusreform ähnliche Alleingänge möglich sind wie bei Schröder und der Agenda 2010?

Bei der Föderalismusreform bin ich überzeugt, dass diese Gefahr überhaupt nicht besteht, weil sie nicht die Sache einer einzelnen Person ist oder eines ganz kleinen Kreises, sondern sozusagen ein "Reformwerk", zu dem die Reformer wie zum Jagen getragen werden mussten. Es ist also ein Werk mit vielen Vätern und Müttern, welches nicht gegen eine bestimmte Position, etwa in der eigenen Partei, durchgepeitscht werden muss. Sondern es ist ein viel komplexeres Geflecht von Interessen. Im Übrigen interessiert leider diese so wichtige Reform das Gros der Bevölkerung nicht. Es wird eine Reform sein, in der der Diskurs sich auf die Experten oder Halbexperten beschränken wird. Deshalb gibt es auch keinen Versuch für den Bereich der Föderalismusreform, auch nur ein einziges griffiges Schlagwort zu formulieren. „Föderalismusreform" ist eine Abkürzung für etwas, über das wir jetzt eine Reform machen müssen. Und über das es sich werbepsychologisch nicht lohnt, ein griffiges Schlagwort zu finden. Das ist etwas anderes als etwa "Bürgerversicherung", was wirklich ein gelungenes Schlagwort ist. Das kann man kommunikationspsychologisch wunderbar analysieren. Die CDU hat ja mit ihrem Konzept im Expertenkreis zunächst von

„Kopfpauschale" gesprochen. Und die politischen Gegner haben erkannt, wie wunderbar das konnotativ negativ ausschlachtbar ist. Man denkt an „Kopf ab", „Kopfsteuer" und solche Sachen. Und dann hat sich die CDU beeilt, dem möglichst einen schönen Namen entgegenzustellen, nämlich die „Gesundheitsprämie". Sie hat sich dann nur halb durchgesetzt, vor allem in den eigenen Reihen. Denn dabei denkt man natürlich daran, dass Gesundheit etwas Gutes ist. Und bei Prämie denkt man, man bekommt etwas. Da sind semantische Kämpfe und semantische Strategen am Werk.

Bei der Föderalismusreform gibt es keine einzige Bemühung dieser Art. Das wäre auch vergossene Milch, da bin ich zynisch genug, das so zu sagen.

Was denken Sie, was von der Geschichte der Agenda 2010 auf die jetzige Situation übertragbar ist? Ich entnehme Ihrem Vortrag, dass Fragen der Kommunikation gar nicht mehr von so großer Relevanz sind, wenn die Machtverhältnisse klar sind. Und wenn die jetzige Regierung nicht mehr so auf der Kippe steht, wie das bei Schröder der Fall war, dann braucht man sich auf kommunikative Maßnahmen gar nicht mehr so zu kaprizieren. Ist das richtig?

Nicht auf diese. Für Schröder war das Problem, das er nicht gelöst hat, die innerparteiliche Kommunikation zu nutzen. Meine drei Haupt-Gewährsleute aus der SPD haben mir übereinstimmend gesagt, dass Schröder frühzeitig hätte in die Partei gehen müssen, anstatt das komplizierte Problem den Gewerkschaften und den Wirtschaftsverbänden vor die Tür zu kippen und sich selber in die nette Moderatorenposition zurückzuziehen, Stichwort „Bündnis für Arbeit". Er hätte über Reformbedarf und Sozialstaatlichkeit diskutieren und den Leuten das Gefühl geben müssen, dass sie darüber entscheiden müssen.

Bartholomäus Grill
Korrespondent, *DIE ZEIT*

Auf verlorenem Posten? Als Korrespondent in Afrika

Bartholomäus Grill wurde 1954 in Oberaudorf am Inn geboren. Er studierte Soziologie, Philosophie und Kunstgeschichte an den Universitäten Eichstätt und Regensburg. Seine journalistische Laufbahn führte ihn über die Mittelbayerische Zeitung, die taz und das Deutsche Allgemeine Sonntagsblatt schließlich zur ZEIT nach Hamburg. Für die ZEIT ging er 1993 als Korrespondent mit Sitz in Johannesburg und Kapstadt nach Afrika. 2006 kehrte er nach Deutschland zurück und wird in Zukunft von Berlin aus über Afrika berichten. Zudem schrieb er für Profil (Wien), die Weltwoche (Zürich) und GEO. Grill ist seit 2005 Mitglied im Afrika-Beraterkreis von Bundespräsident Horst Köhler.
Bartholomäus Grill schrieb mehrere Bücher über Afrika. Zuletzt erschien 2003 „Ach, Afrika. Berichte aus dem Inneren eines Kontinents". Für seine Reportagen erhielt er mehrere Preise, u.a. den Journalistenpreis Entwicklungspolitik, den Medienpreis der Deutschen Aids-Stiftung und den Egon-Erwin-Kisch-Preis.

Man muss sich im Klaren darüber sein, dass es ein aussichtsloses Unterfangen ist, diesen riesigen Kosmos namens Afrika in seiner Ganzheit und Vielfalt zu erfassen. In Afrika, das lernt man schnell, wird einem nämlich der abendländische Erkenntniszwang ausgetrieben, der Zwang, alles gedanklich durchdringen und sezieren zu können. In Afrika lernt man, mit Fragezeichen zu leben. Man erkennt, was man nicht erkennen kann.

Es ist mir eine große Ehre, heute zum ersten Mal nach meiner Rückkehr nach Deutschland öffentlich hier in Berlin zu Ihnen reden zu dürfen. Ich will Ihnen einen kurzen Rückblick auf meine 15 Jahre in Afrika geben. Eigentlich waren es nur 13 Jahre, aber ich sage immer 15 Jahre, weil ich zunächst als „fliegender Redakteur" im Einsatz war. Irgendwann habe ich gemerkt wie problematisch es ist, stets nur von Europa aus in ein afrikanisches Land einzufliegen und sich anzumaßen, darüber kompetent zu berichten. Deswegen habe ich unserer verstorbenen Herausgeberin Marion Gräfin Dönhoff vorgeschlagen, ein Büro in Johannesburg einzurichten und dieses zu leiten. Die Gräfin, wie wir sie nannten, hat zugestimmt, und so kam ich nach Afrika. Und wie es mir dort erging, davon möchte ich nun erzählen.

Unser Ziel, Bangui, die Hauptstadt der Zentralafrikanischen Republik, ist noch weit entfernt. Seit frühmorgens um sechs sind wir in einem Geländefahrzeug irgendwo im Kongobecken unterwegs, wir haben bislang erst knapp zweihundert Kilometer geschafft - ungefähr siebzehn Kilometer pro Stunde. Die Straße, wenn man sie so nennen will, besteht aus Myriaden von Schlaglöchern, Schlammrillen, Kratern und Wasserlachen, die stellenweise zur Größe von Fischweihern angeschwollen sind; sie gleicht einem grünen Tunnel, der schier endlos durch den Regenwald mäandert. Wir fahren in dämmrigem Licht und sehen kein Stückchen Himmelsblau. Drei Radfahrer, ein Bierlastwagen, zwei Schlangen - das sind die einzigen Begegnungen des heutigen Tages. Es ist schwül und heiß, die Luft liegt wie nasse Watte auf der Haut. Man schwitzt, der Staub verklebt die Augen, das lauwarme Trinkwasser geht zur Neige. An jeder Kreuzung, jeder Abzweigung, jeder Wegzwille die gleiche Frage: Wohin sollen wir uns wenden? Die Landkarte gibt keine Auskunft, Wegweiser existieren nicht, der Fahrer, der behauptet hatte, jeden Winkel seines Landes zu kennen, ist mit seinem Latein am Ende. Weit und breit findet sich kein Mensch, den wir fragen könnten. Jede Fehlentscheidung kann Tage kosten, denn die Pfade verlieren sich im Wald, enden an einem Sumpf oder stoßen auf einen unüberwindlichen Fluss. Sie führen ins Nichts oder genauer, in das, was wir für das Nichts halten.

So wie im kongolesischen Urwald erging es mir oft in Afrika. Die Wegscheide ist eine Metapher der Orientierungslosigkeit: Ich fühlte mich wie ein Elementarteilchen, dass durch einen riesigen Kosmos treibt. Ein Kontinent, in dem Europa zehn Mal Platz fände, 700 Millionen Menschen, vielleicht 800 Millionen oder noch mehr, fünfzig Staaten, Tausende von großen Völkern und kleinen Ethnien, Kulturen und Religionen, ist es nicht vermessen, sich ein Urteil über diesen Erdteil zu erlauben? Und muss es nicht geradezu anmaßend wirken, wenn wir über das „Wesen" der Afrikaner reden und keine einzige ihrer zweitausend Sprachen sprechen? Es ist anmaßend, auch wenn man sich seit zwanzig Jahren mit ihrem Kontinent beschäftigt.

Ich kam zum ersten Mal in ein großes Land, nach Nigeria, Angola oder in den Sudan und fragte mich: Wo anfangen? Wie einen Überblick gewinnen, wo ich doch nur ein paar Splitterchen zu Augen bekomme, nur mit einem Dutzend Leute sprechen, zwei, drei Orte besuchen werde? Ich sah ein Ritual, ein Symbol, eine Geste, hörte eine Geschichte, erlebte eine Begebenheit und konnte das Wahrgenommene nicht einordnen oder begreifen. Es fehlten die historischen Kenntnisse, der religionssoziologische Hintergrund, das ethnografische Referenzsystem. Da stand ich dann und tat, was ein kluger Kopf einmal „hermeneutischen Kolonialismus" genannt hat: Interpretieren, hineindeuten, spekulieren. Man kann sich lebhaft vorstellen, dass dabei oft Zerrbilder, Wunschvorstellungen oder Projektionen entstehen. Wir müssen zunächst über uns selber reden, über die Fallstricke der Wahrnehmung und über die Interessen, die unsere Erkenntnisse leiten.

Dürre, Hunger und Seuchen, Krieg und Massenelend - will das denn in Afrika nie aufhören? Es gibt Tage auf diesem Erdteil, da wird man unweigerlich vom Pessimismus befallen, ja, von einer lähmenden Depression. Man fährt durch die endlosen Slums in der Ebene vor Kapstadt. Man verläuft sich in einem Bidonville von Dakar oder in einem Flüchtlingslager im Kongo. Sieht in Malawi ein Kind am Hunger sterben, das so alt ist wie der eigene Sohn. Steht fassungslos an einem Massengrab in Ruanda. Trifft in Sierra Leone einen Mann, dem Rebellen beide Arme abgehackt haben. Man möchte verzweifeln an der unsäglichen Grausamkeit dieses Kontinents und kann dem Leid Afrikas und der Afrikaner nichts mehr entgegensetzen. Man kapituliert. Und hört das Geraune der Untergangspropheten. *Africa nigra*, verfluchter, verlorener Kontinent. Schwarzes Unheil.

Dann gibt es die anderen Tage: Tage, die heiter und hoffnungsfroh stimmen, weil sie die unbändige Lebenslust und verschwenderische Schönheit des Kontinents offenbaren. Wir haben das Glück, bei den Dogon den Tanz der Masken zu erleben oder eine prächtige Initiationsfeier der Bamiléké. Wir beobachten, wie sich ein gewöhnlicher Urnengang in Mosambik in ein Volksfest der Demokratie verwandelt. Wir hören von einem Regenmacher in Guinea die verrücktesten Geschichten über die Wettergötter. Begreifen in einer schwülen Nacht in Kinshasa, was Tanzen wirklich bedeutet. Wir bewundern allerorten die Kreativität der Armut, den Erfindungsreichtum der Menschen. Wir lernen ihre Langsamkeit, ihren unerschütterlichen Gleichmut schätzen, das afrikanische *Amor fati*, den Alltagswitz, die Lust am Palaver, am Spiel, das Lachen und Lächeln, das über die Not triumphiert. Oft kommt es uns vor, als ob gerade die Kargheit und der Mangel die größte Schönheit hervorbrächten. In der monotonen Graubräune der Halbwüste sehen wir die fröhlichsten Kleiderfarben, im dunklen Regenwald die wundervollsten Skulpturen, im langweiligsten Dorf die grazilsten Tanzfiguren.

Die Schönheit kann allerdings auch täuschen. Wir stehen im milchigen Frühlicht, die ersten Sonnenstrahlen fallen in die Fluchten eines Palmenhains, handtellergroße Falter steigen aus dem Gras - eine Szene so unwirklich und zauberhaft wie in einem Gemälde von Watteau. Denken wir. Aber der Nebel weicht, es wird hell und heiß, zwischen den Baumreihen entdecken wir Männer mit Macheten. Es sind Lohnsklaven, und das Idyll ist eine Plantage. Die Kokospalmen wirken jetzt wie Soldaten, die getrimmt wurden für die Erzeugerschlacht auf dem Weltmarkt.

Manchmal möchte man glauben, der Kontinent führe ein Doppelleben, ein verdammtes, über das wir Korrespondenten berichten und ein gesegnetes, das wir beschweigen. Aber Afrika ist immer beides, es schleudert uns wie auf einer

Achterbahn der Gefühle zwischen den Extremen hin und her. Abscheulich und traumschön. Gewalttätig und friedfertig. Bösartig und gutmütig. Lebensprall und selbstzerstörerisch. Geheimnisvoll und banal. Offenherzig und heimtückisch. Andauernd sind wir diesem Pendelschlag der Empfindungen ausgesetzt. Wer damit nicht umgehen kann, wer stets der einen Seite zuneigt und die andere ausblendet oder unterbelichtet, der ist als Korrespondent in Afrika fehl am Platze. Man muss sich im Klaren darüber sein, dass es ein aussichtsloses Unterfangen ist, diesen riesigen Kosmos namens Afrika in seiner Ganzheit und Vielfalt zu erfassen. In Afrika, das lernt man schnell, wird einem nämlich der abendländische Erkenntniszwang ausgetrieben, der Zwang, alles gedanklich durchdringen und sezieren zu können. In Afrika lernt man, mit Fragezeichen zu leben. Man erkennt, was man nicht erkennen kann. Und man wird im Laufe der Jahre behutsamer, vorsichtiger, vielleicht auch gnädiger in seinen Urteilen über diesen schwierigen Kontinent.

Es ist allemal einfacher zu beschreiben, was Afrika nicht ist, also zu unterscheiden zwischen dem, was wir in den Kontinent hineindeuten, und dem, was jenseits aller Projektionen steht. Projektionen sind, wie wir seit Sigmund Freud wissen, innere Bilder, die wir auf die äußere Welt werfen, Bilder, die sich aus unseren verdrängten Bedürfnissen und unerfüllten Wünschen, Obsessionen, Vorurteilen, Ängsten, Sehnsüchten und politisch-ideologischen Präferenzen zusammensetzen. Es ist übrigens kein Zufall, dass die Erkundung der dunklen Seele und die Erforschung des dunklen Erdteils zeitlich nicht weit auseinander liegen: Es sind die zwei großen unbekannten, unheimlichen Kontinente, das äußere Afrika und „dieses wahre innere Afrika", wie der Dichter Jean Paul fabuliert.

Kommen wir also auf die Arbeit des Korrespondenten zurück, der heutzutage an die Stelle des Forschungsreisenden, Missionars oder Kolonialschreibers getreten ist und maßgeblich die populären Vorstellungen prägt, die man sich jenseits von Afrika über Afrika macht.
Stahlgewitter über Somalia. Mordbrennende Kindersoldaten. Hunger, Seuchen, Massenelend. Die Krisenreporter befinden sich im Anflug auf Mogadischu. Es sind verwegene Kerle, jung und furchtlos, die von den Heimatredaktionen ins „Herz der Finsternis" entsandt werden. Im Flugzeug überfliegen sie noch schnell ein paar Agenturmeldungen, Artikel und länderkundliche Heftchen aus dem Munzinger-Archiv. Dann landen sie. Und betreten ein Land, das ihnen so vertraut ist wie die Nachtseite des Mondes. Was sehen sie? Spindeldürre Gestalten, Ruinen, Gewaltexzesse. Die Menschen: eine amorphe Masse. Ihre Sprache: kehlig. Ihr Glaube: archaisch. Ihr Zorn: unbegreiflich. Eine Welt voller Bösartigkeit, beherrscht von ruchlosen *warlords* und wahnsinnigen Islamisten.

Aber da ist auch diese andere Welt, die farbenfrohen Kleider, das Lachen der Kinder, der heiße Wüstenwind, die Kamele, die Arabesken. Und vor allen die jungen Somalierinnen, die wie Modigliani-Figuren dahin schreiten. Haben sie nicht auch die überirdischen Supermodels Iman und Waris Dirie hervorgebracht? Die Krisenreporter schwärmen. Ihre Blitzanalysen verblüffen all jene Landeskenner, die sich in der fein verästelten Sozialstruktur Somalias erst nach vielen Lehrjahren zurechtfinden. Da zerfällt dann eine ethnisch homogene Bevölkerung in undefinierbare Sprengel, da werden Sippen zu Clans und Clans zu Stämmen, auch wenn es in Somalia gar keine Stämme gibt. Geschenkt. Wen interessiert schon so genau, ob es Hawardle, Hawadle oder sonstwie heißt? Wen schert der Unterschied zwischen Issa und Issak? Rahanwejn - kann man den trinken? Nein, das ist auch irgendein Stamm, irgendwo in Afrika. Man stelle sich den umgekehrten Fall vor: Ein Afrikaner schreibt über Deutschland und nennt den Stamm der Schwiben einen Subclan der Frunken.

Quid novi ex Africa? Es gibt nichts Neues, nur Altbekanntes: Afrika in Agonie. Entscheidend ist die Wahrnehmung des Erdteils, nicht dessen Wirklichkeit. Gestern Haiti, heute Irak, morgen Kaschmir, übermorgen Kongo. Und schnell ein Abstecher in den Sudan. Krisenreporter streichen wie ein Wolfsrudel um den Globus. Vorneweg marschiert Christiane Amanpour von CNN, die Jeanne d'Arc des Katastrophenjournalismus, hinterdrein folgt der Rest der Weltmedien. Im Konkurrenzkampf um Einschaltquoten und Auflagen darf der Sonderberichterstatter „vor Ort" nicht fehlen - vor Ort ist übrigens einer der Sprachverluderungen die ebenso wie „nicht wirklich" verboten werden müssten. „Vor Ort" befinden sich nämlich nur Bergleute, wenn sie in den Schacht eingefahren sind.

„Es gibt eine Unzahl Newcomer im professionellen Journalismus [...] diese Journalisten haben keine Ahnung, wo sie sich kulturell befinden, sie arbeiten ohne historisches Hintergrundwissen." Das kritisiert Ryszard Kapuscinski am Beispiel der Berichterstattung über Ruanda. Jeder fängt einmal an! Möchte man dem Polen Kapuscinski, einem der feinfühligsten Korrespondenten, die je über Afrika schrieben, entgegenhalten. Man kennt aus eigener Erfahrung die Fallstricke bei der Beurteilung eines äußerst komplizierten Landes wie Ruanda. Man erinnert sich an peinliche Fehler, die in zornigen Leserbriefen gegeißelt wurden. Und wird vorsichtiger in seinen Urteilen, weil im Laufe der Jahre das eigene Unwissen und Ungenügen stärker ins Bewusstsein rückt. Weil *bekannt* noch lange nicht *erkannt* heißt und man merkt, wie oft man selber den eigenen Projektionen auf den Leim geht.

Den Kollegen von der schnellen Eingreiftruppe scheint der Skrupel weniger zu plagen, ganz abgesehen davon, dass ihm die Zeit zu gründlicher Vorbereitung und gewissenhafter Recherche fehlt. Was auf dem „schwarzen" Erdteil außer Katastrophen geschieht, will man in Europa ohnehin nicht so genau wissen. Im Übrigen gilt der redaktionelle Leitsatz: „Only bad news is news." Und da kann man als Afrika-Korrespondent durchaus konkurrieren mit den Kollegen, die in Afghanistan oder Israel stationiert sind.

Aber es gilt eben auch: Afrika ist unbedeutend. Sein Anteil am Welthandel ist marginal, sein geopolitisches Gewicht wiegt nicht schwer. „Na, Grill, was ist los auf Ihrem Kontinent", pflegte mich der Chefredakteur anlässlich des alljährlichen Korrespondententreffens in der Zentrale zu begrüßen und er fügte die Antwort gleich selber hinzu: „Negerkampf im Tunnel!" Das andere Afrika, das heitere, gelassene, erfinderische Afrika, ist uninteressant. Andernfalls würde man herausfinden, dass Hungersnöte nicht an der Tagesordnung sind. Oder dass es in weiten Regionen des Erdteils friedlicher zugeht als, sagen wir, in Eberswalde oder Rostock-Lichtenhagen. Aber solche Nachrichten würden nicht ins präformierte Bild vom verlorenen, verzweifelten, moribunden Kontinent passen, das sich so vorzüglich verkauft. „Die Reportage soll bestätigen, was evident ist: Alles läuft schlecht da unten, seit wir nicht mehr da sind", schreibt Frantz Fanon, der Philosoph der Befreiung.

Als ich 1987 zum ersten Mal im Pressetross eines Bundespräsidenten durch Afrika reiste, verging kein Tag, der nicht reichlich Belege für diese These geliefert hätte. Bei der Landung in Lagos, Nigeria, erfrechte sich ein Zollbeamter, unser Gepäck zu inspizieren. „Polizeistaatsmethoden", knurrt ein Starfotograf, „aber der Schwatte weiß ja sowieso nicht, was er da checkt." Der Fotograf unterhielt sich mit einem Kollegen von der schreibenden Zunft: „Wie heißt doch gleich der Präsident hier? Banana oder so?" Der Präsident heißt Babangida, Ibrahim Babangida. Aber mit afrikanischen Namen kann man sich schon einmal vertun. Hatte nicht auch unser unvergesslicher Bundespräsident Heinrich Lübke beim Staatsbesuch in Madagaskar den Namen der First Lady mit dem der Hauptstadt Antananarivo verwechselt?

Ein anderes Beispiel für eine klassische Projektion, die die Hirne vieler Männer zu besetzen scheint, nicht nur die der Politiker und Journalisten. Afrika war in europäischen Männerfantasien stets auch eine Metapher für das bedrohliche Weib: Die Negerin mit der unbezähmbaren Sexualkraft, verlockend und verschlingend, eine riesenbrüstige Widergängerin Brunhildens, aufgetaucht aus dem Urschlamm. Das kontinentale Weib, der weibische Kontinent musste von Kolonialherren niedergerungen, unterworfen, vergewaltigt werden. Ein Rückstand dieser sexistischen Projektion äußert sich in der Angst des weißen Mannes vor der Geilheit des schwarzen Mannes, im Mythos von Long Dong John, dem „Neger" mit dem Riesenpimmel.

Der koloniale Blick begleitet auch heutzutage noch Delegationen, die nach Afrika reisen, um Gutes zu tun. Was fällt etwa einem deutschen Entwicklungshilfeminister zu Great Zimbabwe ein, zu einem der bedeutendsten Zeugnisse einer mittelalterlichen Stadtkultur im Süden der Sahara? Der Minister steht auf der Felsenburg und sagt: „Das wär' doch ein schöner Biergarten hier oben, ned wahr?" Harr, harr, harr, lacht der Oberreporter eines bekannten Revolverblattes.

Der Minister steigert sich: „Die Weiber jodeln schon!" Der Oberreporter schließt auf: „Ja genau, schwarze Kellnerinnen, oben ohne, harr, harr, harr."

Es mangelt keineswegs an Berichten aus Afrika. Der Erdteil ist öfter in den Schlagzeilen als Südamerika oder Australien. Und warum sollte aus europäischer Sicht einem Land wie Mali mehr Aufmerksamkeit zuteil werden als dem randständigen Portugal? Das Kardinalproblem ist nicht die Quantität, sondern die Qualität der Berichte, die Art und Weise, wie sie im Wechselspiel von Vermarktungsinteressen und Wahrnehmungsrastern zustande kommen. Gefragt ist in der Regel die oberflächliche, flinke Depesche, die Sensationsmeldung, das „Eine-Minute-dreissig-Sekunden-Feature", nicht die nachdenkliche Analyse oder die gelassen erzählte Geschichte. Im globalen Infoschnellservice wird die Ware Information in kleinen, scharfen Bissen verabreicht. Manche Medien gehen aus Kostengründen dazu über, den klassischen Korrespondenten gegen den „fliegenden Redakteur" auszutauschen. Wo immer dieses Mehrzweckgeschoss aufschlägt - seine Wirkung ist verheerend.

Zum Beispiel in der kongolesischen Stadt Kikwit. Erst fiel das Ebola-Virus ein, dann die schreibende Luftlandetruppe. Vermutlich produzierte sie über den unheimlichen Erreger aus dem Urwald in zwei Wochen mehr Berichte, als in zwei Jahren über den gesamten Kongo erschienen sind. Das Land, in dem die Epidemie ausbrach, seine Leute, die Politik, das Gesundheitssystem wurden in den Nebensätzen abgehackt. Es ging um den Stoff, aus dem die Urängste des Europäers sind. Beim Stichwort Afrika denkt er an Gelbfieber, Malaria oder Aids. An Seuchen wie Cholera und Pest, die nach Mittelalter stinken. An bösartige Bakterien, die auf Injektionsnadeln und Bananenblättern, in Fischköpfen und an den Händen der Eingeborenen lauern, die mit den Moskitos fliegen oder in irgendwelchen Tümpeln gründeln. Er denkt an die tödliche, unfassliche Bedrohung, die aus den finsteren Tiefen Afrikas kriecht und via Weltverkehrsnetz die keimfreie Zivilisation des Nordens heimsucht: Afrika unterm Mikroskop, reduziert auf ein Virus. Dass im Kongo damals weniger Menschen am Ebola-Fieber starben als bei einer durchschnittlichen Grippewelle in London, war nur in medizinischen Fachjournalen nachzulesen.

Aber mit den Zahlen und Fakten muss man es in Afrika nicht so genau nehmen. Niemand kann sie überprüfen, und oft sind die Statistiken tatsächlich so verzerrt, dass ihr Aussagewert nur mehr gering ist. Wir Korrespondenten haben die Bevölkerungszahl von Nigeria lange Zeit erheblich überschätzt - um dreißig Millionen Menschen. Dann fand man heraus, dass die Länder der Bundesrepublik Nigeria die Zahlen auffrisiert hatten, um höhere Zuwendungen aus dem nationalen Erdöl-Topf zu erhalten: Laut Zensus von 1988 lebten nicht 120 Millionen, sondern nur knapp 90 Millionen in Nigeria. Dennoch wird gern die große Zahl verwendet, denn sie unterfüttert das Bedrohungsszenario von der Bevölkerungsexplosion. Auch humanitäre Organisationen schrauben ihre Schätzungen von

Flüchtlingen oder Hungeropfern nach oben, das rüttelt die Spendenmüden wach. Manchmal drückt sich in der Übertreibung die Selbstbezichtigung aus: Die Not ist so groß, weil wir Afrika so schlimme Dinge angetan haben.

Andererseits muss ein Mindestwert auf der Skala der Unglücke erreicht werden, damit man sie überhaupt für nachrichtentauglich hält. „Der Wert unseres Lebens wird niedrig eingestuft - auch von uns selbst", erklärte mir die kenianische Intellektuelle Wambui Mwangi während des Krieges im Kosovo. „Um eine vergleichbare Aufmerksamkeit zu erwecken, sind viele afrikanische Menschenleben nötig. In dieser Indolenz verbirgt sich etwas zutiefst Rassistisches." Wenn auf einem afrikanischen Gewässer eine Fähre mit 300 Passagieren absäuft, lesen wir das nur als Randnotiz in der Rubrik „Bunt Vermischtes". Die Massaker, die seit Jahren in Burundi geschehen, tauchen gar nicht auf. „Wir brauchen 500 Tote plus, erst dann kommt CNN", sagte ein deutscher Diplomat, den ich in der Hauptstadt Bujumbura traf.

Afrika wird wie durch ein umgekehrtes Fernglas betrachtet: Das Objekt rückt in die Ferne, seine Feinstrukturen werden unkenntlich. Der Katastrophenjournalismus verfestigt diesen Grobblick: Afrika schreit. Afrika weint. Afrika stirbt. Manches Klischee wurde seit dem Ende des Kolonialismus so oft wiederholt, dass es Eingang in unsere Alltagssprache fand. Wenn wir ein dünnes, rachitisches Kerlchen sehen, sagen wir: Das sieht ja aus wie ein Biafra-Kind.

Die im Zeitalter des Kolonialismus geprägten Zerrbilder von Afrika scheinen unauslöschlich zu sein. In den frühen 1960er Jahren, in der Phase der Dekolonialisierung, als viele afrikanische Staaten die Unabhängigkeit errangen, hat sich eine ganze Alterskohorte von Afrika-Korrespondenten um ihre Auffrischung verdient gemacht. Wie sollten denn Schwarze, die bestenfalls über einen kindlichen Verstand verfügten, je unabhängige Staaten regieren können? „Der Busch überwuchert die Strassen, die Barbarei die Seelen", fabuliert etwa Hans Germani in seinem Landserbüchlein „Weiße Söldner im schwarzen Land". Auch in Peter Scholl-Latours „Mord am großen Fluss" - eines der meistverkauften Afrika-Bücher der Nachkriegszeit - wird uns kein Klischee erspart. Da lesen wir von kriegerischen Rassen und wilden Stämmen, die kaum der Urexistenz entsprungen seien, von halbnackten, mit barbarischem Schmuck behangenen Negerinnen, von den entfesselten Mächten der Steinzeit.

Als mir vor zwei Jahren in einem guineischen Flüchtlingslager eine merkwürdige Geschichte zu Ohren kam, fiel mir unwillkürlich ein Artikel des Starreporters ein. Man hatte am Rande des Camps ein totes Kind mit aufgeschlitztem Bauch gefunden und über Nacht sprachen alle von Menschenfressern. Scholl-Latour berichtet vom Kannibalismus im Kongo; sein Gerücht verbreitete sich allerdings nicht in einem Flüchtlingslager, sondern unter den Lesern einer großen deutschen Tageszeitung. Was tut es schon zur Sache, dass bis heute noch nie jemand eine menschenfressende Kultur in Afrika entdeckt hat? In Fachkreisen mag man Scholl-Latours Veteranen-Prosa belächeln, doch ihre nachhaltige Wirkung auf die Wahrnehmung des Kontinents kann niemand bestreiten. Die 2001 erschienene „Afrikanische Totenklage", sein zweites Buch zum Thema, wurde wiederum zum Bestseller. Es hat sogar in antiimperialistischen Kreisen neue Leser gewonnen, weil die durchaus zutreffende Beschreibung der neokolonialen Plünderung des Kontinents mit diversen Verschwörungstheorien garniert wird.

Vor ein paar Jahren ist das Werk eines Amerikaners ins Deutsche übersetzt worden, und gegen dessen Grabgesänge unter dem Titel „Jenseits von Amerika" nehmen sich die Totenklagen eines Scholl-Latour geradezu melancholisch aus. Sie stammen aus der Feder von Keith Richburg, der von der *Washington Post* an die afrikanische Front entsandt wurde. „Haben Sie Richburg schon gelesen?" Es war die Standardfrage von Diplomaten, Nothelfern und Kollegen, die ich in der Zeit nach dem Erscheinen des Buches oft hörte, und die Antwort war nicht schwer zu erraten: Sensationell! Brillant! Dieser Wille zur schonungslosen Wahrheit! Endlich schreibt einer, was wirklich los ist in Afrika! Was jeder denkt und keiner laut sagen darf, ein Weißer schon gleich gar nicht. Aber der Autor muss die Wahrheit nicht auf dem Altar der *political correctness* opfern, er hat schließlich die Hautfarbe seiner Subjekte: Er ist ein *Afro-American*, ein Schwarzer.

Die Wahrheit des Keith Richburg liest sich dann so: „Mir kann die Scheinheiligkeit und Doppelmoral gestohlen bleiben, auf die man allenthalben stößt, wenn über Afrika geredet oder geschrieben wird. Vieles davon von Leuten, die niemals dort waren, geschweige denn drei Jahre damit zugebracht haben, zwischen Leichen herumzulaufen." Drei Jahre zwischen Leichen! Afrika, ein Massengrab. Mogadischu erinnerte Richburg an ein „nukleares Inferno", Ruanda an eine „krankhafte Version der Steinzeit". Richburg hypostasiert diese Kriege und Konflikte auf den ganzen Kontinent, als handele es sich hierbei um eine einzige wabernde Katastrophenmasse. Die „surreale Odyssee" durch Afrika habe ihn desillusioniert, resümiert Richburg. In Wirklichkeit hat er eine Projektion durch eine andere ersetzt: Am Anfang seiner Odyssee stand das Wunschbild von „Mutter Afrika", mit dem schwarze Amerikaner gerne ihre Vorgeschichte verklären. Am Schluss bleibt nur noch das Zerrbild von der "Hölle Afrika" übrig, und Richburg ist froh, Amerikaner zu sein, dessen Ahnen auf einem Sklavenschiff in die Zivilisation gerettet wurden. So hat eines der größten Verbrechen der Menschheitsgeschichte doch noch eine glückliche Fügung gefunden - aus einem Akt der Barbarei wurde eine Mission zur Erlösung von derselben. Und nebenbei hat Richburg in drei Jahren geschafft, was unsereinem in deren zwanzig nicht vergönnt war: Er hat, wie er schreibt, den „Wahnsinn Afrikas" begriffen.

Aber es geht ihm ja auch nicht um Tatsachen, sondern um die Vorstellung, die wir uns von Tatsachen machen, um Mosaiksteine des Schrecklichen, die er zu einem Horrorgemälde des gesamten Kontinents zusammenfügt. Es geht ihm um das ewige „Herz der Finsternis". Immerhin ist Richburg dafür zu danken, die Schablonen seiner Wahrnehmung gleich selber entlarvt zu haben. Afrika erschien ihm wie „eine ganze Ansammlung von Somalias"; dieses Land sei zu einem Prisma geworden, „durch das ich den Rest Afrikas sah". Man stelle sich vor, ein Chronist schlösse von der Falls Road im nordirischen Belfast oder den Massengräbern in Bosnien auf den Zustand Europas. Sancta Simplicitas! Würden wir da empört rufen, heilige Einfalt.

Aber die Einfalt der Afrika-Berichterstattung ist wirkmächtig. Sie fördert eine Denkweise, die ich „Richburg-Syndrom" nennen möchte. Es ist ein mühseliges Geschäft, gegen dieses Syndrom anzuschreiben. Denn die Afrikaner sind nicht anders und andersartig schon gleich gar nicht. Es gibt keine „negroide" Sonderform der Grausamkeit. Man wiederholt sich, man wird müde. Hat uns das zwanzigste Jahrhundert nicht gelehrt, wie dünn die Membran der Zivilisation ist? Sehen wir unter der Haut des Schlangeneis nicht die Barbarei schimmern? Müssen wir erst Wolfgang Sofskys „Traktat über die Gewalt" lesen, um zu erkennen, dass das Massaker ein universaler Topos ist, das zu allen Zeiten in allen Kulturen der gleichen Vernichtungslogik folgt, in Srebrenica, in My Lai, in Auschwitz, in Ntarama?

Und damit bin ich an dem Ort in Ruanda angekommen, an dem ich meine Ausführungen beenden will. Ich möchte berichten von einer jener Erfahrungen, die man als Korrespondent nie vergisst, die einen verfolgen, die man nicht so einfach verarbeiten kann. Und wer den harten Hund mimt, dem all die Grausamkeiten nichts ausmachen, den holen irgendwann die Erfahrungen ein. Das ist der Preis, den man zahlt, wenn man über Krieg, Massaker, ethnische Säuberung oder Völkermord berichtet. Das ist der Preis, den man als Afrika-Korrespondent zahlt. Begleiten Sie mich also nach Ntarama.

Kein Schritt mehr, keine Bewegung. Ich stehe starr da, eingefroren vom Schrecken, den der Dunkelstoßer auslöst. Der Dunkelstoßer kommt mit der Dämmerung, gleich nach dem Gebetläuten. Wehe dem saumseligen Knaben, der sich jetzt noch draußen herumtreibt und nicht folgsam ins Haus gegangen ist! Der Dunkelstoßer holt dich, mahnte die Großmutter, er setzt die Erde unter Strom. Es ist, als habe mich der Dämon der Kindheit wieder befallen, im Kirchhof von Ntarama, am helllichten Tag. Ich halte die auf dem Boden verstreuten Objekte zunächst für Steinchen, Aststücke, welkes Laub, ehe ich erkenne, was da liegt: Fingerglieder, Stockzähne, Wirbelknochen. Von Menschen. Die Erde steht unter Strom.

Im Kirchenschiff liegen zerstückelte Leichen zwischen den Stuhlreihen. Abgeschlagene Hände, blutzerklumpte Kleider, verdorrte Hautfetzen, Oberschenkel im letzten Stadium der Fäulnis. Tote Säuglinge in den Tragtüchern ihrer Mütter, die Schreie versteinert, die Falten wie von unsichtbarer Hand drapiert. Dazwischen Utensilien des Alltags, Löffel, Blechtöpfe, Körbe. Das Szenarium hat etwas Unwirkliches, künstlich Arrangiertes - *Nature morte*, ein Stillleben der Grausamkeit. Unsere Vorstellung will sich in ästhetische Kategorien flüchten, weil die Wirklichkeit unerträglich ist. Weil es einfach nicht wahr sein kann, nicht wahr sein darf, was wir in der Kirche von Ntarama sehen. Aber da ist dieser unbeschreibliche Leichengestank. Und die Stille, die Totenstille, die aller Auslöschung folgt.

Das Massaker geschah am 15. April 1994. Die Mörder verrammelten die Eingänge der Kirche, in die die Dorfbewohner geflohen waren. Dann begannen sie, die Schutzsuchenden abzuschlachten. Mit Macheten, Messern, Äxten. Stuhlreihe für Stuhlreihe. Im Schichtdienst. „An diesem Tag starben mindestens 4 000 Menschen", berichtet der Küster. Ntarama war einer der zahllosen Schauplätze des Völkermordes von Ruanda – des furchtbarsten Menschheitsverbrechens seit dem Holocaust und den *Killing Fields* von Kambodscha. In 100 Tagen brachten das Regime der Hutu und seine Helfershelfer weit über eine halbe Million Menschen um. Fünf Menschen pro Minute. Die Außenwelt hörte ihre Schreie nicht. Wenn sie überhaupt auf Afrika sah, dann auf ein ganz anderes Ereignis.

Es waren wunderbare Tage, damals, im Frühsommer 1994, als die Apartheid unterging. Südafrika lag im kollektiven Freudentaumel. Schwarze und Weiße feierten Nelson Mandela und den Triumph der Demokratie. Wir Korrespondenten in Johannesburg, angesteckt vom allgemeinen Jubel, schenkten den Meldungen aus Ruanda zunächst wenig Beachtung. Als die ersten Horrorberichte durchsickerten, sandte ich eine kurze Depesche nach Europa. Der Artikel erschien am 15. April 1994, am Tag des Massakers von Ntarama, unter der Dachzeile „Grausamer Stammeskrieg in Ruanda". Dieser Text enthält die unverzeihlichsten Irrtümer, die mir in meiner Zeit als Korrespondent in Afrika unterlaufen sind.

Grausamer Stammeskrieg in Ruanda - das Gros der Kollegen teilte diese fatale Fehleinschätzung, und dafür gab es zwei einfache Gründe: Wir urteilten auf der Grundlage widersprüchlicher, verwirrender, unscharfer Agenturberichte. Und wir nahmen die Tragödie durch ein zählebiges Deutungsraster wahr: Ruanda, das abgelegene, unübersichtliche, vorzeitliche Land der tausend Hügel, dessen Stämme sich seit Menschengedenken die Schädel einschlagen. In Wahrheit handelte es sich um einen perfekt geplanten Völkermord, der von langer Hand vorbereitet worden war. Ich habe es nicht rechtzeitig bemerkt. Ich habe nicht gründlich genug hingesehen. Wenn ich heute meinen Text über Ntarama lese, schäme ich mich dafür. Aber auch das gehört zum Los eines Afrika-Korrespondenten.

Diskussion

Was unterscheidet die Schwierigkeit de kulturellen Annäherung an Afrika von der Annäherung an Bulgarien oder Rumänien? Ist diese Schwierigkeit nicht lediglich graduell oder sehen Sie einen prinzipiellen Unterschied?

Prinzipiell gibt es natürlich keinen Unterschied, aber europäische Kulturen liegen uns natürlich ungleich näher. Wenn Sie zum Beispiel in einer Kleinstadt im Kongo der einzige Weiße sind, merken Sie den Unterschied. Wir haben viel weniger Informationen, viel weniger Kenntnisse über den kulturellen Hintergrund Afrikas. In europäischen Ländern sind die historischen Erfahrungen sehr ähnlich, man lebt auch auf dem gleichen Kontinent. Und deshalb ist es einfacher, über Tschechien zu schreiben als über die Zentralafrikanische Republik. Wenn Sie in eine Bibliothek gehen oder über google recherchieren, tauchen manche Orte in Afrika überhaupt nicht auf. Es ist mittlerweile sogar so, dass die heutigen Karten über Afrika deckungsgleich sind mit den Karten aus der Kolonialzeit. Es gibt Regionen in Afrika, die quasi wieder in die Unentdecktheit zurücksinken. Ich bin zum Beispiel noch nie im Inneren des Ostkongo gewesen, weil das lebensgefährlich ist. Es gibt so gut wie keinen, der aus dieser Region berichtet.

Inwiefern verhindert die Unkenntnis über Afrika, dass Berichterstattung über Afrika stattfindet und was entgegnet man einem Chefredakteur, der sagt, ich kann mit diesem Thema keine Zeitung verkaufen.

Man ist als Korrespondent immer im Konkurrenzkampf mit all den anderen Auslandskorrespondenten in allen Teilen der Welt. Und im Zweifel ist es für die Zentrale natürlich wichtiger, wenn ein sozialdemokratischer Minister in Nordrhein-Westfalen auf einer Bananenschale ausrutscht als wenn ein Staatsstreich in Afrika stattfindet.
Sie müssen zunächst Ihren so genannten *anchorman* von einem Thema überzeugen, damit er in der Konferenz Ihre Interessen vertritt und den Kampf gegen die Vorurteile der Redaktion gewinnt. Man will in der Regel natürlich keine positiven Geschichten aus Afrika, sondern das, was im Moment en vogue ist, weil es in der *Newsweek* steht. Wenn die *Tagesthemen* einen Schwerpunkt zu Somalia hatten, heißt es anderntags: „Los, auf nach Mogadischu, wir müssen jetzt auch was dazu haben." Oft läuft die Auswahl der Themen nach solchen Kriterien ab. Denn es gibt in der Redaktion keinen Ansprechpartner, der sich systematisch mit Afrika beschäftigt und sich in einem ständigen Austausch mit dem Korrespondenten befindet.

Neunzig Prozent aller Themen werden von mir vorgeschlagen, zehn Prozent von der Zentrale. Das geht dann so: Der Redakteur liest am Morgen im *Guardian* eine große Geschichte über den Kommunalwahlkampf in Nigeria. Das ist plötzlich spannend, weil da Moslems und Christen aufeinander losgehen. Dann kommt der Anruf beim Korrespondenten: „Mach doch mal was über den *clash of civiliziations* in Nigeria."

Hatten Sie während Ihrer Korrespondenten-Zeit die Möglichkeit auch über die schönen Sachen in Afrika zu berichten?

Ich habe mich, je länger ich in Afrika war, immer mehr mit Fragen der Religion, Kultur und Kunst beschäftigt und weniger mit Politik und Ökonomie. Man hat sich im Laufe der Jahre ein bestimmtes Instrumentarium zugelegt, um Probleme zu analysieren, der schwache Staat, die räuberischen Eliten, Missmanagement, Korruption, Paternalismus et cetera, aber das wird irgendwann langweilig, weil es sich wiederholt. Man wird auch im Laufe der Jahre enttäuscht von politischen Hoffnungsträgern, die am Ende genau so werden wie ihre Vorgänger. Irgendwann wendet man sich innerlich immer mehr von politischen und wirtschaftlichen Themen ab und beschäftigt sich lieber mit Gebieten, von denen man wenig weiß: Alltagskultur, Humor, Hexenglauben, Fußball. Da hat man dann die wunderbarsten Geschichten zu schreiben. Und die wirken wie ein Gegengift gegen all die Berichte, die man normalerweise produzieren muss.

Wäre es nicht hilfreich, stärker mit afrikanischen Journalisten zusammenzuarbeiten?

Nein, das würde ja den Beruf des Korrespondenten konterkarieren. Wir wollen ja mit europäischen Augen berichten und die Geschehnisse und Beobachtungen in unser Erfahrungsfeld einordnen. Umgekehrt wäre es ebenso sinnlos, wenn ich von hier aus für afrikanische Zeitungen über Deutschland schreiben würde. Ich finde es besser, dass dies Afrikaner tun. Die Lust am Fremden, am Übersetzen dieser Welt für die eigene Kultur, das macht den Beruf des Korrespondenten so reizvoll. Es wäre doch ziemlich langweilig, wenn jedes Land nur noch über sich selbst berichten würde.

Wie kommen Sie an Informationen?

Informationen liefern die klassischen Afrika-Zeitschriften, die Agenturen, der Nachrichtendienst der Vereinten Nationen und mittlerweile natürlich auch die vielen Hilfsorganisationen. Eine immer wichtigere Quelle ist heute natürlich das Internet. Ich kann mir gar nicht mehr vorstellen, wie das früher ohne *google* ging. Jede Recherche hat viel länger gedauert. Wenn man für große Zeitungen wie den *SPIEGEL* oder die *ZEIT* arbeitet, hat man überdies eine gute Dokumentation im Rücken, die einem mit gebündelten Informationen aus der deutschen, englischen und französischen Presse versorgt. Inzwischen sind auch die online-Ausgaben von afrikanischen Zeitungen eine wichtige Quelle. Es gibt ein Netz von *stringers*, die einem am Ort zuarbeiten. Das macht nach wie vor niemand so gut wie Mitarbeiter von *BBC*.

Wenn ich in eine Stadt komme, in der ich noch nie war, dann kontaktiere ich die örtliche Zeitung und frage einen Kollegen: „Worüber berichtest du heute? Darf ich dich auf deiner Recherche begleiten?" Dafür gibt es dann ein Informationshonorar. Oft braucht man auch Übersetzer, die zugleich viele Informationen liefern. Sehr wichtig für meine Arbeit ist das Lesen von Büchern. Das ist etwas, was Korrespondenten von Tageszeitungen schon allein aus Zeitgründen oft vernachlässigen müssen. Ich meine allerdings nicht die langweiligen politisch-ökonomischen Fachbücher, sondern richtige Literatur. Sie ist der Schlüssel zur Mentalität der Menschen, zu den Geheimnissen ihres Alltags, die man in keinem Zeitungsartikel entdecken wird.

Viele afrikanische Staaten, so sagt man, seien für Demokratie nicht geeignet. Was meinen Sie dazu?

Nachdem die weißen Herren in Afrika abgezogen waren, sprangen die schwarzen Nachfolger in ihre Seidenbetten und Swimmingpools, übernahmen das Gesinde und machten genau dort weiter, wo die Kolonialherren aufgehört hatten. Sie beuteten ihre jungen Staaten gnadenlos aus. Wobei der Staat und die Staatsmacht nur Kulisse waren, denn meistens regierten die neuen Eliten nicht weit über die Hauptstadt hinaus. Es gab keine funktionierenden Institutionen, keine Rechtsstaatlichkeit, und was Demokratie genannt wurde, war eine Farce.
Dennoch finden wir wunderbare Beispiele der Demokratisierung in Afrika, gerade in den letzten 15 Jahren: Südafrika, Mosambik, Ghana. Da spürt man, dass die Menschen Demokratie wollen. Man kann natürlich auch die alten Diskussionen erleben. Da sitzt dann der Häuptling unter einem Baum und schwärmt von der afrikanischen Ur-Demokratie, die viel besser war als die moderne Demokratie. Diese Romantisierung wird sehr gerne von Dritte-Welt-Bewegten im Norden nachgebetet. Dabei handelt es sich um einen Mythos. Im alten Afrika gab es demokratische Institutionen, es gab Ältestenräte und das im Palaver geübte Konsensprinzip. Aber Frauen und Jüngere wurden grundsätzlich ausgeschlossen. Die Verklärung der Vergangenheit ist also nicht sehr dienlich für die Diskussion über ein demokratisches Afrika.

Ich habe ein paar Fragen zu Ihrer Arbeitspraxis. Wie viel sind Sie tatsächlich am Ort und reisen in die Länder, über die sie berichten und wie viel entnehmen sie afrikanischen Medien? Wie ist die Zusammenarbeit mit afrikanischen und europäischen Kollegen als Austauschpartner, um Hindergründe zu verstehen? Wie finden Sie Ihre Themen? Sind nicht manche Länder Ihnen vertrauter als andere oder haben Sie einen gewissen Überblick?

Man bekommt im Verlauf von zwanzig Jahren ein einigermaßen differenziertes Bild von diesem Kontinent. Aber man merkt immer wieder, wie wenig man eigentlich weiß. Die wichtigste und lebendigste Erkenntnisquelle ist immer das Gespräch mit Menschen. Oft fehlt dazu allerdings die Zeit. Der eilige Korrespondent fliegt in die Hauptstadt, muss schnell eine Geschichte produzieren, spricht mit zwei Ministern. Dann wird meistens noch der Taxifahrer, das Zimmermädchen oder der Kellner an der Hotelbar zitiert, weil man sonst aus dem Volk keinen trifft.

Ich habe erst in Johannesburg gelebt und dann in Kapstadt. Kapstadt ist allerdings *somehow out of africa*. Das schafft ein Wahrnehmungsproblem: Man lebt im Grunde in einer britischen Stadt am Mittelmeer und fährt hinauf nach Afrika. Gleichzeitig beginnt dieses Afrika aber auch schon vor den Toren der Stadt, in den riesigen Townships, wo Xhosa und Zulu leben und die Armut regiert. Aber Kapstadt ist eine große Verdrängungsmaschine, und es ist nicht immer ganz einfach, die Welten zu wechseln.

Zur Frage des Reisens: Man versucht so oft zu reisen, wie es der Chefredakteur genehmigt und es die eigene Frau gutheißt. Denn es nicht so angenehm, wenn sich der Mann in Kriegsgebieten herumtreibt, wo kein Handy funktioniert und manchmal eine Woche lang kein Kontakt möglich ist.
Unter den Korrespondenten ist die Konkurrenz, die in den Heimatländern zwischen ihren Zeitungen herrscht, nicht da. Ich war lange Zeit sehr gut mit einem Korrespondenten der *FAZ* befreundet, obwohl wir ideologisch sehr weit auseinander lagen. Ich bin mit dem Kollegen von der *Süddeutschen* und der Kollegin vom *SPIEGEL* gereist. Man arbeitet zusammen, man hilft sich gegenseitig, da gibt es keinerlei Probleme. Natürlich gibt es auch Kollegen, die Konkurrenzverhältnisse schaffen, die werden aber in der Schicksalsgemeinschaft der Korrespondenten ziemlich schnell einsam.

Neue Themen entdeckt man oft im Gespräch mit Menschen. Es verändert oft auch die Art und Weise, wie man an Geschichten herangeht. Johannesburg, die „Mord-Hauptstadt" der Welt, hieß es zum Beispiel 1994, nach dem Ende der Apartheid. Da wurden in den Berichten oft die Ängste der Weißen ventiliert, und man tat so, als ob die schwarze Regierung die Kriminalität erfunden hätte, um sich an den Weißen zu rächen. Wenn man sich hingegen anhörte, was die Leute auf der Straße, schwarze Künstler oder die Menschen in den Townships, die viel mehr unter der Kriminalität leiden, dazu sagen, kam man auf eine ganz andere Ebene. Deshalb war es für mich immer sehr wichtig, afrikanische Freunde zu haben, weil die einem den Schlüssel für den Alltag in die Hand geben.

Wo sehen sie Hoffnung einerseits für den Journalismus in Afrika, anderseits die Wahrnehmung in Europa über Afrika und drittens für Afrika an sich?

Weil man in Afrika viele negative Dinge sieht, braucht man immer auch eine Gegenmedizin. Es gibt unglaubliche Gewaltexzesse, aber eben auch eine unbeschreibliche Versöhnungskraft, von der wir Europäer nur lernen können. Unser Gerechtigkeitswahn würde afrikanische post-genozidäre Gesellschaften vermutlich vollkommen zerfressen und zerstören. Die Fähigkeit zur Versöhnung, wie sie Ruanda oder auch Südafrika bewiesen haben, das ist eine Tugend, die wir Europäer in diesem Jahrhundert vielleicht noch brauchen können.

Ich habe kein Rezept für Afrika. Ich fände es aber fatal, wenn die Aufmerksamkeit für diesen Kontinent noch weiter reduziert wird und immer mehr Korrespondenten abgeschafft werden. Ich wünsche mir, dass über diesen Teil der Welt genau so gründlich berichtet wird wie etwa über ein Dorf in Niedersachsen. Da lässt sich nämlich jederzeit nachprüfen, welchen Unsinn wir Journalisten produziert haben. Aus Afrika gibt es kein Feedback. All die Menschen, die wir zitieren, können nicht lesen, was wir über sie geschrieben haben. Wenn wir aber über den Bürgermeister in Passau berichten, bekommen wir sofort Rückmeldungen. Ich will damit sagen: Es ist an der Zeit, Afrika genauso ernst zu nehmen, wie den Rest der Welt und uns selber. Denn hinter dieser oberflächlichen Wahrnehmung ist auch etwas zutiefst Rassistisches verborgen. Deshalb würde ich auch dafür plädieren, Nachwuchsjournalisten regelmäßig in die so genannte Dritte Welt zu schicken. Ich habe auch schon vorgeschlagen, dass jeder Politik-Redakteur der *ZEIT* einmal im Jahr dorthin fährt - allein schon deshalb, um die Sorgen zu relativieren, die wir hier auf sehr hohem Niveau pflegen. Aber leider passiert das nicht. Die Kollegen fahren lieber nach Washington, Paris oder Moskau. Oder sie reisen dem Ex-Außenminister Fischer nach Havard nach. Dort ist die Mitte der Welt, Afrika liegt nur am Rande.

Wie führen Sie denn persönliche Gespräche? Schließlich gibt es 2000 Sprachen in Afrika. Ist nicht der wichtigste Mann der Dolmetscher und bekommen Sie nicht vor allem deren Klischees vermittelt?

Die Bildungselite in den Städten spricht die Kolonialsprachen. Auf dem Land ist man in der Tat auf Übersetzer oder gute afrikanische Kollegen angewiesen. Es gehört zu den lehrreichsten Erfahrungen im Schlepptau eines einheimischen Reporters zu reisen, der seinen ganz normalen Job tut. Da bekommt man sehr viel mit. Irgendwann lernt man sogar eine andere Zeitökonomie und man begreift das Sprichwort „Europäer haben Uhren, Afrikaner haben Zeit." Man lernt die Geduld. Es nützt überhaupt nichts, wenn man im Kongo anfängt hektisch zu werden. Das Leben läuft so langsam dahin wie ein Fluss. Man sitzt in einem kleinen Dorf und guckt sich den Alltag der Menschen an. Irgendwie kann man sich verständigen, es gibt viele Möglichkeiten nonverbaler Kommunikation. Aber das ist eben auch eine Frage des Zeitaufwandes und des Reisebudgets. Leider können es sich nur noch wenige Zeitungen leisten, lange Recherchen zu finanzieren. Ich habe zum Beispiel eine Reise für *GEO* quer durch den Kontinent von Daressalam nach Duala gemacht. Sie hat fast sieben Monate gedauert und viel Geld gekostet. Ich weiß dieses Privileg sehr zu schätzen, man kann es sich leisten lange an Orten zu verweilen. Ich saß zum Beispiel in Kisangani im Kongobecken fest und wartete auf ein Schiff, es gab keine andere Möglichkeit der Weiterreise. Jeden Morgen ging ich hin und sprach mit dem Patron des Schiffes. „Ja, ja, ja, heute Nachmittag fahren wir ab." Nach sieben Tagen war ich immer noch in Kisangani. Ich hatte nichts mehr zu lesen, es gab keine Zeitungen, kein Fernsehen, keine Ablenkung. Da lernt der Europäer, was Zeit ist.

Journalisten sind Einzelkämpfer auf diesem Gebiet. Andererseits machen sie durch ihre Berichte auch Politik. Ist es denn denkbar, dass unter seriösen Zeitungen Absprachen getroffen werden können, Netzwerke gebildet werden, um zu einer anderen Afrikaberichterstattung zu kommen?

Ich glaube, zu solch einer Initiative wird man keinen Chefredakteur und keinen Herausgeber in diesem Land überreden können. Afrika ist marginalisiert und es spielt weder ökonomisch noch geopolitisch eine Rolle. Ich gebe Ihnen ein konkretes Beispiel. Ich war mit Bundespräsident Horst Köhler im April in Madagaskar und habe darüber geschrieben. Aber der Artikel liegt immer noch in der Redaktion und wird von Woche zu Woche geschoben. Es ist fast unmöglich, die Wahrnehmungsraster zu durchbrechen. Wir bräuchten einfach mehr Journalisten mit vielfältigeren Kenntnissen über Afrika. Ich will damit nicht behaupten, dass es nicht eine Reihe von hervorragenden Afrika-Korrespondenten gibt. Denken Sie nur an Stefan Klein, der heute in der *Süddeutschen Zeitung* eine brillante Reportage über den deutschen Militäreinsatz im Kongo geschrieben hat.

Wenn unsere Politiker Afrika so ernst nehmen würde, wie sie manchmal vorgeben, wäre schon viel erreicht. Vorbildlich ist die Afrika-Initiative von Bundespräsident Horst Köhler. Er nimmt dieses Engagement sehr ernst und er kennt aus seiner Zeit als Direktor des Internationalen Währungsfonds den Kontinent und seine führenden Politiker. Nun hat zwar ein deutscher Präsident keine Exekutivmacht, aber immerhin ist seine Initiative eine symbolische Geste, um in der Öffentlichkeit hartnäckige Denkschablonen aufzuweichen und Klischees zu durchbrechen. Es ist wirklich bemerkenswert, dass ein deutscher Bundespräsident zum ersten Mal *compassion* für Afrika zeigt. Er will, dass sich Europäer und Afrikaner endlich auf gleicher Augenhöhe begegnen und nicht als edle Geber und arme Bettler.

Jutta Roitsch
Ressortleiterin a.D., *Frankfurter Rundschau*

Beruf als Politik - Karl-Hermann Flach zwischen FDP und *FR*

Jutta Roitsch wurde 1942 in Königsberg geboren. Sie hat Politische Wissenschaften in Freiburg und Berlin studiert. 1966 machte sie ihr Diplom bei Kurt Sontheimer am Otto-Suhr-Institut. Von 1968 bis 2002 war sie Redakteurin und Ressortleiterin der Frankfurter Rundschau in Frankfurt und berichtete schwerpunktmäßig über Bildungs-, Arbeitsmarkt- und Gesellschaftspolitik. Seit 2002 ist Jutta Roitsch Vorstandsmitglied der Bürgerrechtsorganisation Gustav-Heinemann-Initiative (GHI).

„Demokratisierung bedeutet immer ein Stück Verflachung, zumindest in einer Übergangszeit. Nicht-Demokratisierung hieße aber Qualität bei einer Minderheit auf Kosten breiter Schichten."[1]

Der Satz steht in einem schmalen grünen Bändchen des Fischer-Verlags. Er ist 35 Jahre alt und stammt von Karl-Hermann Flach, einem Politiker und Publizisten, vielmehr einem Publizisten, der seinen Beruf politisch nutzte. Er gehörte zu jenem in Deutschland raren Typus eines Intellektuellen, der sich als Journalist einmischte und als Politiker handelte. Ein Grenzgänger also war er zwischen Macht und Medien. Ein Grenzgänger aber mit einem inneren Kompass und mit Charisma. „Jeder muss seinen Weg nach dem Gesetz gehen, nach dem er einmal angetreten ist", sagte er am 25. Oktober 1971 auf dem Freiburger Parteitag der FDP,[2] die ihn gerade zu ihrem ersten Generalsekretär gewählt hatte. Und alle Versuche der Freunde und der Familie, alle Petitionen der Redakteurinnen und Redakteure der *Frankfurter Rundschau*, deren stellvertretender Chefredakteur er war, ihn von diesem Schritt abzuhalten, waren gescheitert. Zwei Jahre später war dieser Mann, der sich selbst einen linken Radikal-Demokraten nannte, tot. Er bezahlte den „Preis der Macht", den er Jahre zuvor (1967) beschrieben hatte. „Er besteht vor allem in ihrer Auslieferung an eine physisch und psychisch ununterbrochen anhaltende Spannungslage."[3]

---

[1] Karl-Hermann Flach: Noch eine Chance für die Liberalen. Eine Streitschrift. Frankfurt a.M. 1971, S.82
[2] Karl-Hermann Flach: Liberaler aus Leidenschaft. München, Gütersloh, Wien 1974, S.115
[3] a.a.O., S.41

I.

Wer war dieser Mann, dem Hierarchien fremd waren und der eine in sich ruhende Autorität und Menschlichkeit ausstrahlte, die im hektischen Journalismus und im strapaziösen Parteialltag selten war und ist?

Karl-Hermann Flach, am 17. Oktober 1929 in Königsberg als Sohn eines Sägewerksdirektors geboren, nannte sich selbst einen liberalen Preußen, verpflichtet der Aufklärung, der kritischen Vernunft und der Sittlichkeit. Im letzten Kriegsjahr wurde der 15-Jährige zum Volkssturm eingezogen, mit der Mutter und zwei Schwestern flüchtete er von Ostpreußen nach Mecklenburg-Vorpommern, der Vater wurde mutmaßlich von den Sowjets ermordet. Als 17-Jähriger trat er in Rostock der Liberal-Demokratischen Partei (LDP) bei, versuchte sein Abitur nachzuholen, musste jedoch die Schule abbrechen, weil er schwer an Tuberkulose erkrankte: eine Krankheit, die nie richtig ausheilte und ihn zeichnete. Bei der Parteizeitung der LDP lernte er sein journalistisches Handwerk. In der Partei stieg er 1949 in den Landesvorstand auf. Er gehörte zum politischen Freundeskreis um den Mecklenburger Radikalliberalen Arno Esch, dem nach Art der Schauprozesse Stalins 1949 in der DDR der Prozess gemacht wurde: Von den 14 Angeklagten wurden acht zum Tode verurteilt; andere erhielten bis zu 20 Jahre Haft, einige in den berüchtigten Lagern Sibiriens. Flach, geschützt und gewarnt durch Freunde, gelang noch gerade die Flucht nach West-Berlin. Mit knapp zwanzig Jahren hatte Flach zwei Fluchten, eine Vertreibung und eine Verfolgung, hinter sich. Er knüpfte Kontakte zur West-Berliner FDP und studierte an der damaligen Hochschule für Politik, dem späteren Otto-Suhr-Institut an der Freien Universität Berlin, bis zum Abschluss, ging dann in der Bundeshauptstadt Bonn auf Arbeitssuche und schlug sich publizistisch durch. In der FDP gehörte er zu den jungen, treibenden Männern, die einen modernen Liberalismus einforderten. Er beschrieb den „dritten Weg" zwischen dem klerikalen Konservativismus eines Konrad Adenauer und dem marxistischen Sozialismus der SPD, die ihren Godesberger Parteitag (1959) noch vor sich hatte. In seiner ersten „Praxisphase" versuchte er zwischen 1959 und 1962 als Bundesgeschäftsführer der FDP die Partei zu öffnen, nicht nur für neue Wählergruppen, sondern vor allem für eine sozialliberale Koalition mit der SPD eines Willy Brandt. Er scheiterte mit seinem Kurs am Parteivorsitzenden Erich Mende, einer rechtsnational angehauchten, schillernden Figur, die weiter auf die Karten Adenauer und CDU/CSU setzte. Mit dieser „Kanzlerdämmerung" wollte Flach nichts zu tun haben, so wechselte er von der Macht zu den Medien.

Mit 32 Jahren ging er als Ressortleiter Politik zur *Frankfurter Rundschau*, zwei Jahre später war er stellvertretender Chefredakteur bei einem Blatt, dessen Chefredakteur-Verleger-Herausgeber Karl Gerold diesen streitbaren linksliberalen Kopf für ein neues politisches und überregionales Image brauchte. Acht, neun Jahre lang war Flach nicht nur der ruhende, intellektuelle Pol der Redaktion, sondern auch der einzige Mensch in der *FR*, den der gefürchtete, unbeherrschte und schwerkranke Gerold ertrug und respektierte. Von ihm duldete er Widerworte und akzeptierte, dass seine flammenwerfenden, teilweise grauslich-emotionalen Rundumschläge von Flach in die lesbare Form eines Leitartikels gebracht wurden: Flach verzog sich dafür oft auf die Herrentoilette, um Gerolds Daueranrufen aus seinem Schweizer Haus zu entgehen. Der schwierige Verleger und Chefredakteur aber ließ Flach als seinem Stellvertreter jeden publizistischen Freiraum, gab ihm schließlich in der Geschäftsführung Prokura. Hinter Flachs durch die Krankheit massig gewordenem Körper konnte sich eine junge Redaktion erproben, entfalten, austesten. Er schützte widerständige Geister, ermunterte die Jungen zu entschiedenen Kommentaren und verabscheute das Einerseits, Andererseits und Außerdem. Er verteidigte in Redaktionskonferenzen klare, aber begründete Meinungsäußerungen gegenüber allen Angriffen und Anfeindungen von innen und außen. Seine Toleranz gegenüber Andersdenkenden vor allem auch in der Redaktion war eine Herausforderung: für die einen, besonders verantwortungsbewusst und sorgfältig mit den Möglichkeiten des Journalismus umzugehen, schließlich definierte Flach Pressefreiheit als „treuhänderisch wahrgenommene Bürgerfreiheit".[4] Für andere lag die Verführung nahe, den gewährten Freiraum für Kampagnen (zum Beispiel gegen die Notstandsgesetze) zu nutzen. Aus der Sicht einer kleinen Gruppe von eher älteren Kollegen räumte er den Jungen viel zu viele Chancen ein, schickte sie auf Termine, Kongresse und Parteitage, um Politik dicht sehen und erfassen zu lernen.

Für die politische Reaktion, zu der ich seit dem 1. Mai 1968 gehörte, war er der „Garant für die Unabhängigkeit und das Profil des Blattes". So schrieben wir es in der Petition, mit der wir ihn zum Bleiben bewegen wollten. Als er am 25. August 1973 nach einer Hirnblutung aus dem Koma nicht mehr aufwachte, saßen wir in den Redaktionen, hackten auf den Schreibmaschinen herum, schnipselten, klebten und redigierten unsere Texte mit Tränen. Ich habe eine solche Trauer und ein solches Gefühl des Verlusts in den 33 Jahren meines aktiven Journalismus nie wieder erlebt.

II.

Wofür stand dieser Karl-Hermann Flach, der mit seinem Beruf Politik gemacht hat? War er Journalist oder Politiker? In seiner berühmten Rede über „Politik als Beruf" am 25. Januar 1919 sah der Soziologe Max Weber die Antriebskraft eines Berufspolitikers im Machtgefühl.

Er band dieses Machtgefühl aber an drei Bedingungen: an die Leidenschaft, an das Verantwortungsgefühl und an das Augenmaß. Flach erfüllte die drei Bedingungen, das Machtgefühl fehlte ihm allerdings. Seine Stärke lag in der Sprache

---

[4] a.a.O., S.220

und der Überzeugungskraft, mit der er für einen modernen Liberalismus warb. „Wer sich nicht klar und präzise ausdrücken kann, denkt auch meist verquollen",[5] ist einer seiner Sätze, an denen er sich selbst immer wieder maß. Er war darin so konsequent, dass er auf einen seiner Leitartikel mit einem Leserbrief in der *FR* antwortete und Punkt für Punkt seine Argumentation auseinander nahm. Der Brief wurde gedruckt und Flach enthüllte sehr vergnügt seine Autorenschaft.

Mit großer Entschiedenheit nutzte er - wie im übrigen zur selben Zeit auch die FDP-Mitglieder Ralf Dahrendorf über die *ZEIT* und Rudolf Augstein mit dem *SPIEGEL* - seinen Beruf zur Aufklärung, eher noch zur Klärung, was Liberalismus im 20. Jahrhundert sein könnte und was er auf keinen Fall (mehr) sein dürfte. „Liberalismus", so schreibt er in der Streitschrift, jenem legendären „grünen Buch", „heißt Einsatz für größtmögliche Freiheit des einzelnen Menschen und Wahrung der menschlichen Würde in jeder gegebenen oder sich verändernden gesellschaftlichen Situation".[6] Das ist ein Liberalismus, der die Grundrechte des Grundgesetzes allen Menschen einräumt, die unter ihm leben, aufwachsen und arbeiten. „Liberalismus bedeutet demgemäß nicht Freiheit und Würde einer Schicht, sondern persönliche Freiheit und Menschenwürde der größtmöglichen Zahl". Eine solche Auslegung erforderte eine offene Auseinandersetzung mit dem Kapitalismus und derjenigen Schicht, die zum Kernmilieu der FDP gehörte: Dem Besitzbürgertum. Und so spitzte Flach die Feder: „Der Kapitalismus als vermeintliche logische Folge des Liberalismus lastet auf ihm wie eine Hypothek. Die Befreiung des Liberalismus aus seiner Klassengebundenheit und damit vom Kapitalismus ist daher die Voraussetzung seiner Zukunft".[7]

Zwei weitere Sätze aus seiner Kapitalismuskritik verdienen es, aus der Versenkung geholt zu werden. Der eine lautet: „Das große Wort von der Gleichheit der Chancen blieb lange eine Phrase, hinter der sich extreme Ungleichheit tarnte." Und der zweite: „Der Kapitalismus wird nur überleben, wenn er die Entwicklung zur ständig zunehmenden Ungleichheit stoppt und allmählich umkehrt."[8] Auf diese Sätze wird zurückzukommen sein. Sie mögen sich als Widerhaken im Kopf festsetzen.

Wie aber bricht der Journalist Flach die Auslegungen des Parteitheoretikers Flach herunter auf den politischen Alltag? Womit beginnt er seinen Kampf um die Köpfe der Menschen?

„Man muss die Menschen nicht zu ihrem Glück zwingen: man muss mit ihnen diskutieren, um sie werben, sie zu überzeugen versuchen, auf ihre Emotionen Rücksicht nehmen", schreibt er und räumt gleichzeitig ein: „Überzeugungsarbeit ist die härteste Arbeit, sie setzt Geduld und innere Stärke voraus."[9] Und so drehte sich Flachs Kommentierung in den sechziger und frühen siebziger Jahren

---

[5] a.a.O., S.54
[6] Flach 1971, S.12
[7] a.a.O., S.17
[8] a.a.O., S.18
[9] a.a.O., S.86 f.

immer wieder um die Einlösung der Menschen- und Bürgerrechte in der deutschen Innenpolitik. Aus gegebenem aktuellen Anlass ist zu unterstreichen: vor über dreißig Jahren ging es diesem leidenschaftlichen Liberalen um die Verwirklichung von Sozialität und Chancengleichheit in der Gesellschaft, um die Bildungspolitik wie um die Humanisierung des Arbeitslebens. Unbestritten war für ihn ein aktiver, selbstbewusster Staat, der seine „Ausgleichsfunktion" wahrnimmt, „indem er die großen Einkommen und Vermögen stärker heranzieht, um die für alle gleichen sozialen Leistungen weiter zu steigern".[10] Der Rechtsanspruch auf eine Sozialversicherung war für ihn „wichtigster Besitztitel in der industriellen Massengesellschaft". Und er leitete daraus für seine Partei ab: „Die Befreiung von der Existenzangst, soweit menschenmöglich, gehört zu den entscheidenden liberalen Aufgaben in der Massengesellschaft".[11] Bürgerrechte am Arbeitsplatz, Mitbestimmung, Mitwirkung und Mitbeteiligung waren für ihn selbstverständliche Arbeitsfelder der Liberalen „des 20. und 21. Jahrhunderts": Er wusste, wie dick diese Bretter vor den Köpfen der meisten FDP- Funktionäre waren. Und er überzog sie mit schonungsloser Kritik.

In der Bildungspolitik hat er für neue durchlässige Bildungssysteme plädiert, den Schulkindergarten, die Gesamtschule und die Gesamthochschule. Ihm ging es nicht um formale Gleichheit, sondern um tatsächliche Startchancen in der Gesellschaft. Die Vorbehalte und massiven Widerstände in den Reihen seiner Partei, die Rundumschläge der Konservativen und ihrer publizistischen Sprachrohre gegen die angebliche Nivellierung und sozialistische Gleichmacherei konterte er mit einer schier unglaublichen Gelassenheit und Souveränität: „Dass mehr Gleichheit immer eine gewisse Nivellierung bedeutet, ein Einpendeln auf vergleichsweise mittlerem Niveau, wird nicht zu umgehen sein".[12]

Dieser Mann hatte keine Angst vor einer Demokratisierung und vor dem Verlust von Privilegien. „Ein Recht, das früher Privileg kleiner Schichten war, verliert an Bedeutung, wenn es demokratisiert wird".[13] Seine Kritik an der akademischen Oberschicht, Wissenschaftlern und Richtern, die ihre Privilegien mit allen Mitteln zu verteidigen suchte, fiel beißend aus. „Es kann nicht darum gehen, elitäre Privilegien ein wenig zu verbreitern, sondern veraltete Institutionen tatsächlich zu demokratisieren, zu rationalisieren und effektiver zu machen",[14] schrieb er im „grünen Buch".

Scharf rechnete er mit dem „Mummenschanz robenbehafteter Richter" ab und wandte sich „gegen jene akademische Arroganz, die sich für die Ausgebeuteten der Dritten Welt stark macht, aber nur eigene Privilegien im Sinn hat".[15]

Von keinem Professor ließ er sich vorhalten, systemkritische Fragen seien unangemessen und ungehörig für einen Journalisten. Die Unruhe an den Hochschulen, die Studentenproteste und die antiautoritäre Bewegung begrüßte er, um die

---
[10] a.a.O., S.32
[11] a.a.O., S.33
[12] a.a.O., S.85
[13] a.a.O.
[14] a.a.O., S.52
[15] a.a.O., S.54

„eingeschläferte Gesellschaft" zu provozieren und aufzuwecken. Doch zunehmend empfindlich reagierte er Ende der sechziger Jahre auf akademische Linke und den Studentenführer Rudi Dutschke, denen er ideelle Maßlosigkeit, pathologische Unduldsamkeit gegenüber Andersdenkenden und leichtfertiges Gerede von der Revolution vorwarf. „Wer die Massen verschreckt, sich im Grunde über sie erhebt und sich von der hohen Warte des Intellektuellen über sie lustig macht, der hat das Recht verwirkt, sich als Apostel des gesellschaftlichen Fortschritts auszuspielen", hielt er fest.[16] Klar und entschieden die Abgrenzung zu jeder Form von Gewalt, Krieg und Terror: „Man kann nicht Freiheit predigen und Terror provozieren oder produzieren".[17] An diesem Widerspruch seien die USA in Vietnam gescheitert, an diesem Widerspruch, so schrieb er bereits 1967 in der *FR*, könnte auch die außerparlamentarische Opposition in Deutschland scheitern. Und die herausgebellten Angriffe eines Rudi Dutschke auf die bürgerlichen Schreiberlinge und die „Scheißliberalen" beantwortete Flach kurz und knapp: „Ich bin jedenfalls lieber ein (linker) Spätliberaler als ein (linker) Frühfaschist" (*FR* vom 8.9.1967).

III.

Warum aber steht am Ende einer Ringvorlesung über Macht und Medien die Erinnerung an diesen Karl-Hermann Flach? Sicher, die FDP-nahe Friedrich-Naumann-Stiftung ist bei diesem öffentlichen Nachdenken über das Verhältnis von Politik und Publizistik mit dabei. Aber hinterließ der Politiker Flach irgendeine Spur in der Partei, die er auf den „dritten Weg" bringen und zu einer liberalen Volkspartei machen wollte? Prägte der Publizist Flach mit seinem klaren Kopf und kritischem Verstand einen liberalen Journalismus, der sich der Aufklärung verpflichtet und mit der „treuhänderisch wahrgenommenen Bürgerfreiheit" verantwortlich umzugehen weiß?
Die Antworten auf die Fragen nach den Wirkungen und Spuren dieses Mannes sind ernüchternd. Die Erinnerung an Flach ist auch eine Erinnerung an die Geschichte eines Scheiterns.

Die FDP verlor mit seinem Tod eine charismatische Figur, die die auseinanderstrebenden Flügel der zunehmend marxistisch-orthodox angehauchten Jungdemokraten, der Bildungsbürgerlichen und der konservativen Mittelständler hätte zusammenhalten können. Spätestens Mitte der siebziger Jahre wurden die Bruchlinien in den FDP/SPD-Regierungsbündnissen auf Bundes- und Landesebene deutlich. Ausgehend von Hessen zeichnete sich das Ende der sozialliberalen Ära ab. Der bildungsbürgerliche Flügel mit der streitbaren Hildegard Hamm-Brücher, die mit der demokratischen Schulreform in Hessen begonnen hatte, wurde Zug um Zug von den Wirtschaftsliberalen an den Rand gedrängt, die

---
[16] a.a.O., S.87
[17] Flach 1974, S. 195

Jungdemokraten durch Spaltung geschwächt und schließlich durch die biederen Jungliberalen, die Julis, als Nachwuchsorganisation ersetzt. Nach dem fliegenden Regierungswechsel der FDP von Helmut Schmidt zu Helmut Kohl verließen prominente Linksliberale wie Ingrid Matthäus-Maier und Günter Verheugen die Partei. Von dem Weg zu einer liberalen Volkspartei der Bürger- und Menschenrechte, der breiten Demokratisierung der Gesellschaft, war die FDP bereits zehn Jahre nach Flachs Tod weit abgekommen. Und den Bogen zurück fand sie bis heute nicht.

Von der intellektuellen Kraft und Leidenschaft eines Karl-Hermann Flach ist im heutigen politischen Liberalismus nichts zu spüren, wer immer sich als Berufspolitiker, als Generalsekretär oder Geschäftsführer darauf beruft. Sie machen ihren Job als brave bis biedere Sachverwalter, fern jeder Intellektualität.

Gescheitert ist auch der kurze Traum eines Peter Glotz, Flachs linke Liberalität und seine entschiedene bürgerrechtliche Sozialität in der Sozialdemokratie zu verankern. Glotz, wie Flach ein hochintellektueller Grenzgänger zwischen Politik und Publizistik, versuchte in seiner Zeit als Bundesgeschäftsführer der SPD in Bonn (1981 bis 1987) die Partei auf Flachs dritten Weg zu orientieren und zu öffnen. Glotz setzte auf die SPD-nahen Intellektuellen, die Linksliberalen der FDP und vor allem die Jungen in der Partei, die durch die Bildungsreform und Bildungsexpansion in den sechziger und siebziger Jahren des vorigen Jahrhunderts an die Hochschulen gekommen, durch die Studentenunruhen politisiert und bewegt worden waren und den „Marsch durch die Institutionen" angetreten hatten. Doch Glotz irrte sich grundlegend. Mit der Parteigründung der GRÜNEN und ihren ersten parlamentarischen Erfolgen sprangen viele junge Wissenschaftler vom alten Tanker SPD ab und hüpften auf die modernen, wendigen grünen Boote. Aber vor allem: Der unaufhaltsame Aufstieg der sozialdemokratischen Funktionärsschicht in ein akademisch geprägtes, betont bürgerliches Milieu mit Theater-Abonnement und Gymnasialbesuch der Kinder führte keineswegs zu einem Denken, das sich aus dem engstirnigen, kleinbürgerlichen Mief gelöst hätte: Zu Offenheit und großer Liberalität, zu bürgerlicher und bürgerrechtlicher Toleranz, zu individueller Freiheit und gesellschaftlicher Verantwortung gegenüber demokratischer Teilhabe von möglichst vielen, auch den Menschen, die aus Europa oder anderen Teilen der Welt nach Deutschland geholt wurden oder eingewandert sind.

Kurz gefasst: die radikal-demokratische Liberalität, die ein Mann wie Flach einforderte, hat heute keine parteipolitische Plattform. Aber hatte sie das in Deutschland wirklich jemals? Die große Herausforderung für einen politischen Liberalismus, der dem Sozialen wie der Demokratie verpflichtet ist, wäre heute, ein Gesellschaftsbild für eine deutsche Einwanderungsgesellschaft zu entwickeln, in dem sich unterschiedliche Kulturen, aber auch die unterschiedlichen Geschichten der Menschen in Ost und West wieder finden, und in dem der Spaltung in Gewinner und Verlierer, in Dazugehörige und Ausgegrenzte wieder durch Politik begegnet wird. Erinnert sei noch einmal an die Sätze Flachs mit den Widerhaken: „Liberalismus heißt Einsatz für größtmögliche Freiheit des einzelnen Menschen und Wahrung menschlicher Würde in jeder gegebenen oder sich verändernder gesellschaftlichen Situation".[18] Und: „Das große Wort von der Gleichheit der Chancen blieb lange eine Phrase, hinter der sich extreme Ungleichheit tarnte".[19] Diese Aufträge an eine demokratische Gesellschaft sind noch immer uneingelöst. Im Gegenteil: die im Sommer 2006 beschlossenen Änderungen des Grundgesetzes und der damit eingeläutete Wettbewerbsföderalismus wird die Ungleichheit noch vertiefen - mit der Spaltung in arme und reiche Bundesländer, mit unterschiedlichen, vom Bundesverfassungsgericht als Element eines Bundesstaates bewusst gewollten, „partiell-differenzierten" Zugängen zu Bildung und Arbeitsmarkt. Und der Kapitalismus schaltet und waltet gegenwärtig, ohne im Geringsten „die Entwicklung zur ständig zunehmenden Ungleichheit"[20] zu stoppen und allmählich umzukehren. Er ist damit zu einer Gefahr für eine demokratische Gesellschaftsordnung geworden. Nur: Wer schreibt darüber noch?

Daher ein kritischer Blick auf die Medien im Allgemeinen und zunächst die *Frankfurter Rundschau* im Besonderen. Flachs große Liberalität nach Innen und sein Respekt vor der „geistigen Arbeit" der Journalisten verlangte den Redakteurinnen und Redakteuren ein hohes Maß an Eigenverantwortlichkeit und Kompetenz ab. Die Art, wie er mit seiner „inneren Stärke" die Ebenen von Politik und Publizistik auseinander zu halten verstand, war für uns in der *FR* eine Herausforderung, immer wieder Distanz und Nähe zu Politikern wie politischen Parteien oder Organisationen von der Kirche bis zu den Gewerkschaften zu überprüfen. Diese Spannung hielten nicht viele aus.

Es folgten Debatten über aktiv-einmischenden Journalismus und reaktiv-begleitenden Journalismus, aber auch Debatten über straffe Führung und Vorgaben durch den Chefredakteur und den Stellenwert des Politischen in der Zeitung insgesamt. So habe ich mit gespannter Neugier den Text von Uwe Vorkötter gelesen, der die Reihe „Macht und Medien" eröffnete und nun neuer Chefredakteur der *FR* ist. Mit zwei Sätzen möchte ich mich damit auseinander setzen. Zum Beruf des Journalisten sagte er, es sei nicht seine Aufgabe, die Wirklichkeit eins zu eins abzubilden: „Unsere Aufgabe ist es, das Interessante rauszufischen und nicht das Langweilige". Die Medien, so führte er weiter aus, seien „Mittler zwischen Politik und Wähler und politische Inhalte, die nicht über die Medien transportiert werden, werden dann im Zweifel gar nicht transportiert oder nur so, dass sie ganz wenige Leute erreichen". Was aber ist das Langweilige, das aus der Zeitung gestrichen wird? Die Demokratieentwicklung in Deutschland, die alltägliche Missachtung der Bürgerrechte, die fehlende Liberalität und Menschlichkeit in der deutschen Politik? Fallen intellektuelle Analysen, kluges Nachdenken über schwierige politische Zusammenhänge unter den Verdacht des Langweiligen?

---

[18] a.a.O., S.12
[19] a.a.O., S.18
[20] a.a.O.

Und wieso sind Medien Mittler zwischen Politik und Wähler? Wo sind die treuhänderisch wahrgenommenen Bürgerfreiheiten geblieben: Für die Menschen, die nicht wählen - dürfen und können? Uwe Vorkötters Blick reicht so weit nicht. Oder sollte ich mit einem Schuss Optimismus sagen: noch nicht? Vielleicht aber hat der neue Chefredakteur auch eine völlig andere Aufgabe, nämlich eine ökonomische: Unter Verzicht auf die Überregionalität die *FR* rentabel zu machen als Regionalzeitung. Dann ist auch in der *FR* die Erinnerung an Karl-Hermann Flach gelöscht.

Mit großer Sorge beobachtete er bereits zu Beginn der siebziger Jahre des vorigen Jahrhunderts den Konzentrationsprozess im Pressewesen. „Wo der Wettbewerb meinungsmäßig unterschiedlicher Organe verschwindet, endet die Informationsfreiheit", schrieb er 1972. Vehement setzte er sich für die innere Freiheit in den Redaktionen ein, für Mitbestimmung und Mitwirkung, denn: „Journalistische Arbeit ist geistige Arbeit hoher Qualität, man kann sie auf Dauer nicht nach überkommenen hierarchischen Strukturen organisieren".[21] Die heutigen inneren und äußeren Bedingungen in den Medien weisen in eine andere Richtung: gefragt ist der rundum flexible Redakteur, der vom Sport bis zur Spätschicht einsetzbar ist und möglichst keine hohen Ansprüche stellt. Um die Redaktionen herum kreisen (kostenlose) Praktikanten, Ich-AGs und Pressebüros, in denen sich die so genannten Freien gegenseitig stützen. Für die Ausübung der „geistigen Arbeit" bleibt wenig Raum.

Aber ist sie überhaupt noch gewollt? Flach setzte seinen Beruf politisch ein, versuchte massiv die politische Meinungsbildung zu beeinflussen, um seiner Vorstellung von einer liberalen und sozialen Demokratie näher zu kommen. Er warb immer wieder neu um die Leser und Leserinnen, eindringlich, klar und unverschnörkelt. Eine profilierte Meinung war ihm wichtiger als eine schöne Feder, auf die heute die Journalistenpreise herabrieseln wie Konfetti in einer Galaparade. Sein politisches und intellektuelles Verständnis vom Beruf des sich aktiv einmischenden Journalisten teilen die wenigsten Nachfolgerinnen und Nachfolger. Die schön geschriebene Reportage zählt mehr als ein meinungsfreudiger, sachlich kompetenter Leitartikel. Wo sind jenseits der unsäglichen mittelmäßigen Talkshows die intellektuellen Plattformen, auf denen gestritten werden kann? Wo sind die Zeitschriften für die theoretischen Debatten, die für eine lebendige Streitkultur notwendig sind? Sang- und klanglos verschwinden sie ganz vom Markt wie die *Gewerkschaftlichen Monatshefte* oder „virtuell" ins Internet. Wo sind die profilierten Meinungsmacher, die die Sorge über die demokratische Entwicklung in Deutschland umtreibt, die sich trauen, Systemfragen zu stellen und die alltägliche Ungleichheit, an der zum Beispiel das deutsche Bildungswesen maßgeblich beteiligt ist, zu kritisieren? Immer wieder, wachsam, hellhörig und misstrauisch gegenüber falschen Tönen oder Worten?

---

[21] a.a.O., S.220

Es ist doch kein Zufall, dass politische Essays, kritisch zugespitzte Analysen und Kommentare heute in den deutschen Medien in die Feuilletons ausgewandert sind und dort ihr Dasein fristen, ohne von der politischen Klasse überhaupt wahrgenommen zu werden. Einer der wenigen, der durchdringt und sich von der politischen Meinungsseite nicht verdrängen lässt, ist Heribert Prantl in der *Süddeutschen Zeitung*. Doch ein Prantl reicht nicht, um journalistisch das demokratische „Wächteramt" oder die treuhänderisch wahrgenommene Bürgerfreiheit einzulösen. An diese Aufgabe müssen sich schon mehr Verantwortliche in Politik und Publizistik wagen, wenn der politische Liberalismus noch eine Chance haben soll, persönliche Freiheit und Menschenwürde für eine größtmögliche Zahl zu sichern.

Diskussion

Ich habe im Jahr 1971 mein erstes Proseminar gegeben - über John Locke und den Liberalismus. Die abschließende Sitzung war Karl-Hermann Flach gewidmet. Ich war Feuer und Flamme für das, was Flach als einen kapitalismuskritischen Liberalismus aufgeführt hat. Ich denke, das war eine Position in der damaligen Zeit, die eine Möglichkeit bot, sich nicht bei der radikalen Linken zu verankern und trotzdem für Reformen und Veränderungen einzutreten. Die Flach'schen Thesen konnte man in etwa so zusammenfassen: Der Liberalismus ist entstanden als eine Bewegung, die das Eigentum schützen möchte, und er muss sich zu einer Bewegung entfalten, die die Freiheit zu schützen hat. Das bedeutet, dass sie auch kapitalismuskritisch sein muss. Ich frage mich, was Flach wohl heute gesagt hätte zu den Problemen, vor denen wir stehen und wo es offensichtlich nicht mehr so einfach ist, den Kapitalismus kritisch zu behandeln und stattdessen den Wohlfahrtsstaat, wie er sich mit Hilfe der linken FDP entwickelt hat, weiterhin zu verteidigen. Ich denke, das ist ein echtes Problem. Ich bin der Meinung, dass man mit der Überlegung, die Sie herausgestellt haben, man müsse Ungleichheit beseitigen - im kapitalismuskritischen Sinne - heute kaum mehr weiterkommt. Überspitzt formuliert ist der Kapitalismus heute der größte Gleichmacher, den wir haben. Aber im Zuge der Globalisierung ist es eine Gleichmacherei nach unten. Das sind Probleme, auf die wir Antworten finden müssen. Es würde mich sehr interessieren, ob Flach in der Lage gewesen wäre, diese Antworten zu finden. Es scheint mir das entscheidende Dilemma der gegenwärtigen FDP zu sein.

Ich gebe es immer noch nicht auf, für mehr Gleichheit für die größtmögliche Zahl zu kämpfen. Ich glaube, dass Demokratie als akzeptierte Gesellschaftsform anders keine Überlebenschance hat. Wir sind im Augenblick in der Bundesrepublik dabei, uns - beschleunigt durch die rot-grüne Ära unter Schröder - in Richtung autoritäre Präsidial- und Kommissionsdemokratie zu entwickeln. Und da vermisse ich von Politikwissenschaftlern eine entsprechende Aufmerksamkeit in Bezug auf die Entwicklung der Demokratie. Wir haben zum einen den Zug zum Autoritären, zum anderen den Wettbewerb und zudem diesen Zusammenklang von wirtschaftsliberalen, marktradikalen Wettbewerbsbefürwortern einerseits, Euro-Skeptikern andererseits und dem Zweiten Senat des Bundesverfassungsgerichts. Letzterer hat im Zuge der Europäisierung seine eigene Machtabschwächung gesehen und in den letzten drei bildungspolitischen Urteilen zu Beginn dieses Jahrtausends klar definiert, dass Ungleichheit ein Element des Bundesstaates zu sein hat. Der Begriff des "Partiell-Differenzierten" hat sich ja nun in der Föderalismus-Reform niedergeschlagen, die kürzlich verabschiedet worden ist und die ich mit großem Bedenken sehe. Aber auch da stelle ich bei meinen Kollegen und bei den Politologen fest, dass es außer Prantl keine Leute gibt, die das Wächteramt wahrnehmen und sagen, damit bahnt sich in Deutschland eine Entwicklung an, die politisch gewollte Ungleichheit zum Ziel hat. Ich glaube, Flach hätte sich massiv dagegen verwahrt. Vor allem auch gegen die Ungleichbehandlung des Ostens. Es wäre wahrscheinlich sein Lebenstraum gewesen, die Vereinigung noch miterleben zu dürfen, aber nicht so, wie sie in den letzten 16 Jahren gelaufen ist. Da wäre er bestimmt ein Mitstreiter gewesen für das Einklagen von demokratischer Teilhabe und gegen die Wiederentstehung einer neuen deutschen Klassengesellschaft.

Karl Hermann Flach ist 1973 gestorben. Ist Ihnen seitdem jemand aus der Politik oder der Publizistik begegnet, auf den Sie Hoffnung gelegt hätten, ähnlich wie Flach zu werden?

Der eine ist für mich Peter Glotz gewesen. In der Publizistik mein Kollege Heribert Prantl. Teilweise auch über lange Jahrzehnte Jürgen Leinemann vom *SPIEGEL*, dessen jüngste Entwicklung, dass er nur noch Politik über Personen vermittelt, ich jedoch für zu eng halte. Ich finde es schade, dass er diesen Weg geht.
Diese politische Intellektualität und dieses Grenzgängertum zwischen Politik und Publizistik hatten nach meiner Erfahrung eigentlich nur Karl-Hermann Flach und dann lange Zeit Peter Glotz.

In dem Vortrag von Jürgen Leinemann im Rahmen dieser Ringvorlesung ging es um die Frage, wie viel Prozent der politischen Wirklichkeit eigentlich von Personen und wie viel von politischen Systemen und Strukturen abhängig sind. Wenn man diese Fragestellung auf Flach bezieht: Hatte er uneingeschränktes Vertrauen in die Gestaltungsfähigkeit durch die Menschen oder sah er die Menschen eher Systemen und Strukturen ausgesetzt?

Flach hat ja Biografien geschrieben, beispielsweise über Adenauer oder Erhard. Aber ihm ging es um Strukturen. Ihm ging es um das "Anschieben", um das "Ziehen". Journalisten - wenn sie sich aktiv einmischen - sind ja auch "Zieher" und Erzieher wenn Sie so wollen. Das ist immer eine kritische und gefährliche Gratwanderung. Ihm ging es um die Verbreiterung der demokratischen Decke und nicht so sehr um Menschen und Männer - es waren ja im Wesentlichen Männer damals.

Ich würde gern noch mal auf eine Schnittstelle von Politik und Publizistik kommen, die Sie angesprochen haben, indem Sie noch mal auf Uwe Vorkötter rekurriert haben, nämlich da, wo es um die Langeweile geht. Sie plädieren für die Langeweile, indem Sie Raum einfordern für den intellektuellen Diskurs in den Medien, der ja als langweilig wahrgenommen werden mag. Was glauben Sie, wie unter den Rezeptionsbedingungen des 21. Jahrhunderts politischer, aufklärerischer Diskurs durch Medien und Politik vermittelt werden kann?

Man muss es einfach machen. Ich habe das Glück gehabt, dass ich den Schutz der ersten, jungen Jahre hatte, den Schutz von Karl Hermann Flach, der seine Hand über mich gehalten hat, als es sehr kritisch wurde mit anderen Kollegen. Er hat mir immer gesagt: Mädchen, lass dich nicht einschüchtern. Geh deinen Weg. Schreib das, was du für richtig hältst und was du im Kopf hast. Solange ich es kann, werde ich dich schützen.
Und als er es dann nicht mehr konnte, hat er mich aus der Außenpolitik zurückgezogen in die Innenpolitik. Aber auch da habe ich mich dann durchgesetzt. Es ist auch eine Frage der - wie er so schön sagte - „inneren Stärke": wofür man steht und was man mit dem Beruf, für den man bezahlt wird, macht und wie weit man sich durch Strukturen entmutigen lässt. Da ist mir im Augenblick bei der Generation von Journalisten, die in der Wendezeit um die 40 war, zuviel Kleinmut und anpasserisches Verhalten vorhanden. Ich wünschte mir da mehr Meinungsfreude und ich glaube auch, dass das gedruckt würde.

Ich komme aus der Ukraine und meiner Ansicht nach herrscht in Deutschland vollkommener Sozialismus. In meinen Augen wäre ein reifer Kapitalismus besser als ein Sozialismus mit fehlender Eigenverantwortung. In der Ukraine müssen wir uns viel härter durchsetzen. Ich denke, in Deutschland ist die liberale Idee höchstaktuell.

Deutschland ist definitiv kein sozialistisches Land. Aber die liberale Idee ist immer an das Soziale gebunden. Und die zentrale Frage, die Flach damals gestellt hat und die ich sozusagen in seiner Nachfolge auch stelle, ist: Wie demokratieverträglich ist die gegenwärtige Kapitalismusentwicklung? Die augenblickliche Kapitalismusentwicklung ist weder in Ihrem noch in unserem Land demokratiefördernd. Das muss man ganz klar sehen. Von dem Fortschritt in der Ukraine profitiert eine ganz kleine Schicht. Bei uns ist das zunehmend auch der Fall. Wir haben uns seit Mitte der Achtziger mit einer Rapidität wieder in eine Klassengesellschaft zurückentwickelt, wie ich es nie für möglich gehalten hätte.

Was würde Herr Flach Ihrer Meinung nach zu folgender Aussage sagen: Es geht um Freiheit, gleichzeitig Demokratie und gleichzeitig Kapitalismus aber nicht um Gleichheit. Es geht einfach darum, dass Kapitalismus, die soziale Komponente und Freiheit sehr gut zusammenpassen. Ohne Freiheit und Kapitalismus gibt es keinen Wohlstand. Das kann man in vielen Staaten der Welt sehen. Es passt zusammen. Auch die FDP bekennt sich zur Sozialen Marktwirtschaft. Aber nicht zum Sozialismus, wie wir ihn jetzt in Deutschland haben. Natürlich beinhaltet der Sozialismus hier Teile des Kapitalismus. Aber meiner Meinung nach haben wir in Deutschland zu 80 Prozent Sozialismus und zu 20 Prozent Marktwirtschaft. Und das ist falsch.

Was für ein System haben Sie denn Ihrer Einschätzung nach im gegenwärtigen Russland von Putin?

Was das politische System angeht eine Diktatur. Das Wirtschaftssystem ist eindeutig staatskapitalistisch.

Was ich nach dieser Diskussion für das Otto-Suhr-Institut dringlich finde, ist die Wiederbelebung der Kapitalismus-Kritik. Das gilt für meine Zunft ganz genauso. Eine intellektuelle Auseinandersetzung über Kapitalismus und Kapitalismus-Akzeptanz und darüber, inwieweit auch der gegenwärtige Kapitalismus ukrainischer, russischer und europäischer Prägung mit Demokratiebestrebungen überhaupt noch vereinbar und vergleichbar ist, halte ich für angebracht und dringend.

Christian Walther

**Nachwort: Politologie und Publizistik in Berlin -
einige (un-) akademische Bemerkungen zu einem akademischen Defizit**

I.

Der Flieger hebt sich in den Himmel über Washington, nimmt Kurs nach Südwest und landet ziemlich präzise 60 Minuten nach dem Start auf dem Flughafen Raleigh-Durham in North-Carolina. Auf der Interstate 40 geht es nach Durham, einem Ort, der früher eine beachtliche Rolle in der Tabakproduktion spielte. Durham ist Heimat der Duke-University, einer der Top-Unis in den USA, und die Ironie der Geschichte will es, dass man dem Universitätsklinikum beträchtliche Leistungen auf dem Gebiet der Lungentransplantation nachsagt.
Der alte Campus der 1924 aus Mitteln der Tabakindustriellenfamilie Duke finanzierten Universitätsgründung wird geprägt von einigen Bauten im gotischen Stil. Das *Terry Sanford Institute of Public Policy* aber ist ein etwas abseits gelegenes, postmodernes Gebäude, mit dem Studentenausweis Tag und Nacht zu öffnen und ein Ort vorbildlicher Verknüpfung politischer und journalistischer Fragestellungen.
Unter dem Dach des Instituts sind mehrere Zentren und Programme zuhause, die den interdisziplinären Charakter des Hauses prägen - darunter Zentren für Internationale Entwicklung, für Gesundheitspolitik oder für Kinder- und Familienpolitik, aber auch das *DeWitt Wallace Center for Media and Democracy*.
DeWitt Wallace war der Gründer von *Reader's Digest* und ihm - bzw. seiner Stiftung - ist die Gründung des Zentrums für Medien und Demokratie zu verdanken. Hier wird gelehrt und geforscht zum Verhältnis von Politik und Publizistik. Seminare unter Beteiligung von Top-Journalisten und Politikern heißen dann beispielsweise "Globalization, Democracy and the News". Man spricht über die Rolle des öffentlichen Rundfunks in der Europäischen Union, über Fernsehen und Wahlen in Russland, über ethnische Konflikte, Völkermord und die Medien oder eben generell über Globalisierung und die politische Berichterstattung.
Als ich selbst dort war, als RIAS Berlin Kommission Media Fellow 1997, standen Seminare zur Gewalt in den Medien, zur Ethik im Journalismus oder auch schlicht zum journalistischen Schreiben auf dem Lehrplan. Dazu Begegnungen mit und Vorträge von Prominenten aus Politik und Publizistik - Lea Rabin etwa oder der frühere NBC-Korrespondent im Weißen Haus, John Dancy. Mid-Career-Programme, also Fortbildungsangebote für Menschen, die mitten im Berufsleben stehen, runden das Angebot ab, das beständig Studierende aus aller Welt anzieht, darunter eben auch ausgewachsene Journalisten.
Politik und Publizistik, so lernen wir durch das praktische Beispiel, können in einem Haus, unter einem Dach betrachtet, untersucht, gelehrt werden. Und wer das Verhältnis von Politik und Publizistik, von Macht und Medien zum Gegen-

stand von Forschung und Lehre machen will, ist wahrscheinlich gut beraten, es genau so zu tun. Selbst wenn man dabei 60 Flugminuten von der Hauptstadt entfernt ist.

II.

Das Haus Gelfertstraße 11 gehört zu jenen Dahlemer Villen, die das Gesicht der Freien Universität in ihren frühen Jahren prägten. Das Haus stand früher im Eigentum der Kaiser-Wilhelm-Gesellschaft und war auch schon länger - im weiteren Sinne - Ort wissenschaftlicher Arbeit. Hier war einst die zum Geheimen Staatsarchiv gehörende, 1938 dem Innenministerium, ab 1943 dann sogar dem Reichssicherheitshauptamt unterstellte und vom Staatsarchiv abgetrennte „Publikationsstelle" untergebracht, die sich unter der Leitung des späteren Marburger Archivdirektors Dr. Johannes Papritz intensiv mit osteuropäischen Publikationen journalistischer wie wissenschaftlicher Provenienz beschäftigte, insbesondere, soweit es dabei um Fragen der ostdeutschen und polnischen Geschichte ging. Die meisten Publikationen der Publikationsstelle erschienen - wie es im Findmittelinfo des Bundesarchivs heißt - „ausschließlich ‚für den Dienstgebrauch' und wurden nur an Dienststellen und Institute übersandt, die sich zuvor schriftlich zur vertraulichen Behandlung der Materialien verpflichtet hatten."
Aber all das hat wenig zu tun mit dem, was vom November 1950 bis zum Sommersemester 1954 das Haus erfüllte - nämlich das Nebeneinander von Politikwissenschaft und Publizistik unter einem Dach. Hier hatten das Institut für Politische Wissenschaft der FU, das später mit der Deutschen Hochschule für Politik zum Otto-Suhr-Institut verschmelzen sollte, und das Institut für Publizistik zeitweilig ihre gemeinsame Heimat. In einer Person verband sich dieses Nebeneinander geradezu idealtypisch: In dem Zeitungswissenschaftler Emil Dovifat, dessen Rolle im Nationalsozialismus nicht unumstritten ist, der seinen Lehrstuhl verlor und untertauchte, der wieder auftauchte und auch wieder lehren durfte, der Konzessionen machte, unzweifelhaft Antisemitisches schrieb, der jedenfalls überlebte, obwohl es auch anders hätte kommen können. Der im heutigen Belgien geborene Dovifat war konservativ und katholisch, vielleicht auch sehr konservativ und sehr katholisch. In der Nazizeit galt er deshalb als politisch unzuverlässig, auch wenn er intensiv, mit teilweise beachtlichem Erfolg und schamlosen Zugeständnissen an das Regime, versuchte, sich durchzulavieren. Dietrich Berwanger hat diesen Mann beschrieben - aus der Begegnung an der FU zu Beginn der 60er Jahre: „Eine hünenhafte Gestalt, immer am Stock (ich glaube wegen einer Kriegsverletzung im 1. Weltkrieg). Außerhalb der Universität eine Art Weihbischof der katholischen Laienbewegung. Geprägt durch das rheinische Kulturkampfmilieu und die katholische Soziallehre. Ein Mann der großen rhetorischen Geste, der gelernt hatte, Reden zu halten, bevor es Mikrophone gab."
Bei Dovifat verbinden sich Macht und Medien nicht nur biografisch, indem er - vor und nach der Nazizeit - neben seiner journalistischen und publizistischen

Tätigkeit auch politisch und dabei oft medienpolitisch tätig ist. Dovifat verknüpft auch Macht und Medien, in dem er den Journalismus nicht für eine zum schnellen Verbrauch bestimmte kurzlebige Abart der Literatur hält, für eine gedruckte Form der Unterhaltung, sondern für eine explizit öffentliche Aufgabe von hohem politischen Rang. Nicht zufällig ist sein Standardwerk „Handbuch der Publizistik" „allen gewidmet, denen tätige Mitarbeit im öffentlichen Leben Gewissenspflicht ist." Er skizziert darin die „publizistische Persönlichkeit", der er aktuell abverlangt, „auch in der Massendemokratie die immer neuen Aufgaben, die das öffentliche Leben stellt, von der Gemeinde bis zur Staatsführung und sogar bis in die internationalen Bindungen hinein dem Volksganzen in Freiheit und Verantwortung nahe zu bringen." Zugleich verneigt er sich vor den historisch Großen dieser Gattung, vor Joseph von Görres und Heinrich Heine, vor Theodor Wolff und Carl von Ossietzky, aber auch vor einem Rhetoriker wie Mahatma Gandhi - einem „Publizisten der Tat und des Beispiels", dem er mit Hinweis auf die gleichnamige Dissertation von Karlheinz Renfordt Referenz erweist. Dovifat nennt respektvoll zahlreiche „publizistische Persönlichkeiten" unterschiedlichster Gesinnung, erwähnt Marx und Engels. Das „Kommunistische Manifest" - „volkstümlich vereinfacht und publizistisch genial formuliert" - erwähnt er dabei als „eine der besten Flugschriften der Weltgeschichte". Sein Herz schlägt allerdings eher für Arthur Koestler, den Autor der „Sonnenfinsternis", dessen Bruch mit dem Kommunismus gekommen sei als „zu Ehren Ribbentrops die Hakenkreuzfahne auf dem Moskauer Flughafen gehisst wurde und die Kapelle der Roten Armee das Horst-Wessel-Lied anstimmte."
Ob und wieweit die räumliche Nähe in der Gelfertstraße tatsächlich interdisziplinäre Bemühungen beförderte - ich weiß es nicht. Doch Dovifat musste nicht aus einem zeitungswissenschaftlichen Elfenbeinturm in die Arena der Politik gedrängt werden - er war schon dort: Er war beteiligt an der Gründung der CDU in Berlin, beteiligte sich aktiv an der Wiederbelebung der Berliner Universität und unterstützte später die Gründung der Freien Universität. Er leitete die Redaktion des CDU-Blattes „Neue Zeit" und half, nachdem er auf Druck der Sowjets diese Arbeit aufgeben musste, in West-Berlin den „Tag" aus der Taufe zu heben.
Dovifat setzte seinen schon in den 30er Jahren geführten Kampf gegen „Schmutz und Schund", gegen Sensationsjournalismus und für den Jugendschutz fort. In den Rundfunkräten von NWDR und SFB spielte er eine zentrale Rolle.
Die Publizistik, die Dovifat lehrte, war eminent politisch. Immer wieder weist er auf den Zusammenhang zwischen Demokratie, Meinungs- und Pressefreiheit hin. In einem Beitrag für die Festschrift der Freien Universität Berlin zur 200-Jahrfeier der Columbia University New York („Freiheit und Zwang in der politischen Willensbildung - Formen der demokratischen und der totalitären Meinungsführung") analysiert er 1953 die Rolle der Massenmedien in totalitären Regimes und registriert eine „frappierende Parallelität" in der politischen Entwicklung von Hitlerregime und sowjetisch besetzter Zone.

Dovifat lehrte nicht nur an der Freien Universität, er lehrte auch an der Deutschen Hochschule für Politik. Diese Hochschule war 1920 - übrigens zurückgehend auf eine Initiative Friedrich Naumanns - eröffnet worden, und unterrichtete sechs Fächer: 1. Allgemeine Politik und politische Geschichte, 2. Auswärtige Politik, 3. Innere Politik, 4. Rechtsgrundlagen der Politik, 5. Pressewesen, 6. Volkswirtschaft. Man könnte sagen, dass sie hier schon angelegt war, die Vereinigung von Politikwissenschaft und Publizistik unter einem Dach.

Zu den Dozenten der gegenüber vom Schloss im Gebäude der Schinkelschen Bauakademie untergebrachten DHfP zählte auch Dovifat, der zugleich - mit Lehrstuhl - an der Friedrich-Wilhelms-Universität unterrichtete. Diese Doppel-Lehrtätigkeit setzte er nach 1949, nach Gründung von FU und Wiederbegründung der DHfP, fort.

Als aber die Frage nach der Verschmelzung von DHfP und politikwissenschaftlichem Institut der FU erörtert wurde, da hatte die Publizistik bereits die Gelfertstraße 11 verlassen. Das Institut zog zunächst in Räume der neuen Universitätsbibliothek in der Garystraße, später in die Hagenstraße, schließlich nach Lankwitz.

Auf Dovifat folgen 1961 der ehemalige Intendant des Süddeutschen Rundfunks, der Emigrant mit dem Decknamen Fritz Eberhard (eigentlich Hellmuth Baron von Rauschenplat), und im Jahr 1968 der ehemalige Chefredakteur von Radio Bremen, Harry Pross. 1975 erhält Alexander von Hoffmann - bis dahin Redakteur beim SPIEGEL - den Ruf auf die inzwischen eingerichtete Professur für Medienpraxis. Alle drei waren politisch-publizistische Köpfe von Rang, die auch in den außerakademischen Debatten ihrer Zeit ein gewichtiges Wort mitzureden hatten.

III.

Seit dem Wintersemester 2005/06 wird das Master-Angebot des Sozialwissenschaftlichen Instituts der Universität Düsseldorf durch einen neuen Studiengang ergänzt: Den MA Politische Kommunikation. In seinem Mittelpunkt steht - wie die Universität mitteilt - „die wissenschaftliche Auseinandersetzung mit Phänomenen der Darstellung, Vermittlung und Wahrnehmung von Politik in modernen Gesellschaften".

Das *Political Communication Lab* an der Universität Stanford forscht und lehrt schon lange zu Fragen der Politischen Kommunikation - beispielsweise zu den Präsidentschaftswahlkämpfen.

Im Jahr 2000 richtete die Universität in Leeds das *Centre for European Political Communications* ein, das vergleichbare Fragestellungen in Kooperation mit Partnern in Europa erforscht.

Als Mitte der 50er Jahre über die Verschmelzung der DHfP mit der FU nachgedacht wurde, war auch die Gründung einer neuen soziologisch-politologischen Fakultät im Gespräch, die auch die Publizistik einbezogen hätte. Doch der Gedanke wird aufgegeben. Stattdessen wird ein interfakultatives und interdisziplinäres Institut gegründet: Das Otto-Suhr-Institut, das sich in vielfältiger Weise der Tradition der DHfP verpflichtet sieht, die Tradition der Publizistikveranstaltungen aber verliert sich im Laufe der Zeit. Im Sommersemester 1959 - Studienführer und Vorlesungsverzeichnis tragen den Titel „OTTO-SUHR-INSTITUT an der FREIEN UNIVERSITÄT BERLIN vormals DEUTSCHE HOCHSCHULE FÜR POLITIK" - hält Dovifat mittwochs von 18 bis 19:30 Uhr seine Vorlesung „Die große Presse des Auslands und ihre Stellung zu Deutschland", mit 15 Minuten Abstand gefolgt von der Übung „Das Bild der Welt in deutschen Zeitungen und Zeitschriften". Noch las und übte man nicht in Dahlem, sondern in der Badenschen Straße 51, heute Sitz der Fachhochschule für Wirtschaft, gleich um die Ecke vom Rathaus Schöneberg. Und in den Seminarräumen nebenan unterrichteten Flechtheim und Ziebura, Barowsky und Reif, von Eynern und von der Gablentz, Fraenkel und Stammer.

Es dauert Jahrzehnte, bis Politologie und Publizistik zumindest administrativ wieder unter ein Dach geraten, unter das Dach des Fachbereichs Politik- und Sozialwissenschaften. Bis heute wird aus der 1999 erfolgten Zusammenlegung von Publizistik und Politologie in einem Fachbereich allerdings keinerlei Honig gesogen. Und das, obwohl die FU nicht - wie die Duke University - eine Flugstunde von der Hauptstadt entfernt ist, sondern nur ein paar U-Bahn-Stationen vom Regierungsviertel. Eine systematische und kontinuierliche Auseinandersetzung mit Fragen der politischen Kommunikation findet nicht - und jedenfalls nicht in der Form eines gemeinsamen Angebots von Forschung und Lehre - statt. Obwohl es sich anböte, einen Studiengang für politischen Journalismus einzurichten (so, wie die Berliner Universität der Künste einen Studiengang für Kulturjournalismus eingerichtet hat) oder ein Studienangebot im Bereich Politischer Kommunikation und *Public Affairs*, verharrt die FU in den tradierten Strukturen ihres Lehrangebots. Es scheint, als wäre die FU mit ihren Angeboten nicht auf der Höhe der Zeit. Mehr noch: Es scheint, als wären Publizistik und Politologie der FU noch nicht in der Hauptstadt angekommen.

Sigrid Koch-Baumgarten / Lutz Mez (Hrsg.)

Medien und Policy
Neue Machtkonstellationen in ausgewählten Politikfeldern

Frankfurt am Main, Berlin, Bern, Bruxelles, New York, Oxford, Wien, 2007.
224 S., zahlr. Tab. und Graf.
ISBN 978-3-631-55885-0 · br. € 36.80*

Medien sind wissenschaftlich en vogue. Heftig diskutiert wird ein Wandel der traditionellen Parteien- zur Mediendemokratie oder gar Mediokratie (Thomas Meyer). Umstritten ist, ob damit die institutionellen Arrangements der bundesdeutschen Demokratie neu justiert und der politische Prozess weitgehend der Medienlogik unterworfen werden. Diesen Veränderungen will dieser Band empirisch in konkreten Politikfeldern nachspüren. Welche Rolle und welchen Einfluss haben die Medien auf den Politikprozess wirklich, etwa auf Problemdefinition und Agenda-Setting in der Sozial- oder Umweltpolitik? Werden damit andere Akteure des intermediären Systems – wie die Verbände – verdrängt und entmachtet? Nutzen Spitzenpolitiker die Mobilisierung der medialen Öffentlichkeit, um Machtbalancen in Netzwerken neu auszutarieren und um die Blockademacht von Großverbänden zu paralysieren? Kann der Mediendiskurs die Richtung des Politikdiskurses und damit die politische Entscheidungsfindung in Netzwerken oder Institutionen beeinflussen, verändern, dominieren?

Aus dem Inhalt: Neue Medienmacht im Politikprozess · Fragen, Gedanken und Kontroversen · Forschungsansätze und Forschungsperspektiven · Politikfelder in der „Mediengesellschaft" · Medien in der transnationalen Politik

Frankfurt am Main · Berlin · Bern · Bruxelles · New York · Oxford · Wien
Auslieferung: Verlag Peter Lang AG
Moosstr. 1, CH-2542 Pieterlen
Telefax 00 41 (0) 32 / 376 17 27

*inklusive der in Deutschland gültigen Mehrwertsteuer
Preisänderungen vorbehalten
Homepage http://www.peterlang.de